戦時下の地下鉄

新橋駅幻のホームと帝都高速度交通営団

枝久保達也
Edakubo Tatsuya

青弓社

戦時下の地下鉄——新橋駅幻のホームと帝都高速度交通営団

目次

はじめに——東京の地下鉄史のミッシングリンク　11

序　章　早川徳次と地下鉄計画——一九二〇年——　19

1　地下鉄の父、早川徳次　19
2　東京市区改正委員会市街鉄道案　23
3　地下鉄計画の胎動　27
4　それぞれの思惑　29
5　東京市営地下鉄計画と挫折　32
6　東京の鉄道整備　36

第1部　新橋駅幻のホームと帝都高速度交通営団の誕生

第1章　「代行会社」をめぐる確執――一九二六―三四年　40

1　代行会社の出現　40
2　連絡に関する打ち合わせ会　45
3　五島慶太の登場　50
4　東京高速鉄道の設立　54
5　三号・四号連絡線構想　57

第2章　新橋駅連絡をめぐる対立――一九三五―三六年　64

1　早川徳次の猛反発　64
2　両社の妥協案　73
3　東京地下鉄道の回答　76
4　小林一三の協定案と協定締結　81
5　新橋駅連絡設計をめぐる攻防　84

第3章　幻のホームと「地下鉄騒動」――一九三六―三九年　90
1　京浜地下鉄道の設立構想　90
2　品川延伸と一分間隔運転計画　94
3　誘導信号機論争　98
4　プラットフォーム増設案　100
5　新橋駅着工　104
6　東京高速鉄道新橋駅の開業　109
7　「地下鉄騒動」との奇妙な符合　112

第4章　陸上交通事業調整法による統合――一九三八―四〇年　117
1　「地下鉄騒動」その後　117
2　昭和初期の鉄道　122
3　交通調整論の台頭　126

4　交通事業調整委員会の議論　130
5　交通事業調整委員会の答申　134

第2部　戦時下の帝都高速度交通営団

第5章　帝都高速度交通営団の成立と防空――一九四〇―四四年　140
1　地下鉄と防空　140
2　ロンドン空襲　146
3　防空法と地下鉄待避　152
4　交通営団の空襲対策　155

第6章　戦時下の地下鉄建設計画――一九四一―四五年　160

1　地下鉄網と規格の再検討　160
2　交通営団の新線計画　167
3　戦時下の輸送状況　171
4　時差出勤の開始　176

第7章　空襲と地下鉄――一九四五年　180

1　本土空襲の始まり　180
2　銀座空襲　182
3　被爆箇所の復旧　187
4　東京大空襲　191
5　山の手大空襲　197

終　章　地下鉄の戦後復興——一九四五—四九年　202
1　戦後の交通営団　202
2　営団廃止論　206
参考文献一覧　209
あとがき　213

カバー写真——朝日新聞社提供
装丁——神田昇和

凡例

・本書で使用する記号のうち、引用文中の〔 〕は引用者による補記を、(略)は省略を表す。
・引用にあたっては、アラビア数字を漢数字に、旧字体を新字体に改めて、必要に応じて漢字を平仮名に修正した。旧仮名遣いも適宜修正した。
・引用にあたって、現代では不適切だとも捉えられる表現もそのまま記している。あくまで史料としての正確性を期すためである。

はじめに――東京の地下鉄史のミッシングリンク

一九三九年（昭和十四年）五月十一日、満洲国北部のノモンハン付近で国境警備にあたっていたモンゴル軍警備隊と満洲国軍警備隊の戦闘をきっかけにして、満洲国とモンゴルの国境をめぐる日本軍とソビエト連邦軍の武力衝突ノモンハン事件が発生した。日本軍・満洲国軍の兵力は約五万八千人、対するソ連・モンゴル軍は約七万七千人。衝突が始まって三カ月後の八月二十日、ソ連軍は日本軍を包囲して総攻撃を開始。日本軍は大きな損害を被った。

ヨーロッパではナチスドイツがオーストリア、チェコスロバキアを立て続けに支配下に収め、ポーランドに領土割譲を迫るなど東欧侵出を加速させていて、緊張が高まっていた。二正面での衝突を嫌ったソ連は日本軍に打撃を与えると同時に、ドイツと独ソ不可侵条約を締結。あわせてポーランドの分割やバルト三国のソ連併合を取り決めた秘密協定を締結した。ノモンハンで発生した一連の武力衝突は、同年九月に勃発する第二次世界大戦の導火線になったとも評される。

一方その頃、東京・新橋の地下でも「国境」をめぐる対立が起きていた。

東京最古の地下鉄は一九二七年（昭和二年）十二月三十日、上野―浅草間わずか二・二キロに開業した。現在の地下鉄銀座線の始まりである。歩いても三十分の距離にすぎなかったが、日本初の地下鉄を一目見ようと開業初日は十万人を超える人が押し寄せ、二時間待ちの行列ができたという逸話が残っている。

この路線を開業したのは、「地下鉄の父」こと早川徳次《のりつぐ》が創業した東京地下鉄道という私鉄だった。東京地下鉄道は上野から順次、路線を延伸していき、一九三四年（昭和九年）六月二十一日に第一期線の浅草―新橋間が全通。東海道線新橋駅の東側に東京地下鉄道新橋駅を開業した。

そこに立ちふさがったのが、銀座線のもう一人の生みの親である東京高速鉄道だった。東京高速鉄道は一九三四年（昭和九年）に発足すると、三九年（昭和十四年）一月十五日に新橋―渋谷間を全通させ、東海道線新橋駅の西側に東京高速鉄道の新橋駅を開業した。

東京高速鉄道を率いたのは、東急グループの創始者である五島慶太である。彼の事業に対する野心は底なしだった。ライバル企業の株式を買収して乗っ取って自らの傘下に加えていく経営手腕は、「強盗慶太」とあだ名されるほどだった。

東京地下鉄道は新橋から先、芝公園の脇を抜けて五反田方面に延伸する第二期線の建設を予定していたが、東京高速鉄道は新橋から東京地下鉄道への直通運転を要求。両社は、東京の地下鉄建設の主導権をめぐって激しく対立した。

新橋でにらみ合う「地下鉄の父」と「強盗慶太」。しかし、一九三九年（昭和十四年）八月、東京高速鉄道が東京地下鉄道の株式の三五パーセントを電撃的に買収したことで、両社の勝負は事実上、決着する。そして、くし

写真1　早川徳次
（出典：東京地下鉄道編『東京地下鉄道史（乾）』東京地下鉄道、1934年、口絵）

写真2　五島慶太
（出展：百貨店日日新聞社『東横百貨店』百貨店日日新聞社、1939年、口絵）

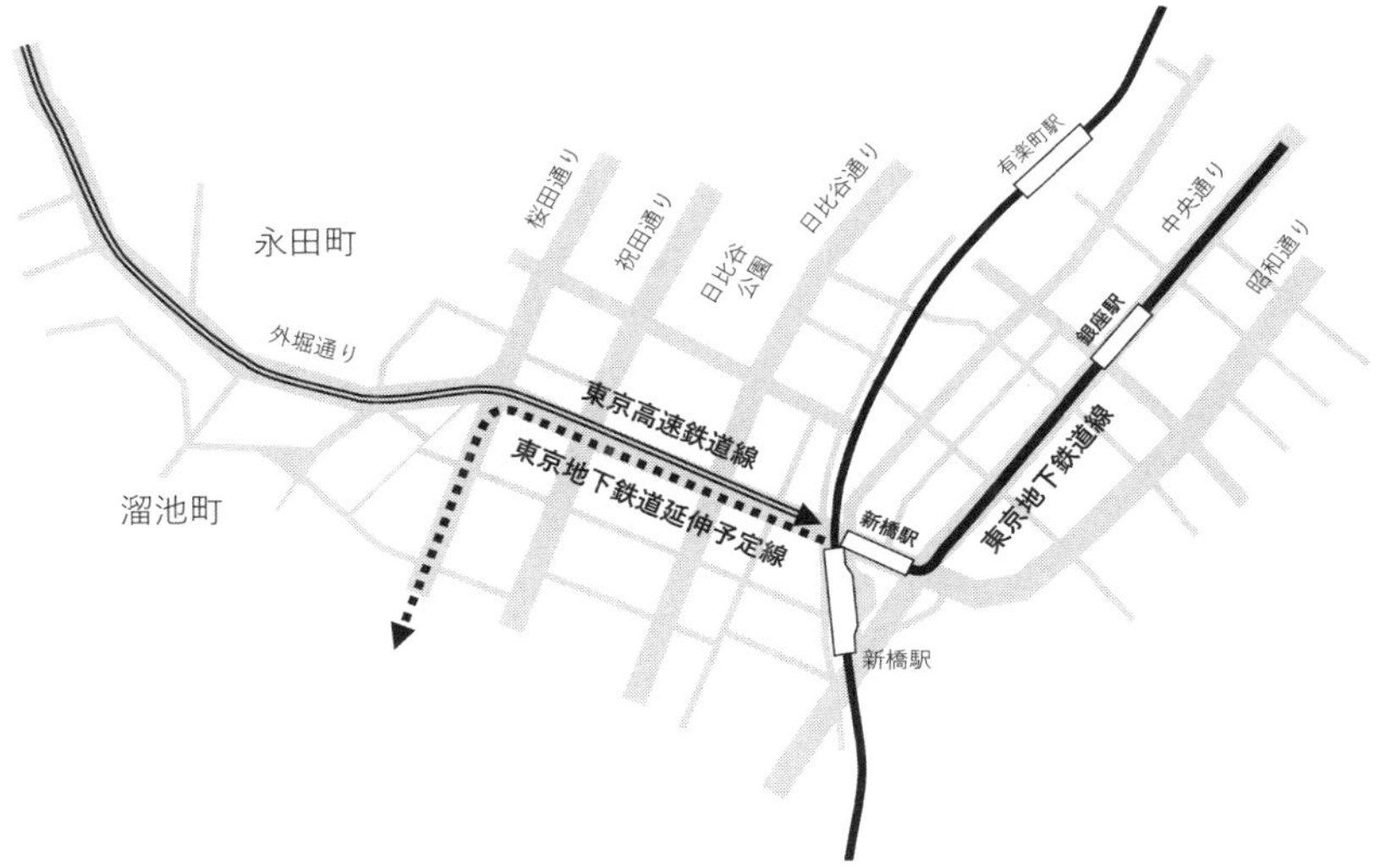

図1　新橋をめぐる対立（筆者作成）

くもノモンハン事件が停戦合意した同年九月十六日から、東京地下鉄道と東京高速鉄道の線路は新橋駅で直結し、現在と同じ浅草―渋谷間の運転が始まったのである。

　直通運転の開始とともに、新橋を通る列車はすべて東京地下鉄道のホームを発着するようになり、東京高速鉄道のホームは使われなくなった。こうして銀座線の原型になる路線が形成され、そこからこぼれ落ちた東京高速鉄道のホームは歴史の表舞台から消えていった。

　しかし、ここで一つの疑問が浮かぶ。なぜ東京高速鉄道は、一九三九年（昭和十四年）一月十五日から九月十五日までのわずか八カ月間しか使わないホームを用意したのだろうか。地下鉄建設には莫大な費用と時間を要する。短期間しか使わない設備を、わざわざ作る必要はない。

　東京高速鉄道の新橋駅ホームをめぐっては、次のように言及されることがある。東京地下鉄道の早川徳次は東京高速鉄道との直通運転に反対し、新橋駅の共用をかたくなに拒んだ。そのため、東京高速鉄道はやむをえず独自の新橋駅を作らなければならなかった、というものだ。

　なるほど、この主張は一見もっともらしくみえる。前述のように、東京高速鉄道と東京地下鉄道が直通運転を開始したのは東京高速鉄道が東京地下鉄道の株式を買収した直後であり、直通運転の開始と同時に東京高速鉄道のホームは使われなくなった。そのため多くの書籍では、両社の対立の結果、二つの新橋駅が作られ、対立の終結とともに東京高速鉄道の新橋駅は役目を終えたというストーリーを採用している。

例えば、帝都高速度交通営団（営団地下鉄）を改組して誕生した東京地下鉄（東京メトロ）が二〇〇四年に発行した社史『帝都高速度交通営団史』でも次のように記述してある。

> 東京高速鉄道が新橋に到達した昭和十四年一月、東京地下鉄道との間で接続方法について激しい意見の対立があった。このため、両社は同じ新橋駅で別々に二つの駅を営業する事態となる。その後話合いがついて、渋谷―浅草間の直通運転が実現したのは、同年九月のことであった。
>
> （東京地下鉄編『帝都高速度交通営団史』東京地下鉄、二〇〇四年、二七ページ）

こうした議論は新しいものではなく、地下鉄開業五十周年を迎えた一九七七年に「毎日新聞」が連載した「メトロTokyo50」の十一月十五日付記事でも、東京地下鉄道の早川が妨害工作をしたため、東京高速鉄道はやむなく独自の新橋駅を作ったと語られている。

> 早川氏は高速鉄道の計画に強硬に反対。鉄道省の裁定で、十四年一月、高速鉄道の新橋―渋谷が全面開運したあとも、新橋駅の共用をかたくなに拒んだ。このため、高速鉄道は独自に「新橋駅」を作らねばならず、両者の反目は募る一方。利権争いのとばっちりを受けたのは、いつでも利用者で、新橋での乗り換えは、いったん地上に出て、約五十メートルをテクテク歩かなければならなかった。

しかし、莫大な費用と長期間の工期を要する地下鉄建設で、短期間しか使わない設備をわざわざ作る必要性は

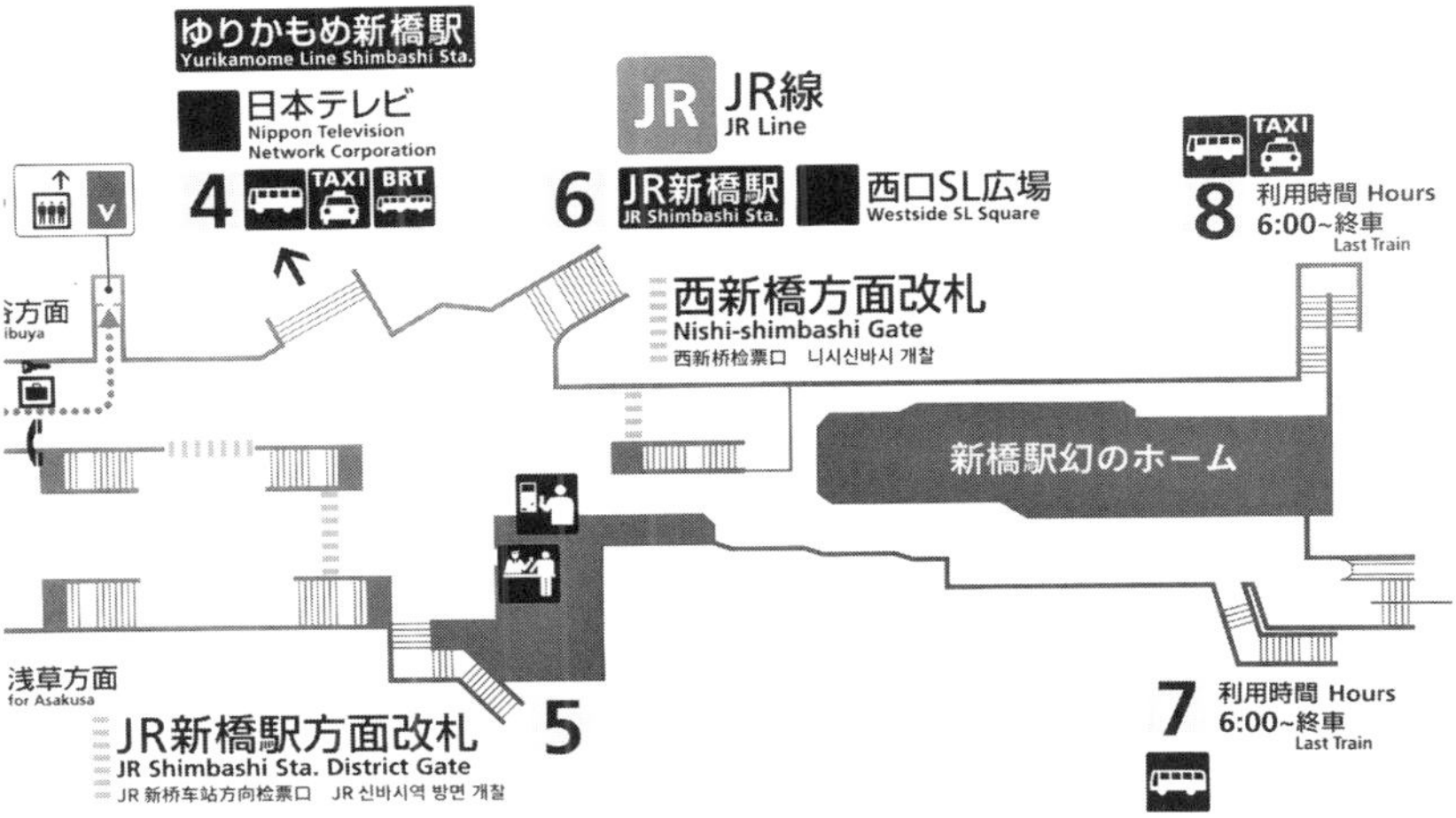

図2　新橋駅「幻のホーム」の位置（新橋駅構内図に加筆）

写真3　新橋駅「幻のホーム」の様子（毎日新聞社提供）

薄くこの説はどうにも首肯し難い。事実関係をはっきりさせるには「当人」に語ってもらうのが手っ取り早い。実は、東京高速鉄道が建設した新橋駅は現存する。

東京メトロ銀座線新橋駅に、現在は使われていない「幻のホーム」があるという話を聞いたことはあるだろうか。新橋駅の構内図を見ると、地下一階の虎ノ門寄り、八番出入り口と七番出入り口の間に不自然に塗りつぶされた空間がある。ここに眠る幻のホームこそが、旧東京高速鉄道の新橋駅である。

写真4　線路脇にたたずむ旧万世橋駅跡地（2008年、筆者撮影）

写真5　壁面にタイルで描いた駅名標（2008年、筆者撮影）

なかをのぞいたり立ち入ったりすることはできないが、幻のホームは現役の駅設備だ。会議室や寝室など駅のバックスペースとして、また線路は電車の留置線として使われてきた。現在は新橋駅改良工事の施工ヤードとして使われているそうだ。一方、旧東京地下鉄道が建設した新橋駅が現在の銀座線渋谷方面行きホームである。このホームは地下一階コンコースから改札をくぐり、階段を下りた地下二階に存在する。

もしも幻のホームが、東京高速鉄道が東京地下鉄道に拒まれてやむなく作ったホームだとすれば、わざわざ違うフロアに作る必要はない。何より、一時的に使用するためだけの仮設のホームであるならば、もっと簡素で、直通運転開始後に撤去できるもので十分なはずだ。

実際、東京地下鉄道が一九三〇年（昭和五年）一月から三一年（昭和六年）十一月までの二年弱、銀座線の末広町―神田間に設置した仮駅・万世橋駅は非常に簡素な構造をしていた。これは神田川をくぐる工事に時間を要することから、神田川の手前に仮の終着駅を設けたもので、片側の線路上に木製の仮ホームを組み、出口は一カ所だけという必要最低限の設備だった。

万世橋仮駅は神田延伸開業時に廃止され、現在は換気口に転用されている。やむなく設置したというならば、このような設備であることが自然だろう。

東京高速鉄道のホームはしっかりした作りで、タイルで描いた「新橋」の駅名標など意匠も凝っている。また東京高速鉄道は開業当時二両編成で運転していたが、このホームは全長六十七・五メートルと四両編成まで対応している。

幻のホームは本当にやむなく作った仮設駅だったのだろうか。そうでないならば、一体どのような目的で作られたものだったのだろうか。

本書は、第1部「新橋駅幻のホームと帝都高速度交通営団の誕生」で、東京地下鉄道と東京高速鉄道が地下鉄構想の相違から新橋駅をめぐる対立に至る過程を明らかにする。そして、なぜ新橋駅幻のホームという「神話」が誕生したのかを解き明かすとともに、両社の対立が戦時体制に取り込まれていく過程を描き出す。

そして第2部「戦時下の帝都高速度交通営団」では、新橋をめぐる対立が遠因となって設立された帝都高速度交通営団の実態を掘り起こし、交通営団と戦争の関係を防空・輸送・避難などの視点から描く。

これは言い換えれば、これまでミッシングリンクのように欠落していた戦前の地下鉄史と戦後の地下鉄史を接続しようという試みでもある。日に日に戦時色が強まっていったこの時代、東京の地下では一体、何がおこなわれていたのだろうか。

序章　早川徳次と地下鉄計画——一九二〇年—

1　地下鉄の父、早川徳次

早川徳次は一八八一年（明治十四年）、山梨県東八代郡御代咲村（現在の笛吹市一宮町）に早川常富の四男として生まれた。村長だった父と県議会議員を務めた長兄と同様に政治家の道を志した早川は、早稲田大学在学中に後藤新平の書生になった。

台湾総督府民政長官から南満洲鉄道総裁に転じた後藤は当時、将来の大政治家として脚光を浴びる存在だった。早川はのちに、「今後の政界は、山本〔権兵衛：引用者注〕、後藤の両氏が支配するものと思い、私は後藤さんを将来の親分として、政界に乗り出そうかと考えました」（「地下鉄」創刊号、東京地下鉄道産業報国会、一九四〇年、六ページ）と振り返っている。

一九〇八年（明治四十一年）に二十七歳で早稲田大学法学部を卒業した早川は、南満洲鉄道秘書課に嘱託として入社する。しかし同年七月に後藤が総裁を辞して逓信大臣兼鉄道院総裁に転じると、早川も満鉄を去った。その後、早川は一定の学歴を有する者が費用を自己負担するかわりに兵役が現役期間一年、予備役二年に短縮される一年志願兵制度を用いて兵役に服することになり、一年間の軍隊生活を送った。

早川の考えはこの一年間で大きく変わった。政治家になるためには高等文官試験に合格して官僚として頭角を現す必要があったが、学問が得意ではなく、兵役に一年を費やした早川は試験に受かる自信がなかった。また、満鉄秘書時代に見た官僚の姿はあまり魅力的とはいえなかった。そうこうしているうちに政治家の夢はさめてしまい、残ったのが満鉄で経験した鉄道事業への興味だった。

鉄道をやるからには現業からたたき上げなければならないと考えた早川は、後藤に頼んで国有鉄道の中部鉄道管理局に入局。庶務課でほとんど一切の書類を取り扱い、鉄道業に関する一般事務を習得した。さらに駅の仕事を習得しようと、新橋駅で切符切りや手荷物係までおこなったという。

転機になったのは一九一一年（明治四十四年）、早川が三十歳のときである。東武鉄道の社長で同郷の実業家・根津嘉一郎に見いだされ、鉄道経営者としてのキャリアをスタートさせた。佐野鉄道（現在の東武佐野線）の経営再建をわずか半年で果たすと、翌年には高野登山鉄道（現在の南海高野線）の経営も任されるなど、頭角を現していく。

高野登山鉄道を立て直した早川は、一九一四年（大正三年）八月、港湾鉄道を視察するために欧米各国への遊学に出発する。最初に訪れたロンドンで、イギリスの交通状況や鉄道行政、港湾施設などを調査するが、彼の心を魅了したのは当初の研究対象とは異なる地下鉄だった。

早川が外遊に出た当時、東京の交通のほとんどを担っていたのが路面電車だった。東京の路面電車は一九〇三年（明治三十六年）八月に開業した東京電車鉄道、同年九月に開業した東京市街鉄道、翌年十二月に開業した東京電気鉄道の手によって整備が始まった。しかし、運賃制度が異なる三つの事業者の混在は利用者にとっては不便極まりなかったことから、三社は〇六年（明治三十九年）九月一日に合同して東京鉄道を発足させた。

ところが、合同を機に運賃を三銭から五銭に値上げしようとした東京鉄道に対して市民の不満が爆発。反対市

写真6　銀座を走る路面電車（1911年頃）
（出典：『東京風景』小川一真出版部、1911年〔https://dl.ndl.go.jp/info:ndljp/pid/764167/32〕）

民大会の参加者が暴徒化して電車に投石や放火をするという事件にまで発展するなど、営利目的の経営に批判が集まった。

そうした声を受けて東京市は、一九一一年（明治四十四年）八月に東京鉄道の全路線を買収し、市営電車（市電）を発足させる。以降、東京市は市内の交通は市が自ら経営するという交通市営主義をとることになる。

一九一四年（大正三年）に第一次世界大戦が勃発すると、東京の成長はさらにペースを上げた。直接の戦場にならなかった日本は鉄鋼や機械工業、造船業などの受注を多く引き受けて大戦景気に沸いた。また工業生産の拡大は、動力源としての電力業や石炭業の発展を促した。

経済の成長とともに首都東京の人口は急激に増加。市街地の拡大に伴って輸送需要は加速度的に増加していったため、市営化して早々に路面電車の輸送力は不足するようになり、いつまで待っても乗れない大混雑の路面電車は「東京名物」とまでいわれるようになっていた。

一方、ロンドンに世界初の地下鉄メトロポリタン鉄

写真7　メトロポリタン鉄道
（出典：“b/w copy neg, Lithograph - early view Praed Street junction by H. G. Dorrett, 1862 - 1864,”London transport Museum〔https://www.ltmuseum.co.uk/collections/collections-online/photographs/item/1998-75332〕）

道が開業したのは、早川の訪英からさかのぼること半世紀、一八六三年一月九日のことだった。電車の発明以前だったので、世界初の地下鉄はトンネル内を蒸気機関車が牽引していた。一部区間で電化が始まるのは一九〇五年のことである。

　トンネルには排煙用の開口部が設けられていたが、乗客は車内に充満する煙と煤《すす》に苦しめられたという。そもそも、なぜそこまでして地下に鉄道を走らせる必要があったのだろうか。

　この頃、ロンドン周辺にはいくつもの鉄道が開業し、鉄道を使って通勤する人数も増え始めていたが、都心への鉄道乗り入れが認められていなかったため、乗客は市街地のはずれにあるターミナル駅から都心まで乗合馬車に乗り換えなければならなかった。狭い道路は馬車や荷車でいつも大混雑した。

　そこで、鉄道による都心へのアクセスと道路渋滞を一挙に解決する切り札として登場したのが、各ターミナルと都心を結ぶ鉄道を地下に建設するというアイデアだった。

　開業から約三年後の一八六五年十二月、メトロポリタン鉄道に乗車した日本人がいる。記録に残るかぎり初めて地下鉄に乗った日本人は江戸幕府がイギリスに派遣した使節団の侍たちだった。

そのうちの一人、熊本藩士の岡田摂蔵《せつぞう》は、この体験を「蒸気車に乗して地の下を巡る。これはロンドン府の周囲をまわりたる道なり」（「航西小記」、大塚武松編『遣外使節日記纂輯　第三』所収、日本史籍協会、一九三〇年、五〇八ページ）と記した。そして、この鉄道が人々の往来の妨げにならないように地下に建設されたこと、地下鉄の開業後にロンドンがますます繁栄したことを報告している。岡田は地下鉄が都市の交通問題を解決するために立体化された鉄道であることを正確に理解していたのである。

このように、密集する路面交通を緩和するために、道路との平面交差を避け、高架線または地下線として建設された鉄道を「都市高速鉄道」と総称する。つまり地下鉄道や高架鉄道は都市高速鉄道の一形態というわけだ。なお、ここでいう「高速」とは、馬車や路面電車といった路面交通と比べて高速運転が可能ということを意味していて、新幹線などの高速鉄道とは関係がない。

ロンドンの事例を除けば当初、都市高速鉄道は高架鉄道として発達を遂げるが、次第に騒音や日照、景観が問題視されるようになり、二十世紀に入ってからは地下鉄道が主流になった経緯がある。

2　東京市区改正委員会市街鉄道案

ロンドンと東京の交通事情はそれほどまでに隔絶していたが、早川以前にも東京に都市高速鉄道を整備しようという構想がなかったわけではない。

東京で初めて都市高速鉄道に関する検討がなされたのは一八八〇年代のことだった。東京では八二年（明治十五年）、新橋―上野―浅草間にレールに乗せた客車を馬車が引く馬車鉄道が開業したばかりで、ようやく都市交通の萌芽がみられていた程度だったが、明治の指導者たちの視線ははるか遠く、欧米先進国に向いていた。

東京を近代国家の首都にふさわしい都市に改造しようという市区改正論は、一八八八年（明治二十一年）に公布された東京市区改正条例によって具体化され、八代目東京府知事の芳川顕正を委員長とする東京市区改正委員会の設置に至った。

東京市区改正委員会は街路、公園、港湾といったインフラや官庁街や市場など都市機能の整備といった都市のあらゆる要素について検討し、計画案をまとめていった。委員会で最初に鉄道を取り上げたのは、一八八八年（明治二十一年）十一月二日に開催された第十四回会議のことだった。

この会議で議題にのぼったのは、一八七二年（明治五年）に開業した官設鉄道（新橋—横浜間）のターミナルである新橋駅と、八三年（明治十六年）に開業した日本鉄道のターミナルである上野駅を接続して中間に中央駅（現在の東京駅）を設置する「中央鉄道」構想だけだった。当時の市街地の規模からすれば都市部の鉄道はこれだけで十分と考えられていたからだ。

しかし、委員の田口卯吉は一つの提案をする。彼は市街鉄道について、いまは必要なくても将来必要になるのであれば、しっかりと計画を定めておく責任があるのではないかと主張した。

田口は「東京経済雑誌」（経済雑誌社）を主宰して自由貿易論を主張していた人物で、欧米の事情についても精通していた。そのため、ロンドンやニューヨークに市街鉄道が建設された経緯や効果についても熟知していた。

市街鉄道敷設を望むものあるに際し、その計画たる地中線なれば支障なきも、地上に軌道を敷設する場合は本会において議定したる道路に影響するの懸念あるにより、道路改正の設計とともに市街鉄道敷設の線路も本会において議定しその設計に拠らしめんと欲す。

（「東京市区改正委員会第十四回会議議事録」、東京都編『東京市史稿 市街篇 第七十五』東京都、一九八四年、七三八ページ）

せっかく巨額の費用をかけて道路を整備しても、その交通を遮るような鉄道ができてしまっては意味がない。

田口は、都心に鉄道を設ける際は、道路を遮ることがないように設計しなければならないというルールを設けることを提案した。

こうした問題意識はほかの委員からも賛同を得ることになり、東京市内に鉄道を建設する際は、原則として高架線か地下線、あるいは築堤を利用して道路と立体交差させるルールが設けられた。

これは当時の日本の状況からすると、非常に先進的で画期的な決定だった。蒸気機関車時代に都市高速鉄道を実現していたのは、鉄道先進国でもロンドンの地下鉄道やニューヨーク、ベルリンの高架鉄道などごく一部にすぎなかったからだ。

あわせて市区改正委員会は、今後構想が具体化した際に検討の基準にする路線構想の研究を決定した。この検討結果は、一八八九年（明治二十二年）六月十日の第三十二回会議で次のように報告されている。

> 市内鉄道は主として市内各所間及市に近接せる重要なる場所の間に迅速なる公衆往来の便を図るものにして、倫敦《ロンドン》の地下鉄道、紐育《ニューヨーク》の高架鉄道の如きものに擬しこれを敷設するものと想像し、市区の形勢により別紙図にその線路布置の大体を示す。
> （「東京市区改正委員会第三十二回会議議事録」、東京都編『東京市史稿 市街篇 第七十七』東京都、一九八六年、八一四ページ）

市街鉄道網案は七本の路線から構成されていた。

メインは南北のターミナルを結ぶ中央鉄道と並行する中央線だ。南北幹線の連絡を目的とする中央鉄道に対し、市街鉄道の中央線は市内往来の乗客の運輸を目的として、緩急分離の複々線として建設する構想だった。上野から先はそのまま千住まで延長し、この区間は「千住線」とした。

中央線の新橋か神田付近から分岐し、外濠に沿って一周する環状線が「外濠線」だ。外濠線から小石川線、市

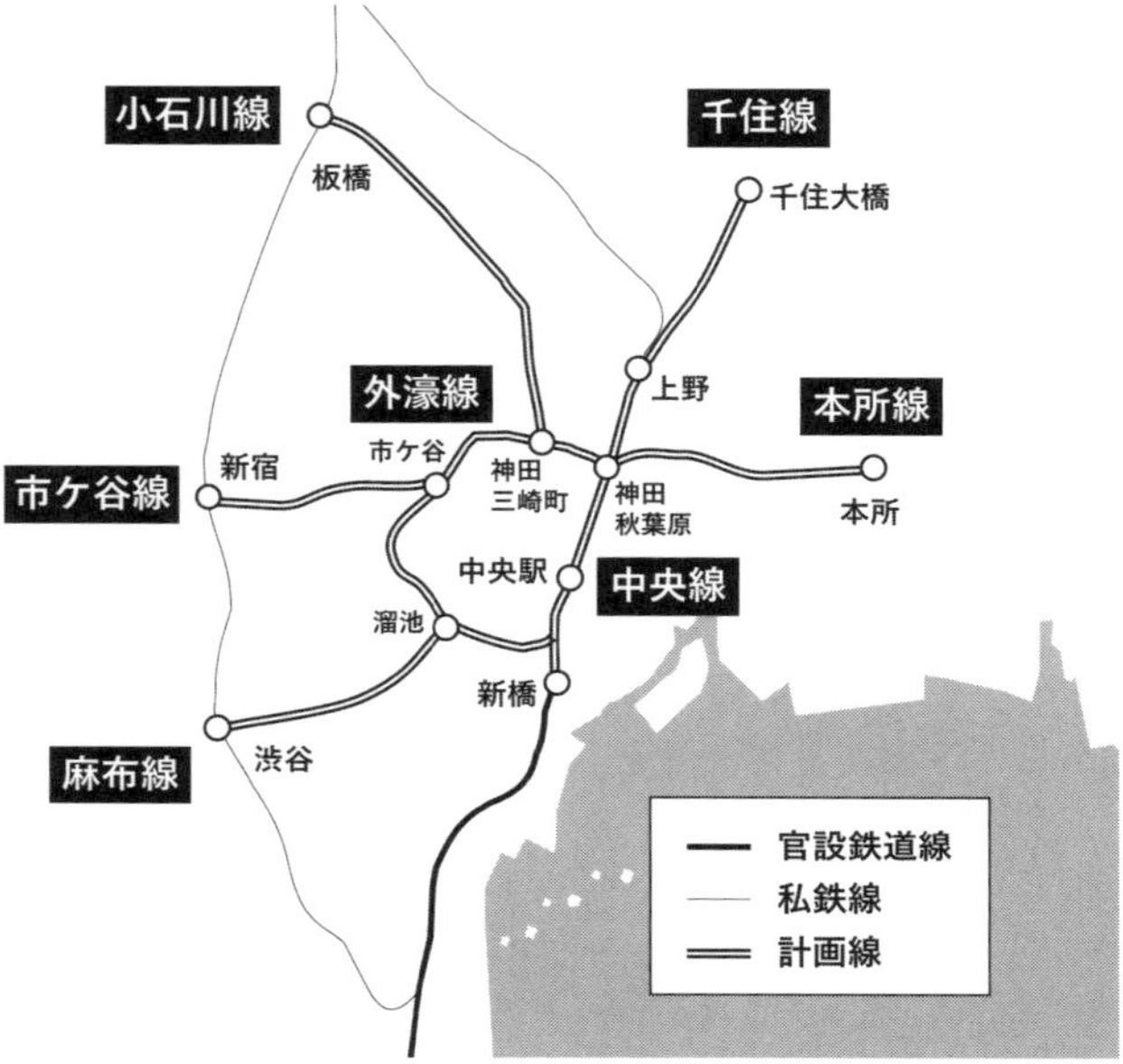

図3　市街鉄道網案（筆者作成）

ケ谷線、麻布線、本所線といった放射線が四方に延び、郊外の住宅地と、さらにその先は鉄道幹線のターミナルまで接続する。現在の感覚からすれば非常に小ぶりではあるが、当時としては画期的な路線構想だった。

> 右各線の構造方法を概言すれば、山の手地形の高きところは隧道を開削してこれを地下に通し、下町地形の低きところは煉瓦のアーチもしくは鉄橋の如きものを用いこれを高架とするを要すべし。
>
> （同書八一五ページ）

さらに路線はすべて複線で、山の手は地下鉄道、下町は高架線、外濠線は外濠を活用して街路と立体交差させるといった設計思想や、駅は四百メートルから千メートル間隔で設置するといった具体的な方針まで定められていた。

この市街鉄道案は時期尚早だとして具体化には至らなかったが、来るべき都市高速鉄道時代に向けて重要な一歩になる検討案だった。

3　地下鉄計画の胎動

明治中期には長期的な構想の域を出なかった地下鉄建設計画だったが、二十世紀に入るといくつかの事業化に向けた具体的な動きがみられるようになる。

まず、東京に路面電車が開業してからわずか三年後の一九〇六年（明治三十九年）十二月六日、福沢諭吉の婿養子である福沢桃介らによる東京地下電気鉄道が、高輪から浅草に至る路線と、銀座から新宿に至る路線、合計十九・六キロに及ぶ地下鉄道の免許を出願した。

また同年十二月十日には、東京市街鉄道の会長を務めるなど各地で鉄道事業に関わっていた雨宮敬次郎らによる東京高架電気鉄道が、品川から千住大橋に至る路線と、新宿から本所に至る路線、合計二十四・九キロの高架鉄道の免許を出願した。

これらの計画は、十九世紀末から二十世紀初頭にかけてシカゴやパリ、ベルリンで都市高速鉄道の整備が進んだこと、日本でも国有鉄道が山手線の電化方針を示したことに刺激を受け、企業家たちが鉄道敷設権を先取りしようとしたもので、資金面や技術面での裏付けに欠けるものだった。

出願はしばらく放置され、ようやく一九一三年（大正二年）になって東京市会の諮問に付されるが、東京市が電車の市営化を実現した直後だったことから、市会は市内交通市営の方針に反するとして不許可を答申。東京はまだ本格的な都市高速鉄道を必要とする段階になかったこともあり、政府は両社の免許申請を退けた。

明治末から大正初期では実現に至らなかった地下鉄計画が、大正中期になって東京地下鉄道の手によって具体化していくのは、第一次世界大戦を経て、東京が近代都市としての素地を整えたからという側面が大きい。

この頃、欧米六大都市——ロンドン、ベルリン、パリ、フィラデルフィア、ニューヨーク、シカゴでは、おおむね人口五千人あたり一マイル（約一・六キロ）の路面電車と、人口一万五千人あたり一マイルの都市高速鉄道が整備されていた。この比率を東京に当てはめると、約四百二十マイル（約六百七十キロ）の路面電車と、約百二十マイル（約百九十二キロ）の都市高速鉄道が必要だったが、実際に整備されていたのは百六十六マイル（約二百六十七キロ）の路面電車に加え、中央線や山手線の電車区間が九マイル（約十五キロ）程度にすぎなかったから、殺人的混雑が生じるのは当然のことだった。

一方、面積あたりの整備状況をみると、東京の路面電車は欧米六大都市よりも二五パーセントも密度が高かった。つまり、東京は小さな面積のなかに多くの人が密集して住んでいるため、人口比率でみると交通機関の整備が遅れているが、面積比率でみると交通機関が飽和状態にあるという奇異な状況が生じていたのである。

都心の人口が飽和し環境が悪化すると、人々は郊外に移り住んでいく。東京でもこの頃、郊外人口が次第に増加し、東京の都市圏は次第に広がりをみせ始めていた。その結果、欧米大都市の平均乗車距離はせいぜい一、二マイル（約一・六キロから三・二キロ）だったのに対し、東京市電の乗客一人あたりの平均乗車距離は四マイル（約六・四キロ）強にまで達していた。本来は路面電車が担うべきではない、郊外から都心まで通勤する長距離利用者の増加によって、市電はますます混雑した。

こうした事態に対応すべく、車体延長や大型化、二両連結化、二階建て電車の導入など様々な解決策が提案されたが、この状況は市電の輸送力をいくら増強したところでとうてい解決することはできないのは明らかだった。飽和する都心の利用者を救済するためにも、郊外から長距離通勤をする利用者の利便性を確保するためにも、高速で大量の輸送が可能な地下鉄を建設するしかない。そう確信した早川は、ロンドンに続いてグラスゴー、パリ、ニューヨークの地下鉄を視察して一九一六年（大正五年）九月に帰国すると、一七年（大正六年）七月に東京軽便地下鉄道を発起し、地下鉄建設の免許を出願した。

当時の出願の仕組みでは、鉄道事業を希望するグループは、同志を集めて発起人会を立ち上げ、起業目論見書、線路予測図、建設費概要書、営業収支概算書など免許申請に関する書類を作成する必要があった。

申請書は東京府経由で鉄道院（一九二〇年に鉄道省に昇格）に送付されるが、その際、東京府は東京市に諮問して市の意向を確認したうえで、申請書に「知事副申書」という意見書を添付した。副申は必ずしも鉄道敷設を後押しする立場で書かれるわけではなく、市の方針に反するとして反対意見が添えられることもあった。

鉄道院は発起人の顔ぶれや計画の精度、事業採算性や副申に記された地元の意向などを判断材料に免許の可否を審議した。東京市は、交通市営主義の観点から免許に反対する立場をとっていたことから、東京市内の鉄道計画に対して東京地下電気鉄道のように免許申請が却下されるケースが多かった一方で、後述のように東京市の意向を無視して免許が下りるケースもあった。

4　それぞれの思惑

早川にとって最大のハードルは、市内路面電車の買収以来、東京市が掲げていた市内交通の市営主義だった。早川は地下鉄の免許申請に先立って、一九一七年（大正六年）一月に東京市長の奥田義人を訪問し、東京市自ら地下鉄を建設・運営するつもりがあるのかを確認している。

奥田は地下鉄建設の必要性については全面的に賛成しながらも、東京市は電車市営化（路面電車買収）のために約六千五百万円を費やし、さらに未成線五十七マイル（約九十二キロ）の建設に三千万円が必要な状況であること、そのほかに上下水道、道路修築、学校建設、港湾整備に多大な資金を要することから、東京市がいますぐに地下鉄を建設することはできないと回答。そのうえで、営利事業として成立するならば民間に委ねたいという意向を示している。

奥田市長は一九一七年（大正六年）八月に死去するが、東京市は同年十二月、早川の出願に対し、運賃を制定・改定するときはあらかじめ市と協議すること、将来市が買収するときはこれを拒否しないなどの条件を付けて許可を答申した。

こうして民間企業による地下鉄建設への道が開かれることになり、一九一九年（大正八年）十二月、鉄道院は早川らグループに対して地下鉄免許を下付した。

早川の動きに呼応するように、政府も東京の交通問題を解決すべく動き始めていた。内務省は一九一七年（大正六年）五月、帝国鉄道協会と土木学会に委嘱して、東京都市圏の鉄道、運河、道路、港湾など交通問題全般の調査研究をする東京市内外交通調査会を組織した。

調査会は路面電車や国有鉄道の利用データなどをもとに科学的な分析と会合を重ね、一九一八年（大正七年）八月に下調査書を作成。一九年（大正八年）六月に「東京市内外交通ニ関スル調査書」をとりまとめた。

この報告では東京の都市圏拡大と人口増加に対応するために「①都市の周囲よりその中心地に集中すること」「②努めて市の中心地を貫通し所謂『スルー・ルート』を構成すること」「③各線相互の連絡はもちろん、他の幹線鉄道、近郊鉄道および路面軌道との連絡を密にすること、特に路面軌道とは密接な関係を有するので停留所は同一場所に設置するか、もしくは近接せしむること」の三条件を掲げ、地下鉄道と高架鉄道を組み合わせた五路線からなる都市高速鉄道網の整備を提言した。

内務省は調査会の報告をベースに、七路線からなる地下鉄計画案を市区改正委員会に提示。市区改正委員会はこれを承認し、一九二〇年（大正九年）一月、市区改正条例（都市計画）に基づく最初の地下鉄整備計画が告示された。

下調査書の公表後、東京軽便地下鉄道の免許申請の行方と東京市内外交通調査会の議論を見守っていた民間資本は、地下鉄参入の好機とみて、相次いで地下鉄免許を申請した。

一九一八年（大正七年）十一月には武蔵電気鉄道が中目黒から有楽町に至る八・九キロの路線を、翌一九年（大正八年）一月には東京高速鉄道（五島のとは同名の別会社）が日比谷公園を起点に渋谷、新宿、池袋、上野を連絡する延長十五・六キロの路線を、同年二月には東京鉄道が三井財閥の資本力を背景に他社の出願線をすべて網羅した五路線の免許を申請し、四社による競願になった。

民間各社が相次いで地下鉄建設を表明したことで、東京の市内交通一元化は再び崩れようとしていた。東京市区改正委員会での地下鉄路線網をめぐる議論が内務省ペースで進んでいったことにも不満を抱いていた東京市は、東京軽便地下鉄道申請時の慎重姿勢から一転して、市営地下鉄建設に積極的な姿勢を示すようになる。

東京市は武蔵電気鉄道、東京高速鉄道、東京鉄道の免許申請に対して「一般公共の利害より観るも、市経営の事業より観るも、尚これを市内交通機関の整備統一を期するの趣旨よりするも本件は市自ら起業経営すること至当」（東京地下鉄道編『東京地下鉄道史（乾）』東京地下鉄道、一九三四年、一四八ページ）として不許可を答申した。

そして一九一九年（大正八年）九月、「市自ら起業経営」する方針案として、七路線・総延長七十二キロに及ぶ地下鉄網を、建設費の一億八千万円をすべて市債でまかない、八年間で建設を完了するという計画を立案した。実際には、東京

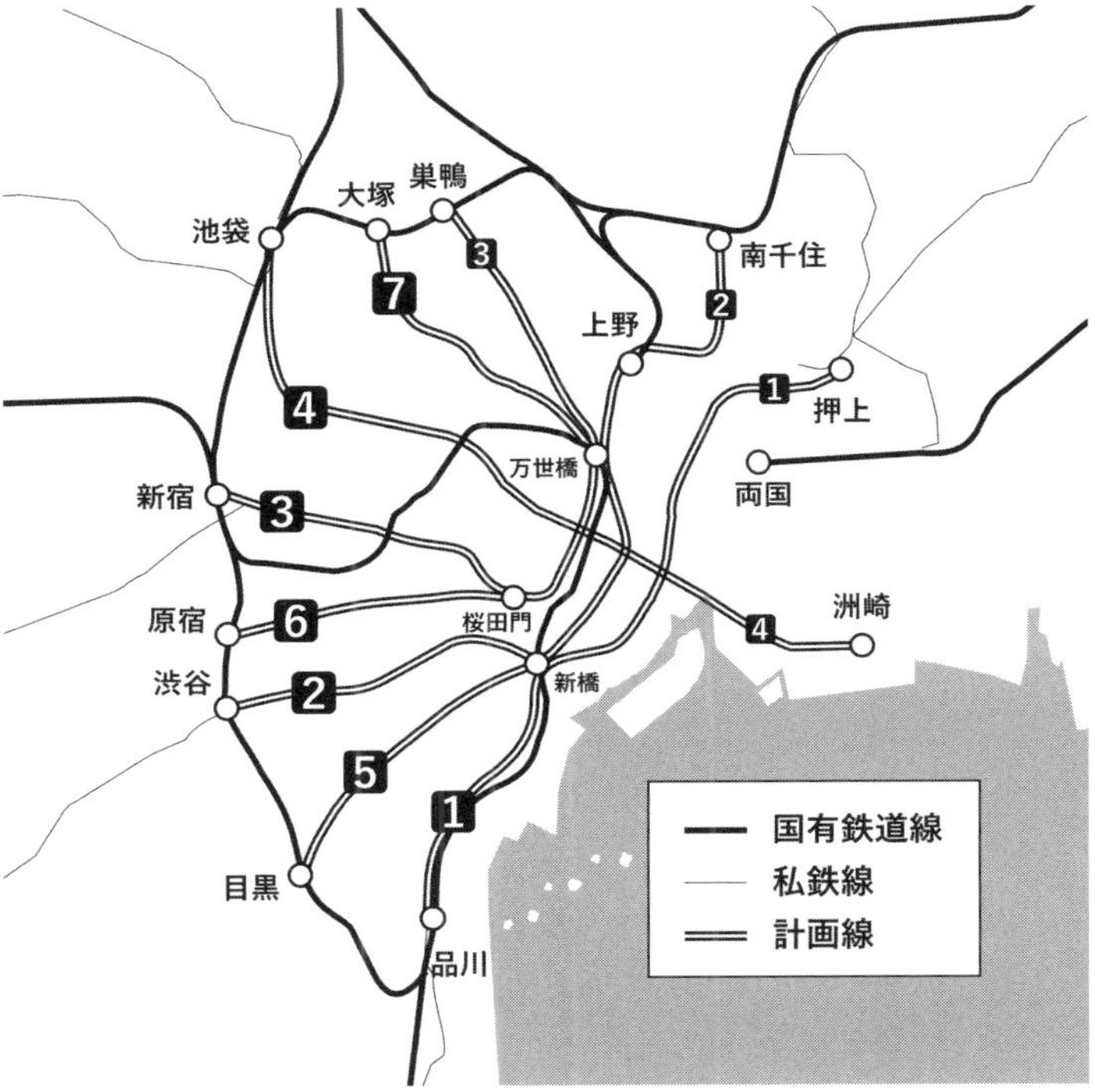

図4　最初の地下鉄整備計画（1920年）（筆者作成）

市には地下鉄を建設するノウハウも資金も存在しなかったが、ここにようやく地下鉄建設は市が進めるという姿勢を明確にしたのである。

5　東京市営地下鉄計画と挫折

鉄道院は東京市の意向を無視して武蔵電気鉄道、東京高速鉄道、東京鉄道に地下鉄免許を下付したが、結果的にこれらの地下鉄が実現することはなかった。

四年間にわたって続いた第一次世界大戦は、一九一八年（大正七年）十一月にドイツ帝国の敗北によって終結。軍需主導の大戦景気はいったん沈静化するが、アメリカや中国への輸出が好調だったこととヨーロッパの復興需要が見込まれたことから、景気は再び加熱。投資意欲も高まっていた。

ところが、一九二〇年（大正九年）に入ってヨーロッパ列強が市場に復帰すると、日本製品の輸出は一転して不振に陥る。投機目的のバブル経済化していた株式市場は、過剰生産が顕在化したことで同年三月に株価が大暴落。銀行取り付け騒ぎが相次ぐ大混乱になった。

追い打ちをかけるように一九二三年（大正十二年）に関東大震災が発生。下町は火災によって焼け野原になり、地下鉄建設どころではなくなってしまう。この結果、東京鉄道、東京高速鉄道、武蔵電気鉄道の地下鉄免許は二四年（大正十三年）に失効し、二〇年（大正九年）に東京軽便地下鉄道から改称して創立していた東京地下鉄道だけが、かろうじて免許を保持する状態になった。

関東大震災によって地下鉄計画は振り出しに戻ったが、それは同時に大きな転機にもなった。復興庁総裁に就任した後藤新平は、大火災を引き起こした最大の要因は江戸以来の木造建築物が密集した都市構造にあるとして、道路や橋の新設、区画整理の徹底など、復旧ではなく復興を目指すべきだと訴えた。

東京市もこれに呼応し、復興道路に地下鉄を整備したいと考えた。

帝都復興と地下鉄道の建設

今回大震災にあたり瞬間に市内交通機関の全滅せることは震災の酸鼻をさらに膨大ならしめたるものにして、わが東京市には是非今日耐震万全にして輸送力強大なる地下鉄道の敷設を要し、地下鉄道の敷設は復興都市計画の重要なる要素たるは疑いを容れざるものとす。

ことに焼け跡部分の幹線道路にして拡張せられ又は新設せらるるものにはこの際万難を排して地下鉄道を敷設すべきものなりと信ず。

（前掲『東京地下鉄道史（乾）』二九四ページ）

しかし当初三十億円と見込まれた復興予算案は、閣議決定の段階で七億円まで圧縮され、その後さらに一億円削減された。その過程で地下鉄計画は復興事業から除外され、土地区画整理と道路の拡張を中心に進められることになった。

復興計画から除外されたとはいえ、地下鉄建設の急務なことは誰しもが認めるところだった。東京市は路面電車の復旧、市営バス開業と並行して、一九二四年（大正十三年）四月に市営地下鉄計画を立案した。同年十二月に市会で可決されると、翌二五年（大正十四年）一月に六路線八十二キロに及ぶ高速鉄道建設計画を鉄道省に出願した。

この計画は復興院・内務省・鉄道省・東京府・東京市からなる「高速鉄道に関する協議会」で審議されることになった。復興事業による道路の改廃、各地区を考慮し、半径線を貫通線に改め、放射平行線は、なるべく並走部分を短縮して交差させ、各路線相互間の連絡を密にするよう努めた結果、同年三月に五路線八十二・四キロの新たな路線網（内務省告示第五十六号）が決定した。

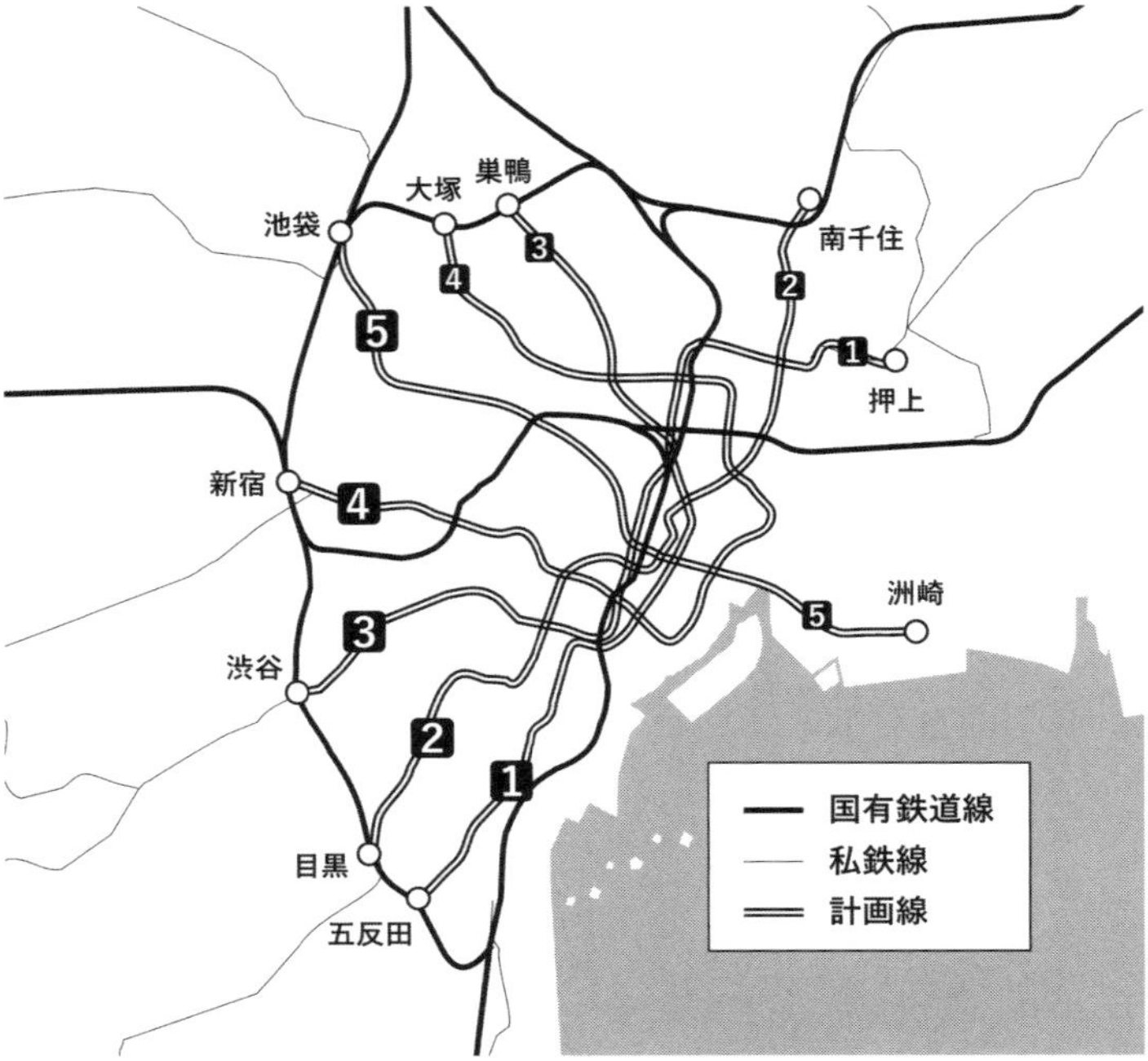

図5　内務省告示第56号（1925年）（筆者作成）

一号線　省線五反田駅付近より芝公園、新橋駅、日本橋、万世橋、上野、浅草を経て押上に至る（十六・七キロ）
二号線　省線目黒駅付近より西久保、祝田町、本石町、浅草橋、田原町を経て南千住に至る（十六・一キロ）
三号線　省線渋谷駅付近より桜田本郷町、東京駅前、万世橋、本郷三丁目を経て省線巣鴨駅付近に至る（十五・四キロ）
四号線　省線新宿駅付近より四谷見附、日比谷、築地、蛎殻町、御徒町、本郷三丁目、竹早町を経て省線大塚駅付近に至る（二十・〇キロ）
五号線　省線池袋駅付近より早稲田、飯田町、一ツ橋、東京駅、永代橋を経て洲崎に至る（十四・二キロ）

東京地下鉄道の免許線は一号線として位置づけられることになり、二号線から五号線については、一九二五年（大正十四年）五月、東京市に免許が与えられた。

免許には、三号線（渋谷―巣鴨間）と五号線（池袋―洲崎間）は一年以内に着工の準備を完了し、認可を得た日

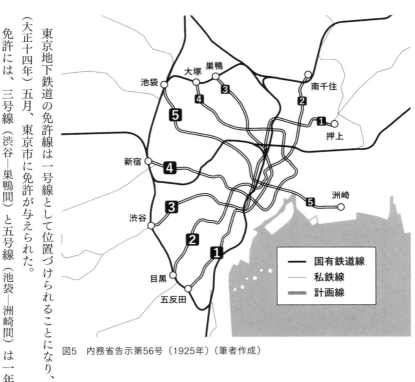

写真8　開業当日の上野駅の混雑
（出典：前掲『東京地下鉄道史（乾）』口絵）

から五年以内に工事を竣工させるべしという追記があり、これができなかった場合は免許の一部または全部を取り消すこともあるとも書かれていた。

ところが関東大震災復興事業で財政事情が悪化した東京市は、地下鉄建設のための起債が認められず、建設計画は一向に具体化しなかった。

東京市会は一九二六年（大正十五年）三月、一億八千七百万円の公債を発行して予算をまかない、第一期線として渋谷―巣鴨間、池袋―洲崎間を七カ年で完工し、以後引き続き十三年間で全線を建設する市営地下鉄計画を策定。大蔵省に起債の申請をしたが、大蔵省はこれを拒否し、二九年（昭和四年）八月に市の起債申請は差し戻された。当時の若槻禮次郎内閣の蔵相・濱口雄幸は、経済危機に対処すべく地方財政の緊縮方針を掲げていて、公債発行には厳しい態度をもって臨んでいたからである。

一方、東京地下鉄道も資金不足に悩んでいた。当初、外資によって四千万円の資本金を確保し、上野―新橋間を一気に建設する計画だったが、震災のあまりの被害の大きさに外資は撤退。手元には一千万円しか集まらなかった。やむをえず、まずは一千万円で浅草―上野間を建設し、実績を積みながら徐々に増資して延伸する計画に改めた。

そして一九二五年（大正十四年）九月二十七日、東京地下鉄道は第一期線第一工区（浅草―上野間）の起工式を挙行する。前例がない地下鉄建設工事は、幾多の苦難を一つずつ乗り越えながら進められ、二七年（昭和二年）十二月三十日、ついに日本初の地下鉄が開業する。

東京地下鉄道は一九三〇年（昭和五年）一月一日に上野―万世橋間、三一年（昭和六年）十一月二十一日に万世橋―神田間、三二年（昭和七年）四月二十九日に神田―三越前間、同年十二月二十四日に三越前―京橋間、三四年（昭和九年）三月三日に京橋―銀座間と順次延伸開業していき、同年六月二十一日に銀座―新橋間を開業し、浅草―新橋間を全通させた。

6　東京の鉄道整備

ここまで市電と地下鉄の動きについて述べたが、この間、東京とその近郊の国有鉄道や私鉄の状況はどうだったのか、簡単にふれておきたい。

前述のように東京市内では一九〇三年（明治三十六年）に路面電車が開業したが、翌〇四年（明治三十七年）には現在のＪＲ中央線にあたる甲武鉄道御茶ノ水―中野間でも電車の運行が始まっている。鉄道省が二七年（昭和二年）に発行した『省線電車史綱要』（東京鉄道局編、東京鉄道局、一九二七年）によれば、〇六年（明治三十九年）当時、定員三十人の小型車両を用いた単行運転ながらも、御茶ノ水―中野間を六分間隔、所要時間二十八分で運行していたという。

甲武鉄道は一九〇六年（明治三十九年）十月に国有化され、国有鉄道中央線の一部になった。甲武鉄道の電車運行を引き継いだ鉄道院は電車の有用性に着目し、〇九年（明治四十二年）に山手線を電化。次いで、一四年

（大正三年）に東海道本線東京―高島町（のちに廃止）間で電車の運行を開始した。この電車は「京浜線」という愛称が付けられ、のちに運行区間の延長によって「京浜東北線」と呼ばれるようになる。京浜線は開業時、二両編成での運転だった。このあと、利用者の増加によって山手線や中央線でも二両編成の列車が登場する。

一九一九年（大正八年）に中央線が東京駅まで延伸。関東大震災後の二五年（大正十四年）には、長年の懸案だった東京―上野間の線路が接続され、山手線の環状運転が始まるなど、東京の電車ネットワークは大きく進化した。山手線、中央線、京浜線など鉄道院が運行する電車は「院線電車（院電）」、二〇年（大正九年）に鉄道省に改組されて以降は「省線電車（省電）」と呼ばれて親しまれた。

大正中期に入ると東京の郊外化が進展し、郊外から都心への通勤利用者が急激に増加する。大正末には中央線、山手線、京浜線ともに五両編成の列車が登場し、山手線は混雑時三分間隔、一周あたり約六十二分で運転している。こうして首都東京の交通の主役は市電から省電へと移っていった。

一方、東京の私鉄路線網はどのようにして築かれたのだろうか。東京では鉄道国有化以前に東武鉄道、京浜電気鉄道（現在の京急電鉄）が開業していたが、明治末から大正初期にかけて、一九〇七年（明治四十年）に玉川電気鉄道（のちの東急玉川線、一九六九年廃止）、〇九年（明治四十二年）に京成電気軌道（現在の京成電鉄）、一一年（明治四十四年）に王子電気軌道（現在の都電荒川線）、一三年（大正二年）に京王電気軌道（現在の京王電鉄）など、市電ネットワークとの接続を意識した路線が相次いで開業した。これらの事業者は、軌道の経営と並行して沿線で電灯・電力供給事業をおこなうなど、事業の多角化を進めた。

関東大震災に前後して東京の郊外化が進展すると、東京南西部の住宅化が一気に進み、郊外住宅地の通勤手段として私鉄の建設ブームが起こった。この頃開業した私鉄には、一九二二年（大正十一年）開業の池上電気鉄道（現在の東急池上線）、二三年（大正十二年）開業の目黒蒲田電鉄（現在の東急目黒線、東急多摩川線）、二六年（大正十五年）開業の東京横浜電鉄（現在の東急東横線）、二七年（昭和二年）開業の小田原急行鉄道（現在の小田急電鉄）などがある。各社は並行して沿線の住宅開発を進め、事業基盤を確立した。

代表的なのが、一九一九年（大正八年）に渋沢栄一が中心となって設立した田園都市という会社と、これを母体に設立された目黒蒲田電鉄と東京横浜電鉄の沿線開発である。田園都市の設立趣意書には次のように記されている。

要は黄塵万丈なる帝都の巷に棲息して、生計上風紀上の各方面より圧迫を蒙りつつある中流階級の人士を、空気清澄なる郊外の域に移して、もって健康を保全し、かつ諸般の設備を整えて、生活上の便利を得せしめんとするものにあり。田園都市の目的、実にかくの如し。

（東京急行電鉄社史編纂事務局編『東京急行電鉄50年史』東京急行電鉄、一九七三年、四九ページ）

東京都心の環境は工業化の進展と人口増加によって急激に悪化していた。そこで、自然豊かな東京近郊に都市を建設し、交通機関を整備することで、中流階級に郊外への移住を促したのである。

こうして郊外に在住し、私鉄と山手線を乗り継いで都心に通勤する、現在のライフスタイルの基礎が形成された。また乗り換え客の増加によって、私鉄が多数接続する新宿・渋谷・池袋といったターミナル駅が繁華街としてにぎわうようになった。

一方で、私鉄からの乗り換え客を一手に引き受ける山手線の混雑が問題になり、ターミナル駅と都心を接続する地下鉄の整備が求められるようになっていった。

第1部　新橋駅幻のホームと帝都高速度交通営団の誕生

第1章　「代行会社」をめぐる確執——一九二六—三四年

1　代行会社の出現

東京地下鉄道の浅草—上野間開業からさかのぼること一年四カ月、一九二六年（大正十五年）八月、大倉土木（現在の大成建設）の門野重九郎《ちょうきゅうろう》を代表とするグループが、東京市の免許線四路線すべてを、東京市に代わって建設したいと名乗り出た。これがのちの東京高速鉄道である。

驚いたのは東京地下鉄道だった。大倉土木は東京地下鉄道第一期線第一工区（浅草—上野間）の建設工事を請け負っていた会社だったからだ。東京地下鉄道にとっては全く寝耳に水であり、庇を貸して母屋を取られそうになった格好で、面白い話ではない。早川の怒りは社史にまで記されている。

新聞紙によってこれを知った私は、唯もう日本の実業家の不信の態度に憤怒する念慮がいっぱいであった。私は大正六年地下鉄道の免許を出願した時以来、これに類似した幾多の苦い経験を嘗めさせられたので、わが実業家の陰険譎詐極まりなく、寸時の油断も出来ないことは十分承知していたのであったが、まさか現在我が社の工事を請け負って密接な関係にある大倉組が、常務重役たる野村社長にも私にも、一言の相談どころか挨拶さえなく、出し抜けに代行を出願しようとは思わなかった。我が国実業家の不信不徳義は実に言語道断で利益の前には義理も人情も弁えずにかくまで横暴を逞うするものかと、新聞を摑んで怒髪天を突くの思いがあった。

（前掲『東京地下鉄道史（乾）』三五一―三五二ページ）

早川は東京高速鉄道の計画を打破すべく、代行を許可すれば東京市の地下鉄道統一を困難にし、禍根を残すとして、東京市電気局長や市会の有力者を相手に反対運動を展開した。さらには軽井沢に避暑中の東京市長を追いかけて直訴し、代行出願を退けさせた。

それでも門野ら東京高速鉄道は諦めようとはしなかった。初回の失敗に懲りて、東京地下鉄道の重役である根津嘉一郎（一九三二年に東京地下鉄道社長に就任）と大川平三郎を説得し、早川を抱き込みにかかったのだ。

早川は大倉土木が地下鉄建設に参加したいのであれば、東京地下鉄道の株をもって重役に入り、東京地下鉄道として出願すればいいとして、首を縦に振らなかった。しかし、東京高速鉄道が将来的に東京地下鉄道と合併するという条件を提示するに至り、早川もついに折れて小異を捨てて大同につく決断をし、東京地下鉄道の重役全員が東京高速鉄道の発起人に加わることになった。

こうして代行建設の出願は両者共同でおこなわれることになったものの、早川の不信感は最後まで払拭されなかったようだ。あとから振り返れば、すべては最初から行き違っていたのである。

一九二七年（昭和二年）十月に東京高速鉄道がおこなった二回目の代行出願では、市の承認を取り付けるため東京市に補助金を求める代わりに開業から六十年後にトンネルを市に無償で譲渡するという新たな条件を提示したが、これも同年十二月に却下されている。

一九二八年（昭和三年）二月、東京高速鉄道は補助金の要望を取り下げて三回目の代行出願をおこなった。この出願はしばらく留め置かれたが、三〇年（昭和五年）十二月になって、東京市から東京高速鉄道に交渉が持ち掛けられた。

前述のように、東京市は起債によって地下鉄事業に着手しようと考えていた。一九二九年（昭和四年）に最初の申請が却下されたあとも、地下鉄建設を失業救済事業と位置づけ、あらためて起債の申請をしているが、三〇年（昭和五年）五月に政府に却下され、ついに手詰まりになっていたからである。

地下鉄建設実現のためには東京高速鉄道の提案に乗らざるをえない状況に追い込まれた東京市は、一九三一年（昭和六年）十二月八日、ついに代行建設を承認して免許の譲渡契約を締結した。

契約書

東京市（以下市と称す）は大正十四年五月十六日監第千百九十号を以て免許を受けたる高速鉄道に関する権利の一部を東京高速鉄道株式会社発起人（以下会社と称す）に譲渡するに付左の契約を締結す

第一条　市は左記路線の免許権を会社に譲渡す
一　東京府豊多摩郡渋谷町より東京駅前に至る
二　東京府豊多摩郡淀橋町より東京市京橋区築地に至る

第二条　会社は市長に協議し前条路線の工事着手順序を決定しかつその工事施行認可申請書を作成するものとす

第三条　会社は本契約の効力発生後七年以内に全路線の建設を完了するものとす

第四条　会社は市に於て高速鉄道調査の為要したる費用中金五十万円を限り内金三十万円は会社成立後一月以内に残額は爾後二年間に均等納付するものとす

第五条　会社は市営交通機関との連帯運輸を拒むことを得ざるものとす
第六条　会社は本契約の効力発生後一年以内に当初資本金三千万円以上の株式会社を設立し順次増資するものとす
第七条　会社は市の同意を得るに非ざれば本契約により譲受たる免許権及び鉄道を譲渡し又はその運輸営業を中止若しくは廃止することを得ざるものとす
第八条　市は本契約に依るのほか市の有する高速鉄道に関する免許権を会社に譲渡することあるべし
第九条　市は何時にても会社の事業を買収することを得。この場合における価格その他に付協議調わざる時は両者より選定したる各二名の仲裁人の裁定により尚不調なる時は鉄道大臣の裁定を請うものとす
第十条　会社は適当なる時期において東京地下鉄道株式会社と合併すべし。この場合における合併条件その他に付協議調わざる時は両者より選定したる各二名の仲裁人の裁定により尚不調なる時は鉄道大臣の裁定を請うものとす。合併後存続する会社又は合併に因りて設立したる会社は本契約により会社に属する権利義務を承認するものとす

（東京都交通局編『都営地下鉄建設史――1号線』東京都交通局都営地下鉄1号線建設史編纂委員会、一九七一年、七三ページ）

譲渡路線は当初、二号線（目黒―南千住間）、三号線（渋谷―東京駅前間）、四号線（新宿―築地間）、五号線（池袋―東京駅間）の四路線合計約四十キロを軸に交渉が進められていたが、鉄道省は「会社の資本金は譲り受ける線路の建設費を支払するに足りるものとし、線路の短縮または資本金増加のいずれかの方法を取ること」という方針を内示した。全区間の建設費をまかなうだけの資本金を一気に調達することは不可能だったので、譲渡路線は三号線（渋谷―東京駅前間）、四号線（新宿―築地間）の合計十五・七キロに短縮されることになった。

この二路線が選定された背景には、大正中期から昭和初期にかけて急速に進行した都市構造と交通需要の変化

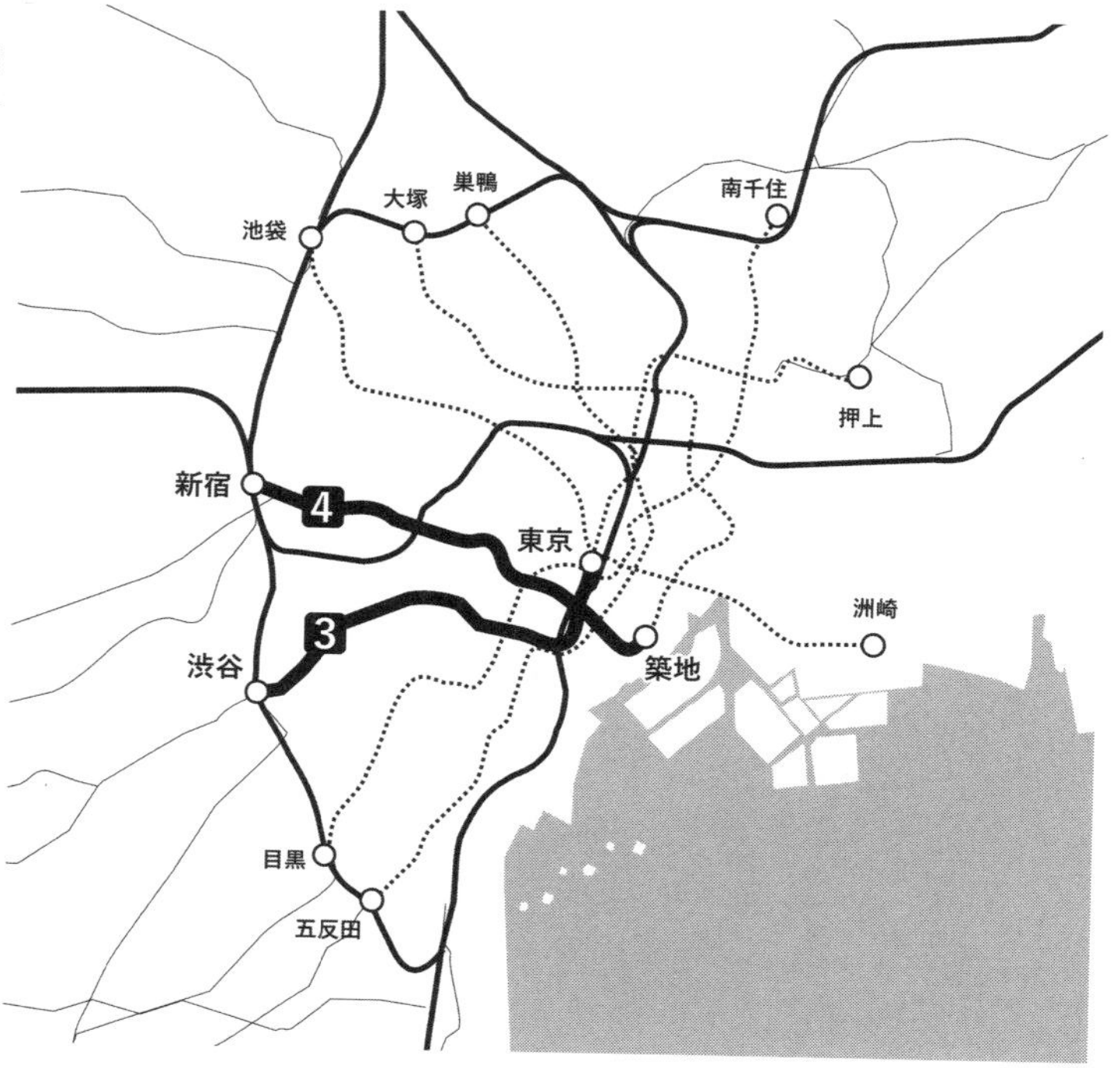

図6　3号線・4号線の免許譲渡区間（筆者作成）

があった。序章の最後に述べたように、一九二〇年代に入って山手線に接続する私鉄が続々と開業した。震災以前から東京の郊外化は始まっていたが、過密化した下町が震災で灰燼に帰すと、危険で環境が悪い都心部から自然が豊かな郊外に移り住む傾向が決定的になり、住宅地は山手線の外側に広がっていった。

　これらの私鉄は、郊外から山手線接続駅までの輸送を担い、ターミナル駅から都心への移動は高速・大量輸送が可能な省電に委ねていた。そのため、沿線の開発が進んで利用者が増えてくると、省電と市電だけでは都心への輸送力が不足するようになってくる。

　そこで私鉄ターミナル駅と都心を結ぶ新しい交通機関＝地下鉄の整備が求められるようになり、特に私鉄路線が集中する新宿と渋谷の混雑が深刻だったことから、三号線と四号線の整備が優先されたのである。

　東京市と東京高速鉄道の譲渡契約は、一九三二年（昭和七年）七月に市会の承認を取り付けると、同年八月に鉄道大臣に地下鉄道免許の譲渡許可を申請。同年十月、鉄道省は次の条件付きで譲渡を許可した。

一　発起人は一九三三（昭和八）年九月三十日までに会社を設立すること
二　本許可は第一号の期間内に会社を設立した時に効力を発する
三　鉄道大臣が必要ありと認めたる時は、線路および工事方法の変更を命じることができる
四　本鉄道の路線中、東京市または東京地下鉄道株式会社所属鉄道線路を横断し、またはこれと連絡する箇所については、工事施工《（ママ）》認可申請書再提出前にその大綱を定めて、鉄道大臣の認可を受くること

（同書七四ページ）

なお契約に付随して、「市は将来適当の時期において今回と同一条件により、目黒より本石町を経て南千住に至る路線〔二号線：引用者注〕および巣鴨より東京駅前に至る路線〔三号線残区間：引用者注〕の免許権を会社に譲渡すること」という覚書が作成された。

2　連絡に関する打ち合わせ会

譲渡を許可した鉄道省は、各社地下鉄計画線の交差、連絡などについて「当面の利害を離れ、当事者間において円満に協定の進捗を見る」ために、東京市・東京地下鉄道・東京高速鉄道に対して「省新橋駅付近会社線と譲渡線との連絡に関する打合会」を開催するよう命じた。

東京市の免許を東京高速鉄道に譲渡することが決定した一九三二年（昭和七年）時点では、東京地下鉄道は京橋まで開業していて、続く京橋―銀座間（第七工区）、銀座―新橋間（第八工区）の工事に着手しようとしていた。

東京地下鉄道の免許線は新橋から先、芝公園を抜けて品川までの区間であり、浅草―新橋間の第一期線が開業

次第、新橋―品川間を第二期線として建設する意向だった。しかし、一九二〇年（大正九年）に免許を取得してから、二三年（大正十二年）、三一年（昭和六年）と二度にわたって新橋―品川間の施工認可申請をしていたが、いまだ認可に至っておらず、新橋以南のルートは確定していない状態だった。

一方、東京高速鉄道に譲渡された三号線の免許は、渋谷駅付近から桜田本郷町を経由して東京駅前に至る区間とされていた。桜田本郷町とは現在の港区西新橋一丁目にあたる区域である。つまり、地下鉄ネットワーク上、二つの路線は新橋駅付近のいずれかの箇所で連絡し、乗り換え可能な構造にする必要があった。

その位置や連絡方法によっては着工を間近に控えた東京地下鉄道新橋駅の設計に影響が出るため、東京高速鉄道がどのようにして新橋付近で連絡するのかを早急に検討する必要があった。その調整の場として鉄道省が設定したのが、この「打合会」だった。

第一回会議は譲渡承認の翌月の一九三二年（昭和七年）十一月十一日におこなわれ、鉄道省監督局長は議論の前提として以下の条件を提示した。

一　渋谷線及び五反田線と新橋浅草線とは車両を直通し得るよう設計すること
一　渋谷線は新橋駅を経由せずして途中より東京駅まで分岐すること
右を前提として両地下線の接続点をいずれにするかを決定せられたし
（「東京地下鉄道議事録」〔地下鉄博物館所蔵〕）

渋谷線とは東京市から東京高速鉄道に譲渡された三号線の渋谷―東京間、五反田線とは東京地下鉄道の延伸予定区間である新橋―五反田間を指している。

鉄道省は渋谷線と五反田線は直通運転できるように同一規格で設計すること、渋谷線は新橋駅を経由せずに東京駅に向かうこと、この二つの条件を前提に両路線の接続点を決めるよう求めた。両社は鉄道省の提案を持ち帰って検討するとともに、次回会議までに鉄道省がたたき台を用意して、あらためて審議することになった。

決定事項
一　鉄道省にて連絡関係の大体設計の種々の案を作成し、これに基づきて改めて審議すること
一　当社にては新橋までは速かに請負に附したきを以て右案は出来るだけ速かに決定するよう早川専務より希望ありたり

（同議事録）

第二回会議は同年十一月二十八日に開催され、鉄道省の設計案について説明があったあと、各社の検討結果が発表された。

第一回打合会決議に基き鉄道省側より連絡関係の大体設計の種々の案に就き説明ありたり。
代行会社側より渋谷東京駅線は芝口にて弊社線を横切り復興計画第一号幹線道路下に入れたき希望ある趣申出でありたるも監督局長より根本主意に反する趣説明ありたり。
結局弊社側の虎ノ門を連絡の接続点とする案を議題として代行会社、市電気局、弊社にて協議決定の上、鉄道省に報告する事に決定す。

（同議事録）

会議上、東京高速鉄道（代行会社）は、三号線を新橋から直進して「復興道路一号幹線」すなわち昭和通りに延伸する案を披露した。東京市が一九二九年（昭和四年）、帝都復興展覧会に出品した第一号幹線昭和通りの模型に地下鉄導入空間が用意されているように、この時期、昭和通りの地下に新たな地下鉄を敷設する構想があっ

写真9　「帝都復興展覧会出品模型　第一号幹線昭和通の一部模型」（部分）（東京都復興記念館所蔵）

たようだ。

東京高速鉄道もこの構想に乗ることで独自の都心直通ルートを確保しようとしたと推測されるが、免許線から大きく逸脱することから、鉄道省に「そもそもの趣旨に反する」と注意されている。二年後、東京高速鉄道は東京地下鉄道への直通運転を打ち出し同社と激しく対立することになるが、一九三二年（昭和七年）の時点では直通運転の実施は争点になっていなかったことがわかる。

既定計画に従った事務的な協議を想定していた鉄道省と東京地下鉄道に対して、東京高速鉄道は地下鉄ネットワーク構想のあり方そのものから提起したいという姿勢をとっていて、参加者間には大きな意識の隔たりがあったことがうかがえる。結局、東京地下鉄道が提案する虎ノ門駅接続案をたたき台として三者で検討を進め、結果を鉄道省に報告することにして、第二回会議は終了した。

地下鉄博物館（東京都江戸川区）に、虎ノ門接続案の図面が残っている。この案で虎ノ門駅は、総武中央緩行線・中央快速線の御茶ノ水駅、あるいは現在の地下鉄でいうと、銀座線・半蔵門線の表参道駅や有楽町線・副都心線の小竹向原駅のような対面乗り換えが可能な方向別の二面四線構造とされていて、出発直後に設けられたポイントによって、渋谷線と五反田線が相互に乗り入れできるようになっている。

第三回会議は翌十一月二十九日に東京地下鉄道本社で開催された。東京高速鉄道は虎ノ門接続案については検討が十分ではなく、すぐに結論は出せないということで、東京地下鉄道の第八工区（銀座―新橋間）の設計に限定して協議をしたいと申し入れ、両路線の接続駅問題は棚上げになった。

代行会社にては渋谷線を一号幹線道路に入れたき希望あり、もし一号幹線に入るるとすれば弊社第八工区施行認可出願範囲までは弊社設計通りにて大体支障なきも、代行会社にて新橋に駅を置く場合にはなるべく芝口側に近く設置したき希望あるにつき、右設計を弊社に依頼ありたり。

連絡接続駅の位置については、代行会社としては未だ充分研究し居らざるを以て、とりあえず弊社の第八工区出願設計の可否を定むるのみに限定したき趣、代行会社側より希望ありたり。

虎ノ門を連絡の接続駅とする場合、弊社線の虎ノ門より飯倉に至る線路につき、電気局側の意見を徴したるにもし右線路に関し鉄道省にて支障なしと決定し命令すれば、市としては大体支障なかるべしとの事なりき。

要するに本日の協議にては弊社第八工区出願範囲内の設計については代行会社としては大体支障なき趣なるも連絡の接続駅については何等決定せざりき。

（同議事録）

東京地下鉄道としても、着工が目前に迫っている第八工区の設計を最優先で固めたかったこともあり、これを受け入れることになった。「連絡の接続駅に就いては何等決定せざりき」。これがのちのち尾を引くことになっていく。

3　五島慶太の登場

三号線と四号線の免許譲渡が決まった東京高速鉄道だが、一九三二年（昭和七年）時点ではまだ会社は設立されていなかった。東京市との譲渡契約と鉄道省の譲渡承認条件に定められたとおり、契約締結から一年以内に会社を設立しなければ譲渡契約は取り消しになってしまう。しかし昭和金融恐慌以来続く長期の深刻な不況下では、会社の設立のための資本金三千万円の調達が思うように進まなかったのである。

そのまま一年の期限を迎えて契約は失効するかに思われたが、東京高速鉄道からの申し入れを受けて、鉄道省は会社設立の期限を一九三四年（昭和九年）九月まで延長すると決定し、もう一年の猶予が与えられた。ここで登場するのが五島慶太である。

五島は一八八二年（明治十五年）、長野県小県郡殿戸村（現在の青木村）で農業を営む小林菊右衛門の二男・小林慶太として生まれた。年齢は早川徳次の一歳下である。尋常中学校を卒業後、地元の小学校の代用教員になるも学問への思いを断ち切れず、東京高等師範学校に入学する。

卒業後、三重県の商業学校に英語教師として赴任するが、「校長をはじめ同僚一般がいかにも低調で、とうてい共に仕事をしてゆくに足りない者ばかりなので、これではとても仕方がない」（五島慶太『七十年の人生』要書房、一九五三年、一三ページ）と考え、「やるなら最高学府の大学に入ろう、そして大学を出て一つ世の中と勝負してみてやろう」（同書）と決意。東京帝国大学法科大学政治学科選科に入学し、その後、法科大学の本科に転じた。卒業後、高等文官試験を受験して合格。一九一一年（明治四十四年）、二十九歳で官僚に転身した異色の経歴の持ち主である。

三十歳のとき、土木技術者で衆議院議員の久米民之助の長女・万千代と結婚。同時に久米家の父方祖母の実家・五島家を再興するために改姓して五島慶太となった。

五島は鉄道院で頭角を現し、監督局総務課長に就任するが、一九二〇年（大正九年）に退官し、武蔵電気鉄道の常務取締役に就任した。のちに五島は、九年間の官吏生活を振り返って次のように記している。

そもそも官吏というものは、人生の最も盛んな期間を役所の中で一生懸命働いて、ようやく完成の域に達する頃には、もはや従来の仕事から離れてしまわなければならないものだ。若い頃から自分の心に適った事業を起こして、これを育て上げ、年老いてその成果を楽しむことのできる実業界に比較すれば、こんな官吏生活はいかにもつまらない。十年近い官吏生活を経験した私は、次第にこのような考えをいだくようになったのである。

（五島慶太『七十年の人生』要書房、一九五三年、二四ページ）

五島が参画した武蔵電気鉄道は、一九一〇年（明治四十三年）に実業家・岡田治衛武《じえむ》が設立した鉄道会社である。岡田は五島の常務就任前に武蔵電気鉄道を去っているが、東京高速鉄道の地下鉄計画のルーツはこの岡田にさかのぼることができる。

岡田は武蔵電気鉄道を創立する前に、別の鉄道会社を経営していた。東京市を走った三つの路面電車のうちの一つ、外濠に沿って一周する環状線・外濠線を運営していた東京電気鉄道だ。

この会社、設立時の社名は川崎電気鉄道といい、四谷信濃町を起点として、青山―目黒―池上を経由して川崎に至る本線と、池上から分岐して大森に至る支線の特許を得て一九〇〇年（明治三十三年）に設立されたものだったが、東京市内の路面電車事業のほうが有望だとして社名を改め、外濠線など市内の特許を新たに取得した経緯がある。

一九〇六年（明治三十九年）九月に東京電車鉄道・東京市街鉄道・東京電気鉄道が合併して東京鉄道が成立す

ると、岡田はすぐに次の鉄道計画「武蔵電気鉄道」に着手する。〇六年（明治三十九年）十一月に豊多摩郡渋谷村（広尾）と官設鉄道平沼停車場（横浜）を結ぶ本線と、〇七年（明治四十年）五月に荏原郡調布村から官設鉄道蒲田停車場を結ぶ支線を出願し、〇八年（明治四十一年）に仮免許状を得た。

起点を広尾に置いたのは、東京電気鉄道を引き継いだ東京鉄道が、路面電車の複数路線の終点を広尾に集約する計画を立てており、市内への玄関口として発展が見込まれていたからだ。さらに一九一四年（大正三年）、トンネルと高架橋を組み合わせた目黒―有楽町間の延長線を出願して都心進出を図るが、これは東京市の交通市営主義に阻まれて却下されている。

ところが、早川徳次の登場によって地下鉄建設の機運が盛り上がると状況は大きく変化した。一九一八年（大正七年）十一月、武蔵電気鉄道は目黒―有楽町間を全線地下式に変更して四度目の出願に挑戦。同社の地下延長線は市内交通ではなく郊外から都心への直通運転を目的としたものだったが、他社の地下鉄免許申請と合わせて審査がおこなわれ、二〇年（大正九年）三月、ついに免許を得ることに成功する。

そして同年五月二十六日、武蔵電気鉄道の常務に就任したのが五島だった。当時、五島は「実業之日本」誌上で次のように語っている。

東京市や大阪市の市内電車の輻輳を緩和して、たとえ僅少なりともこれが改善を図ることは実に差迫った仕事である。こんな事は平常役所に居る時分から注意もしていたし研究もしていた。ところがあたかも本年正月頃から東京市の交通問題に関しては理想の研究よりも実行することを得る機会が到来した。これ即ち武蔵電気鉄道会社の東京市街に地下鉄を敷設することと同時に経営問題である。

（「実業之日本」第二十二巻第十二号、実業之日本社、一九二〇年、四六ページ）

五島が鉄道院時代に在籍していた監督局は私鉄の免許申請を審査する部門である。つまり彼は自らが与えた免許を自らの手で実現させるために、鉄道経営者に転身したことになる。彼にとって地下鉄建設は「自分の心に適った事業を起こして、これを育て上げ、年老いてその成果を楽しむ」に値するものだったのだ。

ところが、そこに第一次世界大戦の反動恐慌が直撃。武蔵電気鉄道は地下鉄建設に着手できないまま、関東大震災後の地下鉄計画見直しとともに免許を失効してしまう。地下鉄計画を奪われた武蔵電気鉄道は、後述するように目黒蒲田電鉄と連携して事業を展開していく。

武蔵電気鉄道は一九二四年（大正十三年）に社名を東京横浜電鉄に改称し、二六年（大正十五年）二月に丸子多摩川（現在の多摩川）―神奈川（一九五〇年に廃止）、翌二七年（昭和二年）八月に渋谷―丸子多摩川間を開業。二八年（昭和三年）に神奈川―高島（のちの高島町、二〇〇四年に廃線）、三二年（昭和七年）に高島―桜木町間（二〇〇四年に廃線）を開業し、渋谷―桜木町間を全通させる。

東京横浜電鉄はこの間、一九二四年（大正十三年）八月、二六年（大正十五年）九月、二九年（昭和四年）五月と三度にもわたって渋谷から都心までの市内地下延長線を申請したが、いずれも却下されている。

渋谷―東京駅前間の地下鉄免許について、東京急行電鉄（東急）が一九四三年（昭和十八年）に発行した『東京横浜電鉄沿革史』は次のように総括している。

当社はかくのごとき過酷なる免許失効に対してその不当なることを力説し、抗議したのであるが、ついに当局の容れるところとならなかったが、後にこの線路は他の数線と共に、東京市に免許されることになった。しかし当時、東京市も資金難に悩まされていた時で、実現はかなり至難で、ために荏苒数ヶ年、そのまま放置するのやむなき状態にあった。この間、民間事業家の手により、東京市内地下高速鉄道網の完成を図ろうとする議が再び台頭し、有力視されるに至ったので、当社は本線最初の敷設企画者として、かつは不当なる免許失効の措置を喫した被害者として、単独に当社に払い下げを受けるを至当とする旨を特に力強く主張したのであった。

主張は主張として、十分各方面の理解を得たのであるが、実現に難色があったので、譲るべきは譲るという大衆的な互譲精神に立脚し、新たに東京郊外電鉄各社合同によって東京高速鉄道株式会社を創設し、東京市の有する地下鉄道線の免許線を同社が譲り受けることとした。

（東京急行電鉄編『東京横浜電鉄沿革史』東京急行電鉄、一九四三年、二五七―二五八ページ）

東京横浜電鉄からすれば、東京市から譲渡された三号線はもともと自社の出願線にルーツをもつという自負があった。東横線を全線開業させた五島は、続いて東京高速鉄道という新たな舞台で、悲願の都心進出に着手することになる。

4 東京高速鉄道の設立

三鬼陽之助の『五島慶太伝』（〔日本財界人物伝全集〕第十五巻〕、東洋書館、一九五四年）によれば、当初、門野重九郎と脇道誉は大倉土木と東京地下鉄道の合作によって東京高速鉄道を設立しようと考えていたが、東京地下鉄道を相手にしていては、とうてい三千万円の資本を集めることができないだけでなく、東京地下鉄道は東京高速鉄道の株を一株ももつことができない状態だった。また、早川は東京高速鉄道の株をもつ意思もなかったようだ。

そこで門野は保険界の長老である第一生命の矢野恒太に相談したところ、「五島が建設費及び営業収支の見込みを作って、相当、有望なものであるということならば、応分の助力をいたしましょう」という回答を得た。

矢野と五島の接点は目黒蒲田電鉄にあった。渋沢栄一らが設立した田園都市株式会社は一九二〇年（大正九年）の第一次世界大戦後の恐慌によって存続の危機を迎えるが、そこで株式を引き受けたのが矢野だった。その縁で彼は田園都市の経営にも参加するようになる。

田園都市が鉄道建設と宅地開発のビジネスモデルを採用したのは、矢野が阪急電鉄の創始者である小林一三に助言を求めたことに由来する。田園都市は一九二二年（大正十一年）に、電気鉄道を建設するための子会社として目黒蒲田電鉄を設立。このとき、小林一三の推薦で専務取締役に招聘されたのが、鉄道院を退官して武蔵電気鉄道の常務取締役に就任していた五島慶太だった。

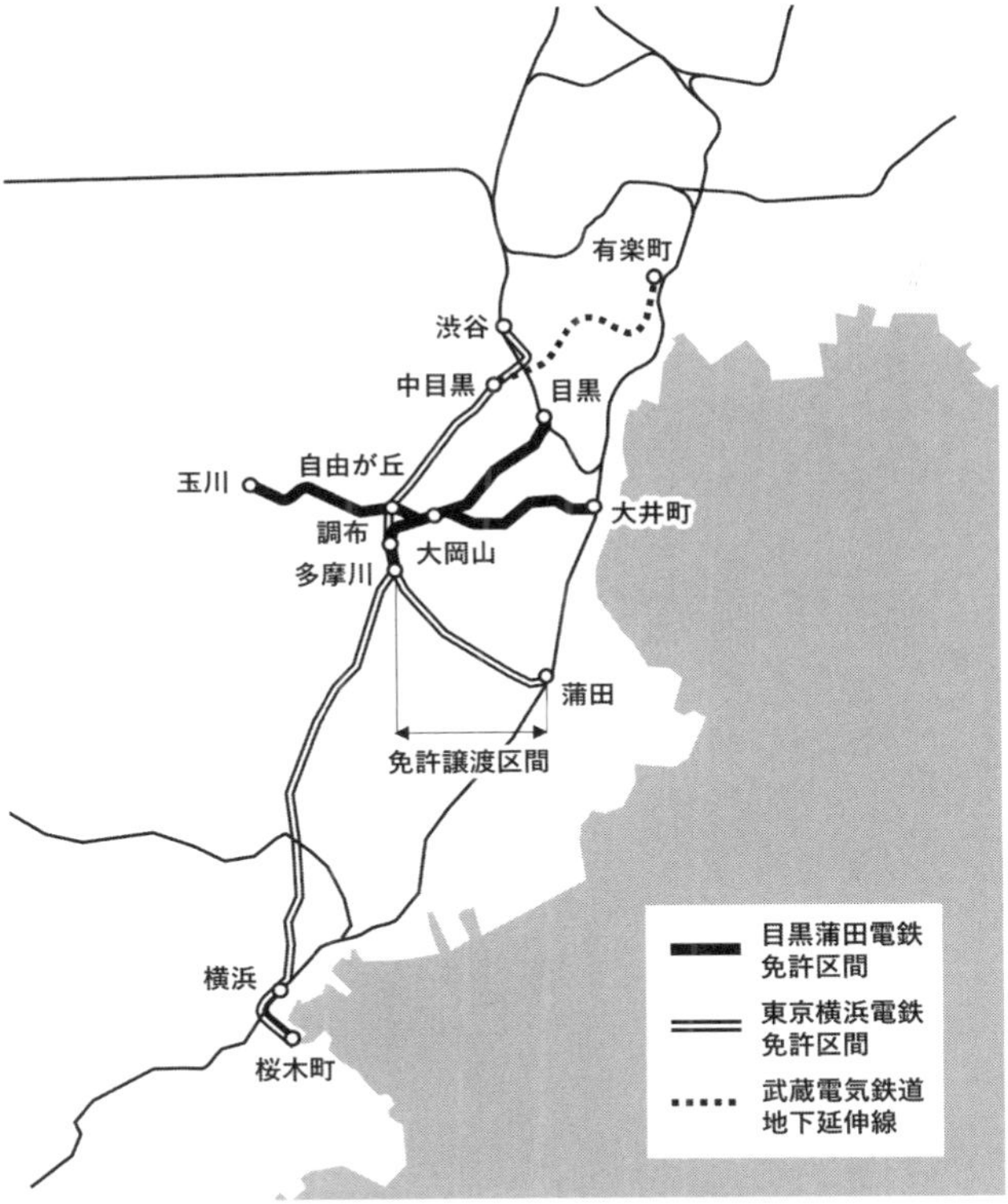

図7 目黒蒲田電鉄と東京横浜電鉄の免許線の関係（筆者作成）

小林は五島に対し、先に目黒蒲田電鉄を敷設し、田園都市の土地売却に成功したら、その資金で武蔵電気鉄道の事業を進めるよう説得した。五島は武蔵電気鉄道が保有する調布—蒲田間の免許を目黒蒲田電鉄に譲渡し、目黒蒲田電鉄は一九二三年（大正十二年）三月、目黒—丸子（現在の東急多摩川線沼部駅）間を開業させた。翌二四年（大正十三年）に目黒蒲田電鉄は武蔵電気鉄道を傘下に収め、両社は一体となって新線の建設に着手する。こうして渋沢栄一と小林一三を介して、矢野と五島はつながりを得た。

五島から建設費と営業収支の見込

みを受け取った矢野は、保険界に呼びかけて全力で協力すると回答した。これによって六十万株のうち二十一万株が直ちに集まった。次に五島と脇は郊外私鉄を歴訪して東京高速鉄道の株をもつように勧誘し、約十万株の申し込みを取り付けた。そして大倉財閥の大倉喜七郎ら財界の有力者を訪問して約十二万株を募集した。こうして合計四十三万株がまとまったので、残りは発起人や一般募集によって六十万株が集まり、一九三四年（昭和九年）九月五日、ついに東京高速鉄道株式会社は創立されることになった。五島は常務取締役に就任し、東京高速鉄道の経営を実質的に任されることになった。

ところで、一九三四年（昭和九年）五月に発表された東京高速鉄道の「設立趣意書」には、路線の概要について次のように記してある。

その計画路線は東京市の都心と、新宿及び渋谷の二大交通焦点を結びつけんとするものにして、新宿線の特徴は、先ずその一端に当たる新宿駅ならびに京王、小田急、西武の三大電鉄終点の存在することと、新宿街付近そのものが近来異常なる発達を遂げ、今や帝都の花と誇る銀座街を凌駕せんとする殷盛の一大街区となれることなり。

また渋谷線に至っては、これまた東横、玉川、帝都の三大電鉄線の集結地点をその一端に控えるなど、これら諸電鉄沿線将来の発達を想えば、この両線は実にこれら沿線地の交通をスピード化する外、西南東京における交通の一大消化線たらざれば止まざるなり。（略）

正に繁栄の心臓部を通ずるの感あるが、しかも銀座尾張町および新橋駅付近においては、それぞれ東京地下鉄道と交差連絡する事を得、更に丸ノ内においては丸ビル、東京海上、郵船ビルその他の大建築物櫛比の地域を潜りて、大帝都交通の中心東京駅に連絡す。（傍点は引用者）

この時点まで東京地下鉄道との直通運転は標榜されておらず、あくまでも新宿・渋谷と都心を結ぶ地下鉄を独自に建設するという計画が掲げられていた。

ところが、創立にあたっては「東京地下鉄道会社線との連絡問題に関し種々調査考究したる結果、当社の免許線たる渋谷新橋間線路は東京地下鉄道の開業線終点新橋駅において軌条を直結し以て渋谷より浅草まで車両の直運転を為し乗り換えの不便を省く」方針に転換し、株式募集趣意書にその旨を記載している。

東京地下鉄道との連絡

当社の渋谷線は新橋において東京地下鉄道線に連絡し又新宿線も四谷見附より赤坂見附に至り渋谷線に合流し、新橋において東京地下鉄道に連絡せむとす。かくの如くしてY字形を為し新宿及び渋谷より浅草に至る直通車両の交互運転を為す予定なり。それ故に本社線を利用せば雨の日も傘を要せずして或いは銀座、日本橋通の各デパート廻りを為し、或いは上野浅草の遊覧を為すことを得べく現在東京地下鉄道の有する総ての利便に均霑することを得べし。

新たなリーダーとなった五島慶太の意向を反映して、東京高速鉄道の経営方針は大きく転換することになる。

5 三号・四号連絡線構想

東京地下鉄道は浅草―新橋間約八キロの建設に七年もの年月を要したが、東京高速鉄道はこれとは全く違うアプローチで地下鉄建設を進めようと考えていた。すなわち地下鉄ネットワークの速成である。

建設期間を短縮すれば金利負担を抑えることができ、経営の安定性が高まる。設計や工法を徹底的に節約することで、三号線・四号線の合計十五・七キロを着工から二年半という短期間で開業させる方針を掲げたのである。

ところが五島慶太の登場によって、その方針は全く異なったものに変わっていた。

東京高速鉄道は、創立の翌月一九三四年（昭和九年）十月一日に、三号線赤坂見附と四号線四谷見附を接続する「連絡線」の免許を新たに出願した。申請書類は連絡線の必要性を次のように記している。

右連絡線を必要とする理由は、畢竟当社が東京市よりの譲渡精神に則り、専ら市民交通の便利を念とし、経済的に将来の建設に備えんとする趣旨に基くものなり。

即ち、市民の交通上敷設を急務とする新宿及び渋谷両線十マイルを、二ケ年半の短期間に完成して、之を同時に開業し、市民の興望にそはんとするが如きは、到底困難なるを以て、その応急の手段として、本連絡線により、新宿及び渋谷両終点より新橋駅に至る地下鉄道を建設して市民に対し一日も早く、交通の利便を供与せんとする目的に出ずるものなり。

（「東京高速鉄道文書」〔地下鉄博物館所蔵〕）

五島の理屈はこうだ。譲渡区間のすべてを二年半で建設することはかなり困難である。しかしながら東京の交通事情は日に日に逼迫していて、これを解決するためには、新宿と渋谷の二つのターミナルに地下鉄を建設する必要がある。そこで三号線の渋谷―新橋間と四号線の新宿―四谷見附間を第一期線とし、さらに赤坂見附と四谷見附を結ぶ連絡線を新たに設けることで、渋谷―新宿の両ターミナルから新橋を経由して浅草まで直通運転をおこなうY字型路線を建設する、というのである。

続けて、線路がつながっていない三号線・四号線のそれぞれに車庫を設置するのは二重投資になることから、車庫を集約するためにも連絡線は必要だと主張した。

東京市より譲渡を受けたる渋谷線及び新宿線は、有楽町付近において上下交差を為すも線路の接続するものなく両線に対し別々に車庫の設備を為すことを要し、資本の二重投下となるを以って、この弊を除去するため、本連絡線建設の為に本社地下鉄工事を第一期及び第二期の両工事に分ち、第一期工事たる新宿及び渋谷両終点より新橋駅に至る、所謂Y字型路線の竣工後、第二期工事たる四谷見附築地間及び新橋東京間の線路の建設に着手せんとするものなり。

（同文書）

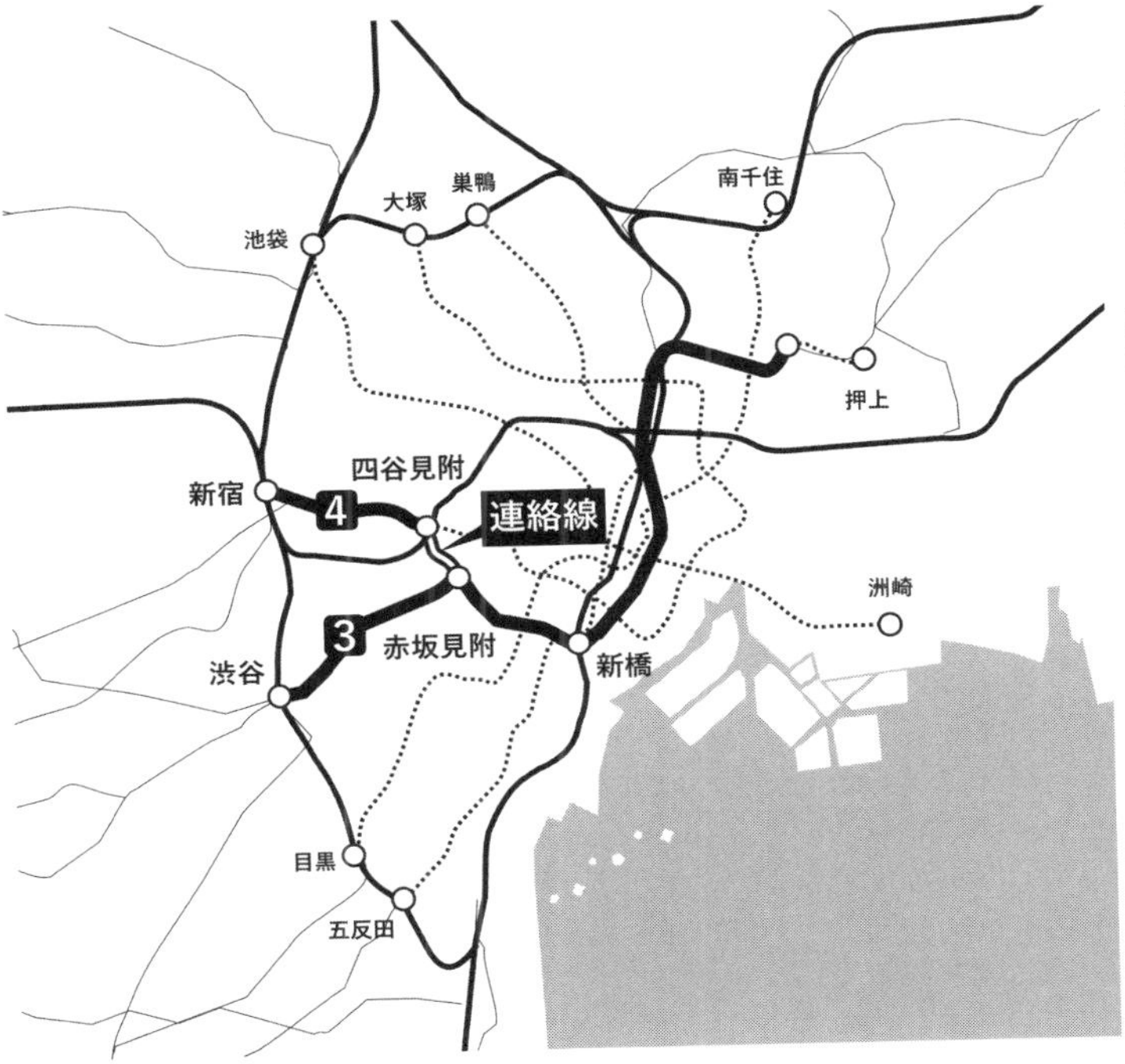

図8　赤坂見附と四谷見附を結ぶ連絡線（筆者作成）

車庫を設置するためのまとまった土地を都心に確保するのは、一路線であっても困難だ。例えば東京地下鉄道の上野車庫（現在の銀座線上野車両基地）は住宅に挟まれた狭隘な施設だが、もともとは震災後の区画整理でなんとか手に入れた土地で、将来的に郊外に大きな車庫を設置するまでの仮設の車庫と考えられていた。実際には延伸計画は実現せず、戦後に地下車庫を増設して編成数の増加に対応している。

現代の地下鉄でも大掛かりな検査・修理をする工場は、路線間に連絡線を設置して接続することで共有する事例があるように、設備の集約は建設費抑制のためにも重要である。

しかし新橋駅での東京地下鉄道線との直通

運転構想に続き、地下鉄整備計画の根本を揺るがすY字型路線計画は、東京市を大いに混乱させ、また疑念を抱かせることになる。

　東京高速鉄道に免許を譲渡した東京市電気局が一九三四年（昭和九年）十一月九日に鉄道省に対して送付した意見書「東京高速鉄道四谷見附赤坂見附間地方鉄道敷設免許申請ニ関スル件」は辛辣そのものだ。

> 本願を案ずるに、会社に譲渡せる渋谷―東京駅及び新宿―築地の両路線を建設する場合には、本願路線即ち四谷見附―赤坂見附の連結は全然その意義無きこと容易に推理し得るを以て、会社の真意は本連絡線を建設せる暁には新宿―築地線の中、四谷見附―築地間の建設を延期するか或は全然中止するに非ずやと推せらる。
>
> 元来本市高速度鉄道路線網の計画は、幾多の変遷を経て大正十四年都市計画委員会の議決を経て決定せられたるものにして、将来全線の建設を了りたる暁には（略）理想に近き路線網を形成するものにして、本願の如きは新会社線と既設東京地下鉄道線とが直通運転をなすことを予想せば会社としては極めて便宜の方法ならむも、一時の営利主義に立脚して本願の如き変態路線を建設する時は本市百年の大計を誤ち、将来に抜き難き禍根をのこすものにして、しかも新橋において両会社線か直通運転をなす時は現在の免許線たる土橋―東京駅間の建設もまた見合す事に至るやも斗（ママ）る可からす（傍点は引用者）
>
> （「東京地下鉄道文書」〔地下鉄博物館所蔵〕）

　渋谷・新宿の二大ターミナルから新橋までつなぎさえすれば、東京高速鉄道の目的は達成される。連絡線を認めてしまえば、収益性に劣る第二期線は延期されるか中止になる可能性は否定できなかった。一時の営利主義に左右されてこのような連絡線を認めてしまうと、都市計画百年の大計を誤ることになるとして、連絡線免許の不許可処分を求めたのである。

内務省告示第五十六号に基づく免許線の建設を代行するという前提で東京高速鉄道に免許を譲渡したのだから、東京市電気局の疑念はもっともである。

ところが、内務省の出先機関であり、東京の都市計画に大きな影響力をもつ都市計画東京地方委員会での議論は様相が異なった。東京市、内務省、鉄道省の関係者は一様に連絡線の整備を認める立場をとったのである。背景には、一九三二年（昭和七年）を底として、昭和恐慌の影響が回復傾向にあり、東京市内の鉄道利用者が増加し始めていたことが挙げられるだろう。地下鉄整備は再び喫緊の課題になりつつあった。

議論が分かれたのは既定の地下鉄ネットワークの取り扱いだった。東京市関係者は、経由地の変更は既定の路線計画を破壊するだけでなく、市との契約を破棄することにもつながるとして、四谷見附—築地間完成までの一時的な仮線として連絡線の営業を認める「仮線説」を主張した。

内務省関係者は、巨額の費用を投じて仮線を建設しても理に合わないので、この際、路線計画自体を四谷見附から赤坂見附、日比谷を経由して築地に至る路線に変更し、連絡線はその一部に位置づけようという「変更説」を唱えた。

これに対して鉄道省関係者は、出願線以外の路線について検討しても収拾がつかないので、連絡線の位置づけはあとで研究することにして、とりあえず出願路線を認めてはどうかという「並立説」を提案した。

既存の都市計画との整合についての結論はすぐには出ず、連絡線出願に関する審査は長期化することになった。ようやく議論が一応の決着をみることになったのは、出願から二年以上が経過した一九三六年（昭和十一年）十二月二十二日の都市計画東京地方委員会のことだった。

「これに伴う都市計画の路線変更については当局において善処せらるべきものと認む」というただし書き付きではあるものの、連絡線免許は事業促進上適当である旨の答申が可決され、三号線・赤坂見附—四号線・四谷見附間の連絡線は、一九三七年（昭和十二年）二月十二日に免許が下りた。

実際、東京高速鉄道としては三・四号連絡線を突破口として地下鉄ネットワークの改定を狙っていたようだ。

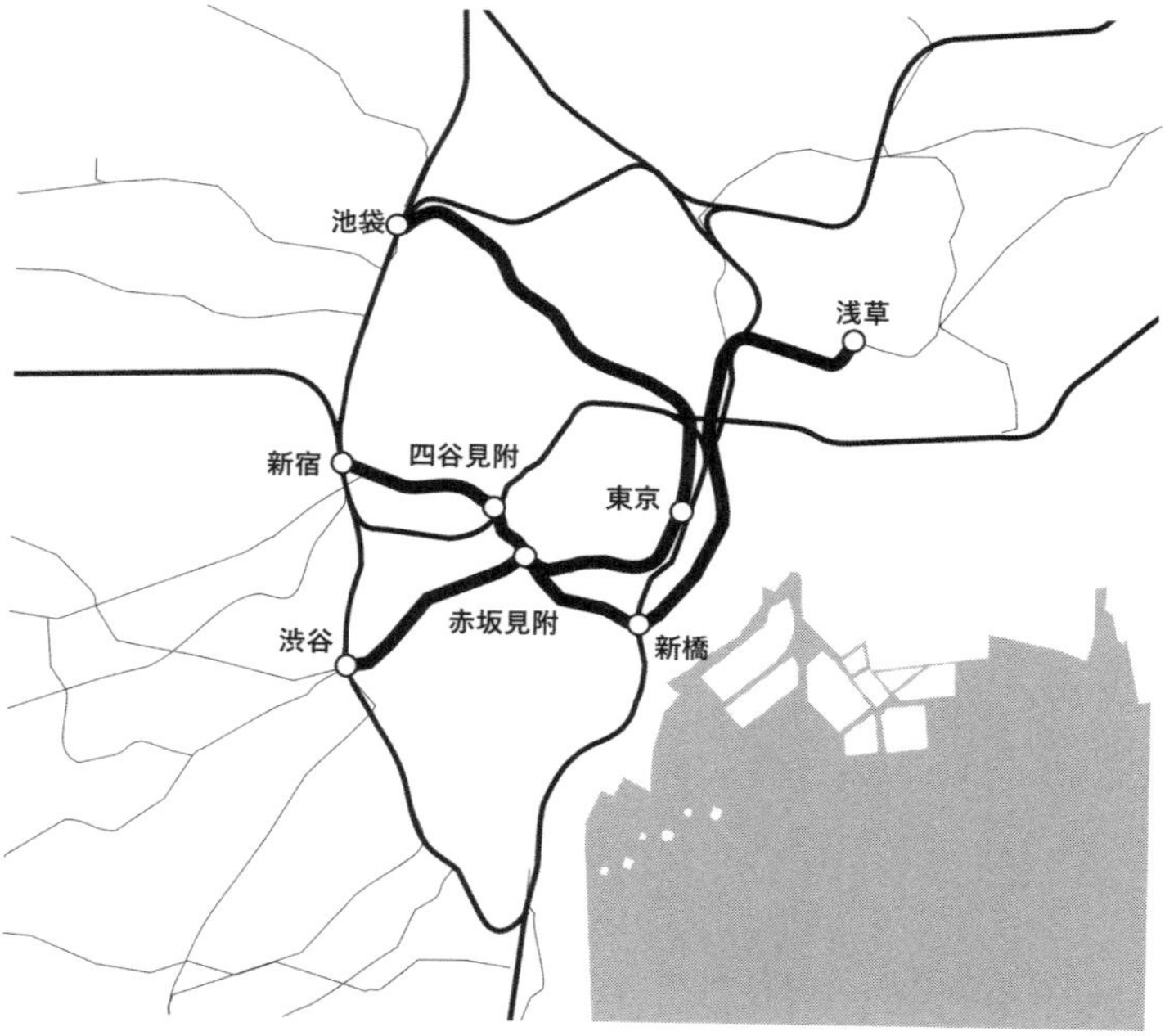

図9　五島慶太による3号線と4号線の再編案
（出典：「鉄道省文書」〔国立公文書館所蔵〕をもとに筆者が作成）

一九三六年（昭和十一年）四月四日に五島慶太がおこなった陳情の議事録が国立公文書館に残っている。このなかで五島は三号・四号連絡線の認可申請について陳情すると同時に、監督官庁の許可を得ることができればという留保付きだが、三号線と四号線の再編を提案している。

四谷見附赤坂見附間本連絡線の処置につきて監督官庁の命令に従うべきは勿論なりといえども当社としては、もし監督官庁の許可を得るにおいては左記の如き系路に用したき希望を有す。

(1)新宿より四谷見附赤坂見附、新橋銀座、日本橋、上野を経て浅草に至る線路を一系統運行とす

(2)渋谷より赤坂見附、桜田門、日比谷、東京駅、本郷、大塚を経て池袋に至る線路を一系統運行とす

（「免許ニ付キ当社ノ希望」「東京高速鉄道文書」、一九三六年四月四日〔国立公文書館〕）

赤坂見附を軸に、渋谷から来た列車が東京・池袋方面、新宿から来た列車が新橋・浅草方面に向かうという「ねじれ」はあるものの、これはのちの銀座線、丸ノ内線に相似した路線網である。いうなれば、丸ノ内線の原型は東京高速鉄道の路線構想にあったことになる。

本来、渋谷と東京駅をつなぐはずだった三号線だが、新橋で東京地下鉄道と接続を図ったことで新橋―東京駅間の延伸が不可能になった。そこで四号線の経路を変更することで東京駅との接続を確保したいという狙いもあったようだ。

一九二五年(大正十四年)の地下鉄ネットワーク策定から十年近くが経過し、東京の都市構造が大きく変化していたために、路線網を見直そうという機運が高まりつつあったことも東京高速鉄道に追い風になっていた。実際、第6章「戦時下の地下鉄建設計画――一九四一―四五年」で見るようにその後、四号線は東京高速鉄道案に近い形で再検討が進み、最終的には四六年(昭和二十一年)の改定で現在の丸ノ内線の原型ができあがる。

だが、まだこの時点では新たな四号線の計画変更、建設、開業には時間がかかることから、三号線・四号線ともに新橋駅まで運行し、東京地下鉄道と直通運転をおこなおうというのが東京高速鉄道の考えだった。

しかし二路線分の列車すべてを東京地下鉄道に乗り入れると本数が過剰になることから、一部は新橋駅で折り返し運転をする必要があるため、東京高速鉄道は新橋駅に折り返し設備が必要になる。

つまり、東京高速鉄道は東京地下鉄道に拒まれてやむなく「幻のホーム」を設置したのではなく、当初から新橋駅に自社専用の折り返し設備を必要としていたのである。

第2章　新橋駅連絡をめぐる対立――一九三五―三六年

1　早川徳次の猛反発

では、新橋駅をめぐる東京地下鉄道と東京高速鉄道の抗争はどのように進展していったのだろうか。

東京高速鉄道が一九三七年（昭和十二年）三月に発行した「東京地下鉄道ト東京高速鉄道トノ新橋駅ニ於ケル連絡設計ニ関スル交渉ノ経過」という冊子が地下鉄博物館に残されている。表紙には「以印刷代謄写」と記されていて、社内向けの記録として少部数が印刷された、いわゆる「灰色文献」だ。

内容は東京高速鉄道側の記録をベースに、両社が交わした文書が淡々とまとめられている。非公開史料ではないにもかかわらず、これまで誰も取り上げてこなかったこの史料に基づき、両社の交渉の経緯を追っていきたい。

話は東京高速鉄道の赤坂見附―四谷見附連絡線（三号・四号連絡線）の出願時点に戻る。新橋駅での直通運転を前提とする連絡線の出願を知った東京地下鉄道はこれに猛反発し、一九三四年（昭和九年）十一月五日、東京高速鉄道に対して次のような書簡を送っている。

弊社線が虎ノ門において御社線と連絡することは昭和七年十一月十一日鉄道省監督局長より提示されたる事項に基づいて設計せるものにして、この案は技術上より将又運転上より「ベスト」の案であります。従って両会社が合併せられた暁でもこの案によるより他に方法はありません。

（「東京地下鉄道文書」地乙第二十八ノ六十九号〔地下鉄博物館所蔵〕）

「昭和七年十一月十一日鉄道省監督局長より提示されたる事項」とは、前章で取り上げた「省新橋駅付近会社線と譲渡線との連絡に関する打合会」で鉄道省監督局長が提示した「渋谷線及び五反田線と新橋浅草線とは車両を直通し得るよう設計すること」「渋谷線は新橋駅を経由せずして途中より東京駅まで分岐すること」の二項目である。

東京地下鉄道は両社線の連絡はこれをふまえて決定されるべきであるとして、新橋駅での接続を拒否。東京高速鉄道は虎ノ門から日比谷公園を対角線上に渡って直接東京駅に向かい、東京地下鉄道は虎ノ門で左折して五反田・品川方面に向かい、両路線は虎ノ門駅で同一ホーム乗り換えとする、という「虎ノ門接続案」を主張した。

虎ノ門接続案は鉄道省監督局長の支持もあって一九三二年（昭和七年）当時は有力な案と目されていたが、東京地下鉄道自身が議事録に「連絡の接続駅に就いては何等決定せざりき」と記していたように決定事項ではなかった。

一方、東京高速鉄道は、現在、必要とされているのは渋谷・新宿から都心に直通する地下鉄であり、両社は免許譲渡時の条件によって将来的に合併するのだから、新橋接続による東京地下鉄道との直通運転こそが最良の案である、として攻勢を強めた。

この頃、東京高速鉄道は工事施行認可申請の準備にとりかかっていた。工事施行認可申請とは、免許線を実際に建設するにあたり、詳細な設計を確定して工事着手の認可を得る重要なステップである。東京高速鉄道は当初、

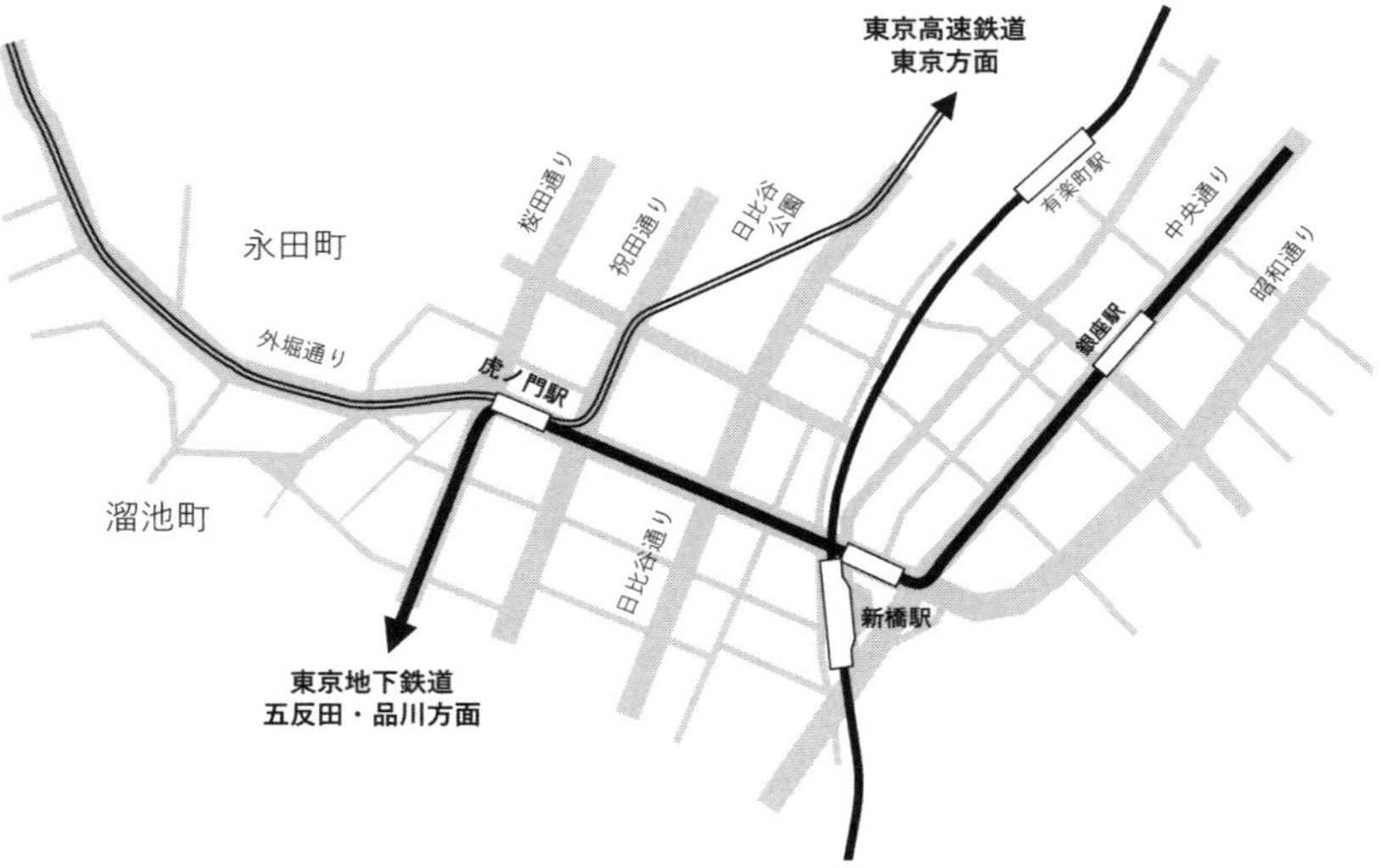

図10　虎ノ門接続案略図（筆者作成）

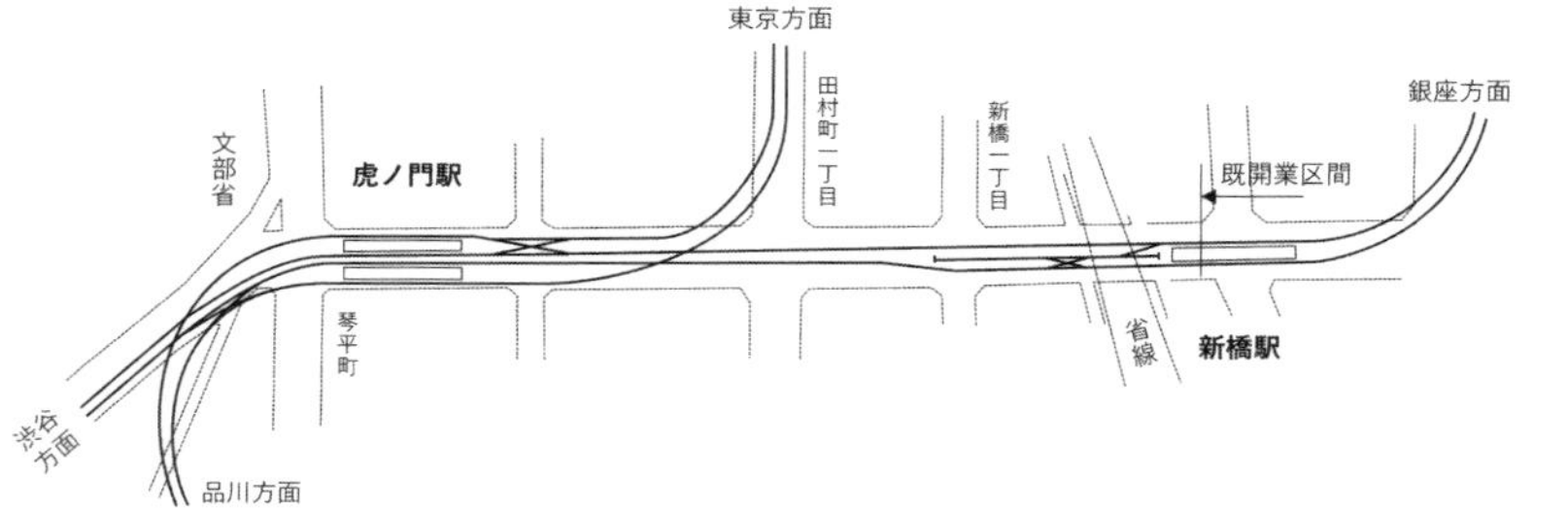

図11　虎ノ門接続案線路配線図
（出典：「東京地下鉄道文書」地甲29ノ35号〔地下鉄博物館所蔵〕をもとに筆者が作成）

渋谷線と新宿線の同時施工を目指していたが、前述の赤坂見附―四谷見附連絡線の免許が下りないため、まずは渋谷線に着手することになった。

早川は設計案の内容を聞きつけると、前回の書簡の回答も待たず、一九三四年（昭和九年）十一月十三日に東京高速鉄道に対して再び抗議の書簡を送付した。

本日仄聞する所によれば、貴社においては弊社新橋停車場に渋谷東京駅線を突つけの御設計をなし、この設計により既に鉄道省に提出せられたる工事施行認可申請書の変更方を申請せらるる趣に伝承仕候。（略）

弊社線に新橋駅にて突つけ連絡する御設計は、第一に弊社線の札ノ辻五反田線並びに札ノ辻品川線への延長計画を阻止し列車の運転上に支障あるのみならず、鉄道省監督局監督局より提示せられたる基礎条件の第二項たる東京駅まで分岐することも不可能と相成申候。

もしこれ渋谷線が東京駅を経由して巣鴨に至らざるようのこと有之候へば大正十四年三月三十日内務省告示の地下鉄道線路網をも無視することと相成りべく候

（前掲「東京地下鉄道ト東京高速鉄道トノ新橋駅ニ於ケル連絡設計ニ関スル交渉ノ経過」五―六ページ、原典「東京地下鉄道文書」地乙第二十八ノ七十一号）

渋谷線すなわち東京高速鉄道が東京市から免許を譲り受けた三号線は本来、渋谷から新橋を経由して東京駅前に至る路線だった。ところが東京高速鉄道の「新橋接続案」では、渋谷線は東京地下鉄道新橋駅に突き付けるように線路を接続している。これでは、両社の路線は新橋で完全に一体化して一つの路線になってしまい、東京高速鉄道が東京・巣鴨方面に延伸することも五反田・品川方面に延伸することもできなくなってしまう。東京地下鉄道の免許権を侵害するばかりか、一九二五年（大正十四年）に制定された地下鉄整備計画「内務省告示第五十六号」を根底から破壊する案であり、早川としてはとうてい看過できなかったか

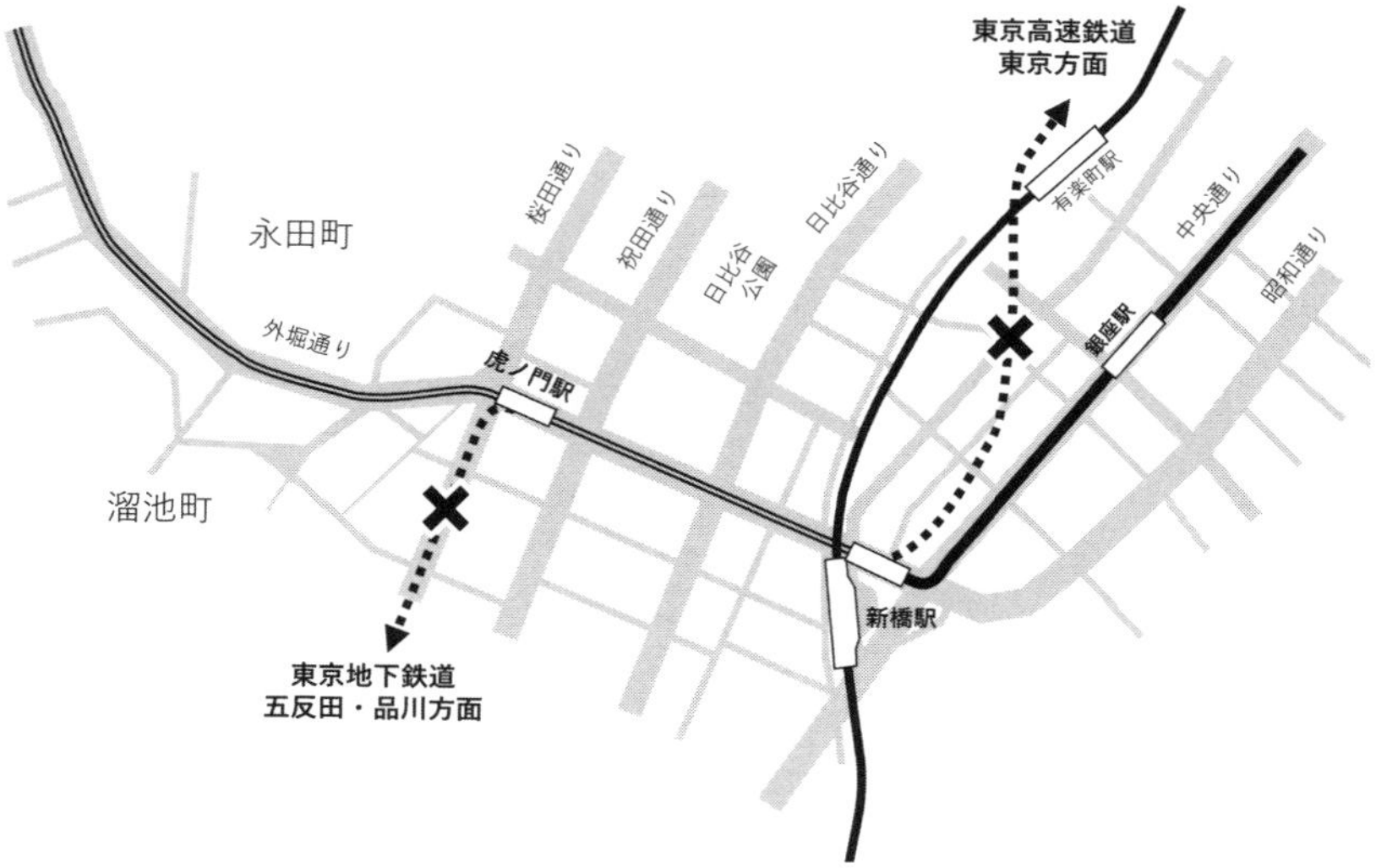

図12　新橋接続案略図（筆者作成）

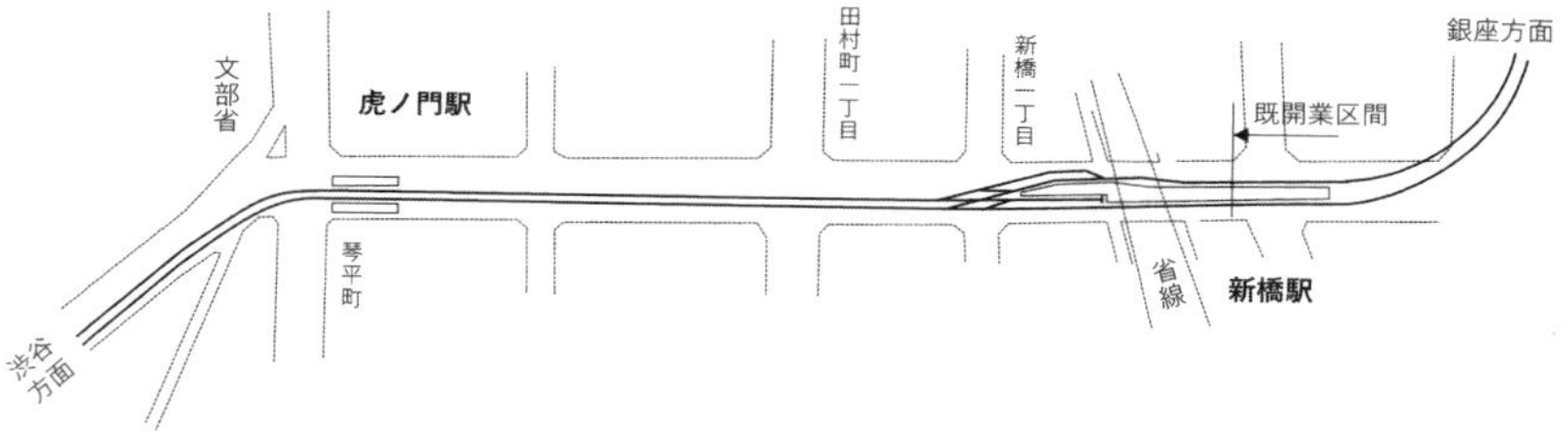

図13　新橋接続案線路配線図
（出典：前掲「東京地下鉄道文書」地甲29ノ35号をもとに筆者が作成）

らだ。

早川からの書簡を受け取った五島は、同年十一月十九日の役員会で「新橋直結」の方針をあらためて明確化する。

当社の免許線たる渋谷新橋間線路は東京地下鉄道現在開業線終点新橋駅において軌条を直結して建設し、而して渋谷より浅草まで車両の直通運転をなし、乗換の不便を省くを以て市民の交通上及び東京高速、東京地下両会社の経済上最善の案と信ず。

当社新宿線もまた四谷見附赤坂見附間の連絡線が免許せられたる暁においては、前記渋谷線同様新宿より浅草まで直通運転を為すを以て交通上及び両社の経済上一層有利なりと信ずるものなり。

（前掲「東京地下鉄道ト東京高速鉄道トノ新橋駅ニ於ケル連絡設計ニ関スル交渉ノ経過」一三ページ）

そして、その根拠として次の七項目について確認した。

一　東京高速鉄道、東京地下鉄道の両社は監督局長依命通牒の趣旨よりするも、また東京市の交通機関統制上の上よりするも、実質上一体として経営すべきものなり。従って施設経営に関しては両社対立の見地を超越して交通の大局より観て判断することを要し、これによるときは東京地下鉄道の現在開業線に次いで建設すべき地下線は新宿線及び渋谷線なること何人も疑わざる所なり。従って五反田線は右両線の次に考慮すべきものなり。

二　五反田線は前述の如く二次的性質を有するものなるを以て、渋谷線及び新宿線を第一次に建設し、渋谷及び新宿より東京地下鉄道の現在開業線終点新橋駅を経て浅草駅まで直通車両を運転することを第一要素とす。

三　右の如く新宿線、渋谷線と東京地下鉄道現在開業線との間に車両直通を為す事を第一要素とするを以て五反田線と東京地下鉄道現在開業線との直通運転は運輸上の見地よりこれを許さざるに至るべし。

（同文書一三―一四ページ）

東京地下鉄道が品川駅・五反田駅へ延伸を果たしたとしても、接続するのは京浜電気鉄道（現在の京急電鉄）と池上電気鉄道（現在の東急池上線）だけである。

これに対して、東京高速鉄道が接続しようとしている新宿駅は京王電気軌道（現在の京王電鉄）、小田原急行鉄道（現在の小田急電鉄）、西武軌道（一九六三年に都電杉並線として廃止）が、渋谷駅は東京横浜電鉄（現在の東急東横線）、帝都電鉄（現在の京王井の頭線）、玉川電気鉄道（現在の東急田園都市線の前身）が乗り入れる大ターミナルであり、拠点としての重要性からしても、利用者数からしても新宿・渋谷方面の地下鉄整備の優先度が高いのは事実だった。

しかし、将来的に合併が予定されているとはいえ、他社の事業計画について優先度が低いと断じたうえ、東京地下鉄道の既設線と延長線である五反田線の直通運転は「運輸上の見地よりこれを許さざる」と言い切ってしまうのは、さすが「強盗慶太」としか言いようがない。

第二の指摘は、鉄道省監督局で免許行政を担当していた五島ならではの視点で、東京地下鉄道の主張の「穴」を突くものだった。

四　東京地下鉄道は新橋停車場工事施行認可申請に際し、現新橋停車場の設計は虎ノ門を経由して五反田に至る線路変更の出願とは全然関係なきことを鉄道大臣に追申し、ようやく認可を得たるやに聞く。（略）今に至りて新橋停車場の認可設計を理由として、虎ノ門延長を主張し他会社免許権を侵害するが如きは右追申を裏切ることとなるべし。

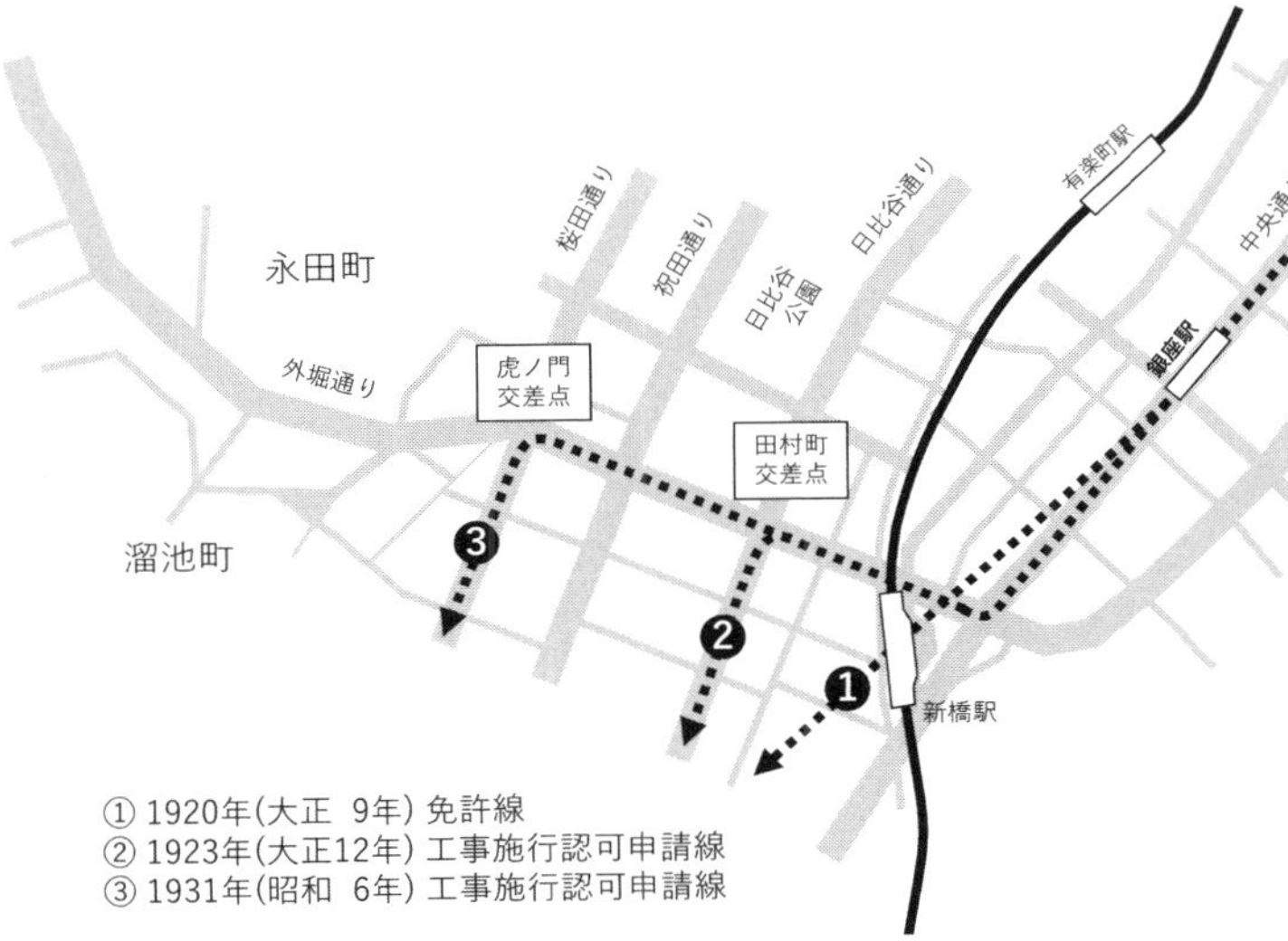

図14　工事施行認可申請線の変遷（筆者作成）

五　東京地下鉄道の変更出願線は、東京高速鉄道の既免許線と重複し都市計画高速度交通網を紊《みだれ》るを以て、既に東京市は不許可処分を希望し、東京府また同一の意見を副申せるに関わらず、これらの意見を排除してまで五反田線の経過地を変更せむるとするはすこぶる無理無益のことなるべし。

六　東京高速鉄道と東京市との間には渋谷線及び新宿線を竣功せしめたる後、更に目黒より日本橋本石町を経て南千住に至る線路を譲受くべき契約を締結し、会社又これを建設すべき用意と覚悟とを有するを以て、東京地下鉄道の変更線はこの目黒線と重複し、当社の免許線を侵害するものなるを以て同意することを得ず。

（同文書一四―一五ページ）

もともと、東京地下鉄道に下付された免許は、新橋芝口を斜めに横切って品川方面に向かうルートで認可されていた。この申請を取り扱ったのは、私鉄行政を管轄する鉄道院監督局時代の五島慶太本人である。

東京地下鉄道は一九二三年（大正十二年）に東海道線の高架線をくぐり、田村町交差点を左折した南下するルート、三一年（昭和六年）には虎ノ門交差点を南下するルートで工事施行認可申請をしているが、関係機関と調整が必要だとして認可には至らなかった。

ところが東京地下鉄道は、新橋駅まで開業したことをもって虎ノ門方面への延伸が既定路線であるかのように主張したのである。実際には一九三三年（昭和八年）六月に東京地下鉄道が鉄道省に提出した追申書に「将来新橋品川間の線路がいかなる変更をなすかに拘らず本件新橋停車場設計がその前提をなすものに無之候」（同文書一〇―一一ページ）と記されているように、新橋までの開業は、あくまでも省線新橋駅との連絡を目的としたもので、新橋から先のルート設定とは切り離して認可されたという経緯があった。

東京地下鉄道は、一九三一年（昭和六年）の工事施行認可申請は経由地の軽微な変更であり、免許自体の変更ではないという立場をとっていたが、申請線が虎ノ門から新橋まで三号線と重複しているという事実は、東京高速鉄道が既定地下鉄ネットワークを破壊しようとしているという同社の主張と背反するものだった。東京高速鉄道はこれを同社と東京市の免許権を侵害するもので、無駄な二重投資だと指摘したのである。

七　東京市が東京高速鉄道に地下鉄道の免許権を譲渡するにあたり、東京高速鉄道は東京地下鉄道と合併すべきことを条件としたり。それ故に両社は合併後のことを考慮して無用の建設費を節約せざるべからず。従って東京高速鉄道が免許権を有する新橋虎ノ門間に東京地下鉄道が更に複々線を建設し、または新橋虎ノ門の二箇所に膨大なる建設費を投じ停車場を重複建設するが如きはこれを避くべきを至当とす。

（同文書一五ページ）

そして東京高速鉄道が金科玉条のように掲げるのは、東京市との契約に付された、東京高速鉄道と東京地下鉄道が将来的に合併するという条項だった。五島はこの条項を盾に、東京高速鉄道と東京地下鉄道の一体化を狙っていくことになる。

2　両社の妥協案

この決議をもとに、翌一九三五年（昭和十年）一月三十一日、東京高速鉄道は社長の門野重九郎名義で東京地下鉄道に対して次のように回答した。

東京地下鉄道株式会社　社長　根津嘉一郎殿

貴社線と当社線との連絡に関しては貴社専務取締役より当社専務常務両取締役に対し累々御意見御通報の次第も有之。当社においても慎重審議を重ね候処、貴社と弊社との将来における事業経営上よりするも、また交通機関統制の見地よりするも、当社の免許線路は貴社の現在開業線終点新橋駅において軌条を直結して建設し、両者車両の直通運転を為し、乗り換え不便を省くを以て市民の交通上最善の策と被存候につき、弊社の意の存ずる所ご了承被下、是非本案に御同意相願度此段得貴意候。

（同文書一五―一六ページ、原典「東京高速鉄道文書」高速発第二十号〔地下鉄博物館所蔵〕）

東京高速鉄道はなぜ、一九三四年（昭和九年）十一月十九日に社内決定した方針の回答を、翌年一月三十一日まで引っ張ったのだろうか。

同社はこの直後、一九三五年（昭和十年）二月七日に、前述の「新橋接続案」に基づく渋谷―新橋間六・三キロの工事施行認可申請を鉄道省に申請している。時間切れを狙って従来どおりの見解を送り付けた格好である。待たされたあげくに一方的な回答を送り付けられた東京地下鉄道はすぐさま同年二月五日の重役会で対応方針を協議し、「新橋接続案」を承諾する条件として、次のような回答を決定した。

一　東京高速鉄道株式会社渋谷線と当社線とは別紙略図の通り虎ノ門において連絡することを先決問題とすること。

二　東京高速鉄道株式会社が新橋停車場―虎ノ門間の工事ならびに虎ノ門連絡停車場の渋谷線開通に必要なる部分を建設し隧道構築を新橋停車場に突付け軌条を直結することを当社にて承認すること。（略）

三　虎ノ門連絡停車場残余の部分は本社が品川方面への延長線工事に着手の場合建設すること。

四　品川線開通（一部開通を含む）の場合は、虎ノ門連絡停車場建設のため両社の要したる総費額の半額および東京高速鉄道株式会社が新橋虎ノ門間の建設に要したる建設費額の全額を当社より東京高速鉄道株式会社に支払い、虎ノ門連絡停車場は共有とし虎ノ門連絡停車場以東線路は当社の所有とす。

五　以上は総て両社協定とともに監督官庁の承認を得るを要す。

東京地下鉄道は東京高速鉄道の「新橋接続案」を受け入れる条件として、将来的な「虎ノ門接続案」への回帰を求めた。それは、新橋―虎ノ門間は東京高速鉄道が建設するが、東京地下鉄道の品川・五反田方面延長線が開通した時点で同社が新橋―虎ノ門間を買い取る、という提案だった。

東京地下鉄道の根津社長は、東京高速鉄道の門野社長に対し、五反田線の起工ははたして実現するか不明な情勢だから、この案に応じてはどうかと促している。

東京高速鉄道はこの「妥協案」について検討を重ねた結果、一九三五年（昭和十年）三月二十九日、門野社長と五島常務が根津社長を訪問して回答を直接手渡した。その内容は、東京地下鉄道の提案をバッサリと切り捨てるものだった。

当社新宿線及び渋谷線は、新宿及び渋谷より新橋において省線に連絡し、また東京地下鉄道に直通し、はじめて交通上効果ある路線となるのみならず、交通の実情よりするときは渋谷及び新宿より二分間隔を以て運転することを要するが故に、赤坂見附新橋間は一分間隔の運転を必要とし、この区間に他線列車の介入することを許さず。また新橋駅における折返し設備は、東京高速鉄道の運転上絶対必要の設備にして東京地下鉄道には不要の設備なり。

以上の如く交通上よりするも、はた設備利用の点よりするも、東京高速鉄道が独占利用すべき設備の所有権を利用の必要なき東京地下鉄道に帰属せしむることは何らの意義をなさず。ことに当社の線路譲渡に関しては東京市との契約により市の承認を要するを以て、東京地下鉄道よりの本区間免許権譲渡の提案に対しては応じ難し。

もっとも後日東京地下鉄道において新橋虎ノ門間に地下鉄道敷設の免許を得たる場合においては、同区間の共用に関し異議なきものなり。ただし共用の時期、方法および費用等に付きては、東京地下鉄道が地下鉄道敷設の免許を得たる後両者において協議するものとす。

（前掲「東京地下鉄道ト東京高速鉄道トノ新橋駅ニ於ケル連絡設計ニ関スル交渉ノ経過」一九ページ）

東京高速鉄道の主張はこうだ。渋谷線が渋谷から新橋、新宿線が新宿から新橋までそれぞれ二分間隔で列車を運行した場合、渋谷線と新宿線が線路を共有する赤坂見附―新橋間は一分間隔の運転になるので、新橋―虎ノ門間に他路線の車両が走る余地はない。また新橋駅の折り返し設備は新宿・渋谷から来る列車の一部を折り返すためのもので、東京地下鉄道の運転には関係がない。

つまり、この区間の設備はいずれも東京高速鉄道が主体となって使用するものだから東京地下鉄道に譲渡することは何の利益も効果もない、と切り捨てたのである。

しかし、事を早く前に進めたい東京高速鉄道側も譲歩する姿勢を示した。それが「新橋―虎ノ門間共用案」である。

一　東京地下鉄道会社において新橋より虎ノ門を経て五反田に至る線路の免許を得て営業開始を為す場合においては東京高速鉄道の所有に属する虎ノ門新橋間線路を共用せしむこと
二　共用に要する設備費は東京地下鉄道会社においてその全部を負担すること
三　運転に要する費用は両社の協議を以て定むこと（略）

（同文書一八ページ）

東京高速鉄道としては新橋―虎ノ門間の所有権を譲ることはできない。しかしながら、東京地下鉄道による新橋―虎ノ門間の免許取得という条件付きではあるものの、東京地下鉄道が共用に要する設備の費用負担をするのならば、設備の共用は認めるという提案だった。

3　東京地下鉄道の回答

しかし、東京地下鉄道は「共用案」を一蹴し、それどころか宣戦布告にも等しい回答を送付する。それは東京高速鉄道の回答の文言をあげつらい、徹底的に皮肉と嫌みをまぶした強烈なものだった。少々長くなるが、全文を引用しながら解説していく。

一　貴社の御計画では虎ノ門新橋間を一分間隔で運転することになっておりますから御回答書にもあるように他線列車の介入することを許しません。従って本社線は延長することが出来ません。

（同文書二〇ページ）

つまりはこういうことだ。東京高速鉄道は回答の冒頭に「渋谷及び新宿より二分間隔を以て運転することを要するが故に、赤坂見附新橋間は一分間隔の運転を必要とし、この区間に他線列車の介入することを許さず」と書いている。ということは、東京地下鉄道の列車は新橋から先に入ることができないという指摘だ。

確かに冒頭の記述と「共用案」は矛盾しているようにみえる。ただ、ここには両社の議論のすれ違いがある。東京地下鉄道の虎ノ門接続案では、東京高速鉄道線は虎ノ門から東京駅方面への線路が本線になるので、すべての列車が新橋駅から東京地下鉄道に乗り入れるわけではない。そのため、新橋—虎ノ門間の複線の線路は両社で共有できる見立てだった。

ところが、東京高速鉄道はもはや渋谷線を東京駅方面に延伸するつもりはなく、渋谷・新宿方面から来るすべての列車が新橋駅に到着する。すると、新橋—虎ノ門間は東京高速鉄道だけで複線の線路容量を使いきり、他路線の列車が走行することはできなくなる。

しかし、東京地下鉄道が「新橋より虎ノ門を経て五反田に至る線路の免許を得て営業開始」することになれば、「共用に要する設備費は東京地下鉄道会社においてその全部を負担する」ことで線路を共用するとしているので、新橋—虎ノ門間の線路容量が不足する場合は、東京地下鉄道の負担で線路の複々線化など必要な設備を投資するという意味の提案だったはずだ。

ところが東京地下鉄道は二つの案の前提を区別せず、半ば曲解するようにして反駁したのである。このように前提からしてかみあっていないため、続く反論も焦点がぼやけたものになってしまっている。

二　本社線が延長することが出来ないとなれば本社が免許を得ている新橋札ノ辻品川間並びに札ノ辻五反田馬込間の線路を放棄するよりほかに詮術ありません。

三　このように本社残余の免許線全部を放棄するようなことは、会社存立の上からも株主の利益擁護の上からも絶対に承認することはできません。
そればかりでなく、かくては鉄道省が昭和七年十一月十一日提示せられたる条項「渋谷線及び五反田線と新橋浅草線とは車両を直通し得るよう設計すること」を順守することができないばかりでなく大正十四年三月三十日内務省告示の地下鉄道網を実現することもできなくなります。
四　なお東京高速鉄道株式会社から言ってもこの案では渋谷東京駅間の線路を実施することができません。その結果は地下鉄道線路網の破壊となり恨みを後世に残すことになりはしまいかと思われます。

（同文書二〇―二一ページ）

東京地下鉄道の反論がピントを欠いているのは本来、直通運転の実施そのものを阻止したい立場にあるにもかかわらず、それを否定することが困難だからだ。東京地下鉄道は最初の書簡にもあるように、一九三二年（昭和七年）の鉄道省監督局長の内示を東京高速鉄道への反論の論拠としていた。ところがこの内示は、「渋谷線は新橋駅を経由せずして途中より東京駅まで分岐すること」として東京地下鉄道の「虎ノ門接続案」の論拠になるとともに、「渋谷線及び五反田線と新橋浅草線とは車両を直通し得るよう設計すること」として、東京高速鉄道の直通運転実施の論拠にもなるものだった。

東京地下鉄道は項目三で挙げているように、直通運転の実施を認めざるをえない。しかし、渋谷線・新宿線が全面的に乗り入れてくると主導権を完全に奪われ、新橋以西の延伸は果たせなくなってしまう。その防衛線こそが虎ノ門接続案であった。

一方、東京高速鉄道は渋谷線・新宿線と東京地下鉄道線の直通運転がかなえば、将来的な合併によって両路線を一体化しようと考えていた。そうした意味では、東京地下鉄道が直通運転の実施を認める立場をとらざるをえない以上、最初から勝負が決していたといっても過言ではないのである。

両社の本質的な対立は、本来の免許線の建設を前提とした部分的な直通運転の実施なのか、両社線の一体化を前提とした永続的な直通運転の実施なのかの違いにあった。東京高速鉄道は後者の立場だったが、これは既定の地下鉄ネットワークの破壊につながることから、表立って主張はしにくい。そこで争点を巧みに隠しながら、直通運転の実施に絞って突破を図ったというわけだ。

しかし、東京地下鉄道がこの点を突いたとしても効果は限定的だっただろう。前述のように既に当初案に従って地下鉄を建設するという立場は強いものではなくなっていた。必要なのは理想の地下鉄ネットワークではなく、現実の需要に応えるためのターミナル駅と都心を結ぶ地下鉄になっていたからである。

続く項目は、虎ノ門―新橋間の所有権を争ううえで、新橋駅の折り返し設備が東京地下鉄道と東京高速鉄道のどちらにとって必要かという問題提起である。

> 五　新橋駅における引き返し線は東京地下鉄道会社線に不要にして、東京高速鉄道線のみに必要なる設備であると言われておりますが、都心より郊外に向かう列車が引き返し運転を必要としないと言うようなことは全く主客転倒した議論ではないかと思われます。ただし本社が先に御社に提示せる三線部分の設計の変更については異議もありません。
>
> （同文書二一ページ）

この指摘は妥当である。一般論として郊外よりも都心のほうが輸送密度は高くなり運転本数も多くなる。例えば京浜東北線の北行列車では、すべての電車が大宮行ではなく、一部は南浦和止まりになっている。すべての列車を全区間運転するのではなく、一部の列車は途中で折り返し運転をさせることで、必要な乗務員と車両の数が少なくなり、より効率的な経営が可能になるのである。

図11で示したとおり、東京地下鉄道の設計案における折り返し設備は浅草方面から来た列車が折り返すための設備であり、線路の構造上、虎ノ門方面から来た列車の折り返しは考慮されていない。

一方、東京高速鉄道の設計案（図13）では、虎ノ門方面から来た列車が折り返し運転するための専用の切り欠きホームが設けられているが、反対に浅草方面から来た列車が折り返し運転をおこなうための設備は設けられていない。

東京地下鉄道の「虎ノ門接続案」をとるならば、東京高速鉄道の列車は東京方面が主となり、新橋方面は従となるため、新橋駅で渋谷方面に折り返しする列車を設定する必要はないが、東京高速鉄道の「新橋接続案」では、すべての列車が新橋まで運行するため、その一部を新橋駅で折り返す必要がある。

東京地下鉄道の立場では、新橋駅の折り返し設備を含む新橋―虎ノ門間は東京地下鉄道が主となって利用する設備となり、東京高速鉄道の立場では、同区間は東京高速鉄道が主となって利用する設備となる。両社の想定する地下鉄ネットワークの相違が、設備のあり方をめぐる議論にまで影響していることを示しているのである。

そして最後の「陳述」が続く。

六　本社が両社線に車両の直通運転ができ得る設計をなし、新橋虎ノ門間連絡平面図を貴社に提示せる節、その綱要中第一に貴社線と本社線とは虎ノ門において連絡すること、第二に本社線が品川、五反田方面に延長運転を為すに至りたる場合は新橋虎ノ門間の（虎ノ門連絡停車場範囲を除く）建設費を支払うて貴社から同区間の線路の譲渡を受くることとし、これについて各官公署の同意を得ることを先決条件といたす旨を申し上げました。然るに貴社の御回答では両問題を全部没却してきっぱり御断りになりました。

本社提案の設計は東京市の交通上から見て最も公正妥当のものであり、かつ鉄道省御指示の条項に従って出来上がったものでありますにも拘らず貴社で御断りになりました以上は、本社にとりましては第一項ないし第三項のところで詳述せる如く本社の免許線の残余部分を全部放棄したと同様の結果に陥りますので、止むなく別途の路線を選定して品川五反田方面に延長計画をたてるより外に方法はございません。

こうなりますれば御社線との車両の直通運転は技術上からも運転上からも不可能のことになりますので、

両社のためにも東京市交通機関の統制上からも実に実に遺憾千万のことでございます。
七　それから御回答の最後に「後日東京地下鉄道において新橋虎ノ門間に地下鉄道敷設の免許を得たる場合においては、同区間の共用に関しては異議なきものなり云云」と申されて居りますが、この事に関しては貴社回答書の冒頭に「赤坂見附新橋間は一分間隔の運転を必要とし、この区間に他社列車の介入することを許さず」と明記されておりますから何かのお間違いではないかと恐察する次第です。

（同文書二一―二二ページ）

東京地下鉄道はあくまでも「虎ノ門接続案」から一歩も引く気はなく、それを無視して東京高速鉄道が「共用案」を提示してきたことに大きな不満を示した。最後に再び「矛盾」を持ち出して「何かの御間違いではないかと恐察する次第です」と嫌みを付け加えていて、もはや関係修復は困難な状態に陥りつつあった。

4　小林一三の協定案と協定締結

この泥沼の対立の仲裁に乗り出したのが小林一三である。小林はこのとき、阪神急行電鉄（阪急）の社長を退いて東京電灯（現在の東京電力の前身の一つ）の社長に就任していて、同時に東京高速鉄道の取締役でもあった。五島や矢野と非常に近しい関係にあり、東京高速鉄道の役員を務めている小林の立場は、第三者では全くないが、小林は民営鉄道事業界の重鎮であり、また東京地下鉄道の根津嘉一郎や早川と同郷の山梨県出身ということもあり、彼の仲介によって事態はようやく一歩前に進み始めることになる。

小林は、一九三五年（昭和十年）四月二十二日に次のような協定案を提示した。

一　東京高速鉄道新宿線は東京地下鉄道新橋駅において軌条を直結し二分間隔を以て新宿浅草間直通運転を為すこと。
二　渋谷線は新橋駅において全部折返し運転をなすこと。
三　東京地下鉄道会社において五反田線を建設したる場合においては、虎ノ門において二分運転中一本おき、すなわち四分毎に五反田線は浅草に直通し、新宿線もまた一本おき、すなわち四分毎に浅草に直通し、両線とも虎ノ門において四分ごとに折返し運転をなすこと。
四　ここには新宿線を直通とせるも、或いは渋谷線を直通せしむること有利なる場合もあるべし。直通線は目下決定的のものにあらず。

（同文書一三ページ）

両社線の二分間隔での直通運転を前提とし、五反田線が開業した場合は、半数を虎ノ門駅で折り返し、新橋―虎ノ門間を両社で共用するという仲裁案だ。しかし、これには東京高速鉄道から物言いがつく。

一　東京地下鉄道提案設計により虎ノ門において五反田線と新宿線とダイヤモンドクロッシングすることは運転技術上不可能なり。
二　当社新宿線が新橋に至らずして虎ノ門において一本おきに折り返すことは市民の交通上不便にしてまた当社の輸送目的を達せず。
三　東京地下鉄道提案設計によれば後日中二階を造るを要するため、当社の構築を一メートル以上下げ置くを要す。加えてこの路線を道路の中央に寄するため市電軌道下に敷設せざるべからず。かくして相当の工費増高すべし。

四　交差の構築に一ケ所数万円を要すべし。

（同文書二四ページ）

東京地下鉄道の虎ノ門接続案では小林の提案は実現不可能だというのだ。また将来的に虎ノ門折り返しの列車を設定することにも難色を示すとともに、建設費もかさむとして、この仲裁案を拒絶した。

やむなく小林は一九三五年（昭和十年）五月二日に次なる協定案を提示した。

一　地下鉄は高速の希望通り、渋谷、新宿相互二分発運転として渋谷発は新橋にて引き返し新宿発を浅草まで連絡乗入運転異議なきこと。同時に浅草発新橋行きを二分毎に新宿まで乗入運転のこと。

二　地下鉄五反田線の工事に着手せんとするときは予め工事方法について高速〔東京高速鉄道：引用者注〕に協議しその同意を得ること、協議纏まらざる場合には双方の意見を鉄道省に提出しその裁定を受くること。鉄道省の裁定に対しては双方異議を言わざること。

（同文書二四―二五ページ）

こうして両社線の直通運転実施だけが合意事項とされ、五反田線建設時の取り扱いについては今後の協議事項として先送りすることになった。前述のとおり、東京地下鉄道は直通運転自体を拒むことはできない立場にあり、五反田・品川方面延伸の可能性が担保された以上、この仲裁案を受け入れざるをえなかった。工事施行認可申請から既に三カ月が経過していて、工事の遅れを気にした東京高速鉄道に押し切られる格好の決着だった。

同年五月三十一日、東京高速鉄道の五島常務が東京地下鉄道本社に赴いて協定書に調印した。

協定書（昭和十年五月三十一日調印）

東京高速鉄道線と東京地下鉄道線との連絡に関し左記の通り協定す
一　東京地下鉄道株式会社及び東京高速鉄道株式会社両社の車両は地下鉄及び高速線内を二分間隔にて連絡直通運転することに両社は異議なきこと。
二　地下鉄五反田線の工事に着手せんとするときは予め工事方法について高速鉄道に協議し、その同意を得ること。協議纏まらざる場合には双方の意見を鉄道省に提出し、その裁定を受けること。鉄道省裁定に対しては双方異議を言わざること。

こうして、最大の懸念だった新橋駅での直通運転実施の是非は、小林一三の調停によって一応の解決をみる。しかし両社の対立は、この協定書締結を契機としてさらに激しさを増すことになった。協定書の条文の解釈や実行方法をめぐり、対立はさらに一年以上も続くことになるのである。

というのも東京地下鉄道からみれば、品川・五反田延伸の実現可能性はかろうじて残されたとはいえ、虎ノ門―新橋間のトンネルを建設するのは東京高速鉄道である。設計が完了するまでに品川・五反田延伸計画を具体化させて設計の協議に持ち込まなければ、延伸のことなど全く考慮されない構造で建設され、その既成事実によって押し切られてしまう可能性が高いからだ。

5　新橋駅連絡設計をめぐる攻防

先手を打ったのは東京地下鉄道だった。一九三五年（昭和十年）六月十九日、品川・五反田方面への延伸について鉄道省の認可を受けたいとして、協定書第二項の規定に基づき、東京高速鉄道に対して虎ノ門接続設計案への同意を要請した。しかし同社は、第二項は東京地下鉄道が鉄道省の認可を得て工事に着手する段階での協議を意味するものであって、現時点で協議する必要はない、として拒否した。

一方、東京高速鉄道も着工に向けた手続きを本格化させている。同社は同年二月七日に新橋―渋谷間の工事施行認可を申請していたが、八月七日、省線渋谷と新橋駅での接続工事に関する承認が得られていないこと、また東京地下鉄道との協定締結に至っていないことから、あらためて新橋駅付近と渋谷駅付近を分離して工事施行認可を申請した。

九月二十一日に申請が認可されると、十月十八日に第一工区（新橋―虎ノ門間）から着工するが、翌一九三六年（昭和十一年）一月十日、新橋駅付近の工事方法を一部変更したいとして申請をおこなっている。このなかで、新橋駅構内の配線が変更されてのちの「幻のホーム」の骨格ができあがる。変更の理由と内容について、申請書には次のように記されている。

> 新橋停車場構内配線の変更及び乗降場の変更
> （イ）東京地下鉄道会社線路との軌条直結に伴い、列車の運転をなるべく簡単ならしむるため及び旅客の乗降及び乗換を容易ならしむるため構内配線並びに乗降場の変更をなす。
> （ロ）構内配線は東京地下鉄道会社線路に直結するもの二線と折返し線二線合計四線とし交互亘線を以て相互に連絡せしめたり。
> （ハ）折返し本線の乗降場の上面は東京地下鉄道会社の既設中二階の床面と同高ならしむ。
> （「東京高速鉄道文書」高速発第三百二十七号〔国立公文書館所蔵〕）

添付された工事方法書には、東京地下鉄道会社との協定については近く解決する見込みと記してあるが、実際には協定書の締結までに四カ月を要することになる。

二月六日、東京高速鉄道は新橋駅での連絡設計の細目協定を締結したいとして、新橋駅連絡設計協定書案への同意を東京地下鉄道に求めたが、東京地下鉄道は同年二月十日、高木謙吉支配人を東京高速鉄道に派遣し、虎ノ門方面延伸について回答がない以上、新橋駅連絡設計協定書だけを受理することはできないとして、これを返却すると通告した。両者とも一九三五年（昭和十年）五月三十一日の協定案の内容を自社にとって有利なように解釈し、自らの要望を受け入れないかぎり先には進まないと張り合ったのである。

この冬は東京に何度も大雪が降ったことで知られる。二月四日に都心を襲った暴風の積雪は三十二センチを超えた。二十三日にも発達した低気圧が本州南岸を通過して三十六センチの降雪を記録。観測史上一位の四十六センチの積雪を記録した一八八三年（明治十六年）以来の大雪になった。そして、その雪が溶けきらないまま迎えた二月二十六日早朝に発生したのが、「昭和維新断行・尊皇討奸」を掲げる陸軍皇道派の青年将校らによるクーデター未遂、「二・二六事件」だった。

この日、東京高速鉄道の赤坂見附駅付近にあたる第二工区を担当していた鹿島組（現在の鹿島建設）の社員数人は、朝になって降り始めた雪のなか、赤坂山王下で測量を始めていた。この区間の地質調査試掘工事は、前日の二月二十五日に着工したばかりだった。

鹿島組にとってはこれが初の地下鉄工事だった。地盤の軟弱な溜池・赤坂に、上下二段構造の大規模な駅を建設する難易度が高い工事だったが、東京高速鉄道は「会社そのものが良ければ経験者よりもむしろ経験のない会社の方が緊張と慎重さがいっそう強く、おごりもないと思われる」と考え、あえて鹿島組を指名した。

赤坂は歩兵第一連隊、歩兵第三連隊、近衛歩兵第三連隊が駐屯する「軍都」だった。そして、反乱部隊に参加した兵士のほとんどがこれらの連隊に所属していた。普段から兵隊が多い地域だったとはいえ、街は異様な雰囲気に包まれていたはずだが、工事への意気込みからか、鹿島組の社員たちは周囲の異変に気づくことなく測量を続けていた。やがて見かねた兵士が近づいてきて、仕事をやめて難を逃れるように丁寧に申し渡した。ただならぬ雰囲気に気おされた社員たちは、すぐに測量を中止して宿舎に引き揚げたという。

不意に訪れた地下鉄と軍の交差。これはやがて訪れる破局の前兆にすぎなかったことを、このときの五島と早川は知る由もなかった。

話を本題に戻そう。いまだ帝都の混乱が冷めやらぬ一九三六年（昭和十一年）三月十八日、五島は東京地下鉄道を訪問し、東京高速鉄道案について協議した。そのなかで早川は「五反田線が通れても通れなくてもいいから、とにかく自分等の立場もあることだから構築を一部広げておいてもらえばよい」と発言したという。これを受けて翌十九日、東京高速鉄道は次の項目を追加した新たな協定書案を提示した。

将来新橋より虎ノ門方面に向かい二線増設の必要ある場合においては、その工事施工を容易ならしむるため別紙添付図面黄色部分（注、芝田村町一丁目地先）は四線並列中央壁一列の構築とし、その工事を甲の負担において乙これを施工するものとす。

（前掲「東京地下鉄道ト東京高速鉄道トノ新橋駅ニ於ケル連絡設計ニ関スル交渉ノ経過」三八ページ）

つまり、東京高速鉄道の複線分の線路に加え、東京地下鉄道の延伸用の空間を確保した四線分のトンネルを、東京地下鉄道の資金負担で建設するというアイデアだ。

それにしても「五反田線が通れても通れなくてもいい」という言葉の真意はどこにあったのだろうか。早川は東京高速鉄道との対立を「演出」していたのだろうか。

確かに開業と同時に多くの利用者を送り込んでくれるだろう東京高速鉄道との直通運転に対して、五反田・品川方面への延伸は、費用ばかりがかかって利用者もそれほど見込めない。東京地下鉄道の株主や社内にも東京高速鉄道との連携を望む者がいてもおかしくはなかった。

実際、この協議がおこなわれている最中の一九三五年（昭和十年）十一月三十日に発行された東京地下鉄道の第三十回営業報告書は、東京高速鉄道との連絡について期待を込めて「なお当社営業線とは将来、唇歯輔車の関係を保つべき東京高速鉄道株式会社線のうち、新橋、渋谷間は既に工事に着手されたるを以て、運輸営業開始の時期も遠からざるべく。従って新橋において直接連絡運輸をなすべき当社線営業成績の向上は東京高速鉄道開通によりますます確実性を帯び来るべし」と述べている。

早川は、外向きには営業成績を向上させるために東京高速鉄道との直通運転を歓迎する一方で、社内に向けては自身の影響力を保持するために東京高速鉄道との対決攻勢を示さなくてはならないという困難な状況にあったと思われる。五島の提案は、そうした早川に手を差し伸べるものだったといえるだろう。

しかし、早川はこの提案を受け入れなかった。五島は、あくまで虎ノ門接続案にこだわる早川を相手にしていては解決しないと考え、一九三六年（昭和十一年）四月十五日、東京地下鉄道社長の根津嘉一郎を訪問し、新橋駅連絡設計に関して懇談する。そして、東京地下鉄道の虎ノ門方面延伸の件については先送りし、協定書第一項「地下鉄及び高速線内を二分間隔にて連絡直通運転することに両社は異議なきこと」に関する設計だけを協定することで合意を取り付けた。

協定書（昭和十一年五月十五日調印）

東京地下鉄道株式会社（以下単に甲と称す）線新橋駅において甲の線と東京高速鉄道株式会社（以下単に乙と称す）線と連絡するにつき昭和十年五月三十一日甲乙両社の協定書第一項に関し協定すること左の如し。

第一条　甲線路と乙線路との連絡工事設計は別紙添附図面の通とす。

第二条　前条の連絡工事は総て乙において施行し之を完成せしむるものとす。

第三条　連絡工事施行に当り工事上支障を来すべき甲の隧道終端壁その他の建造物、移転撤去等は甲の指示を受け乙において施行するものとす。但し電車運転に直接関係を有する甲の新橋駅の軌道及び電気設備の移転撤去並びに附随して生ずる工事は乙の負担において甲これを施行するものとす。

第四条　前条、甲建造物の移転撤去等に関し監督官庁の認可を要するものにつきては甲において速にこれが工事方法変更の認可を受け工事施行上支障なからしむるものとす。

第五条　第一条による連絡工事完成後乙は渋谷起点八キロ百三十五メートル八より同八キロ二百四十七メートルに至る区間を甲に譲渡するものとす。但し甲が本区間における鉄道及び附属物件に対する権利を取得するの時期は該区間に要したる一切の建設費を甲より乙に支払いたる時とす。

第六条　前条により鉄道及び附属物件の譲渡をなしたる後における甲乙両社の工作物並びに用地の限界は添附平面図記載赤点線の通とす。

第七条　甲の新橋駅及び連絡直通運転のため乙の施設したる工作物並びに建造物に対する共同使用料と修繕費の割合は運輸事項として別に協定するものとす。

第八条　甲は本協定成立と同時に品川起点五キロ四百二十二メートル八より同五キロ四百三十四メートルに至る区間の工事施行に関する一切の願書を取下ぐるものとす。

（前掲「東京地下鉄道ト東京高速鉄道トノ新橋駅ニ於ケル連絡設計ニ関スル交渉ノ経過」四九—五〇ページ）

一九三六年（昭和十一年）五月十五日、両社は新橋駅の設計に関する協定書に調印した。結局、第二ラウンドも東京高速鉄道が東京地下鉄道を寄り切るようにして決着したのだった。どちらも早川との交渉に業を煮やした東京高速鉄道側が、早川を飛び越して社長の根津にかけあうことで合意を取り付けている。東京高速鉄道への対抗心から品川延伸にこだわる早川に対し、根津はあくまでも冷静な経営判断を続けていたことになる。

交渉が終始、東京高速鉄道ペースで進む背景には東京地下鉄道の経営状態があった。東京地下鉄道は一九三四年（昭和九年）六月に第一期線の浅草—新橋間を全通させるが、路面電車やバスとの運賃競争が激しく、必ずしも十分な収益を確保できておらず、この状況では収益性に劣る第二期線を建設する余力がなかった。延伸が実現しない以上、虎ノ門接続案は絵に描いた餅であり、東京高速鉄道が着々と事業を進めるのに対して対応が後手に回らざるをえない状況を招いていたのだ。

東京地下鉄道が局面を打開するには、何かしらの手段によって延伸計画を現実のものにする必要があった。

第3章　幻のホームと「地下鉄騒動」——一九三六—三九年

1　京浜地下鉄道の設立構想

新橋駅の設計に関する協定の締結を受けていよいよ追い詰められた東京地下鉄道だが、それでもまだ主導権はかろうじて彼らの手の中にあった。

というのも、着工にあたっては東京地下鉄道新橋駅の終端部付近の設備を撤去しなければならないが、この申請は設備を保有する東京地下鉄道がおこなうとされていたために、東京地下鉄道が鉄道省に申請をして認可を得ないかぎり東京高速鉄道は着工することができないからである。

協定書（昭和十一年五月十五日調印）

第三条　連絡工事施行に当り工事上支障を来すべき甲〔東京地下鉄道：引用者注〕の隧道終端壁その他の建造物、移転撤去等は甲の指示を受け乙〔東京高速鉄道：引用者注〕において施行するものとす。但し電車運転に直接関係を有する甲の新橋駅の軌道及電気設備の移転撤去並びに附随して生ずる工事は乙の負担において甲これを施行するものとす。

第四条　前条、甲建造物の移転撤去等に関し監督官庁の認可を要するものについては甲において速やかにこれが工事方法変更の認可を受け工事施行上支障なからしむるものとす。（傍点は引用者）

新橋駅をめぐる両社の対立で、東京地下鉄道が「壁」の撤去を拒み妨害したとしばしば言われるのは、この申請のことを指している。

しかし東京地下鉄道が設備の撤去申請を引き延ばしにしても、資金難のために第二期線工事に着手する余裕がない以上、事態の打開は望みようがなかった。東京高速鉄道は新橋―虎ノ門間の設計について、将来そのときがきたら話を聞くとして取り合おうとしない。

東京地下鉄道からすれば、東京高速鉄道を協議の場に引きずり出すには虎ノ門方面の延伸計画をどうにか具体化するしかなかった。いよいよ追い詰められた東京地下鉄道には、一つだけ秘策があった。新橋―品川間に地下鉄を建設する新会社、京浜地下鉄道の設立である。

もちろん資金に乏しい東京地下鉄道が独力で新会社を立てることは不可能だ。そこで、浦賀から品川までを結ぶ私鉄、京浜電気鉄道・湘南電気鉄道（ともに現在の京急電鉄）と手を組み、三社で京浜地下鉄道を設立することにしたのである。

京浜電気鉄道はターミナルを品川に置いていて、利用者が都心に出るためには品川で市電か省線に乗り換える必要があった。これでは競争力に欠けることから、同社はかねてから独力での都心進出をうかがっていた。ここに両社の利害が一致した。

京浜電気鉄道と湘南電気鉄道は、架線から電気を取り入れるパンタグラフと、レールの横に設置された第三軌条から電気を取り入れるコレクタシューを両方装備したハイブリッド集電方式の電車を用意して、浦賀から品川

―新橋を経由して浅草まで直通運転を実施。さらに新橋―品川間の開通と同時に、東京地下鉄道、京浜地下鉄道、京浜電気鉄道、湘南電気鉄道と東京地下鉄道の子会社である東京乗合自動車は合併して五島らに対抗できる企業グループを形成しよう、という壮大な構想だった。

この協定は新橋駅設計に関する協定の締結から二カ月後、一九三六年（昭和十一年）七月十三日に締結された。一方の当事者である京浜急行電鉄の社史に経緯を記してある。

京浜電気鉄道は、東京地下鉄道との協調によって、都心乗入を実現しようと考えた。東京地下鉄道は、新橋・品川間にも免許を取得済であった。同社は、創立当初から資金的基盤が脆弱で、早急に新橋―品川間の建設資金を調達できる状態ではなかった。そのため京浜電気鉄道は、東京地下鉄道との共同出資によって、京浜地下鉄道を設立し、新橋―品川間の免許を譲り受けている。形式上では、湘南電気鉄道を加えた三社間で共同出資が契約されたのが昭和十一年七月のことであり、会社設立は翌十二年三月であった。

この契約には、共同出資によって、京浜地下鉄道を設立するだけではなく「甲（京浜電気鉄道株式会社）乙（湘南電気鉄道株式会社）丙（東京地下鉄道株式会社）及東京乗合自動車株式会社ハ将来合併スルコトヲ根本条件トスルモ之ニ先立チ甲乙及丙共同シテ新会社ヲ設立シ新橋―品川間ニ地下鉄道ヲ開通セシムルモノトス」という一歩踏み込んだ規定が盛り込まれている。

（京浜急行電鉄株式会社社史編集班編『京浜急行八十年史』京浜急行電鉄、一九八〇年、一四四―一四五ページ）

この契約に基づき、翌一九三七年（昭和十二年）三月一日、京浜地下鉄道株式会社が設立され、東京地下鉄道が保有する新橋―品川間の免許を譲受している。総株式二十万株のうち東京地下鉄道と京浜電気鉄道が五万株ずつもち、残り十万株を一般公募した。会長には東京地下鉄道社長・根津嘉一郎、社長には京浜電気鉄道会長の望月軍四郎が就任することになる。

ところで、三鬼陽之助の『五島慶太伝』には興味深い記述がある。早川は京浜電気鉄道との契約締結後、情勢が変化したことを理由として「一九三五（昭和十）年五月三十一日付協定書」を改定すべきと主張したというのだ。

早川は鉄道省や内務省に行っては東京高速鉄道を暗に妾であると称し、新橋―品川間の東京地下鉄道の延長免許線を本妻であると称し、本妻が死んだと思って妾を内に入れることを決めたが、本妻が生きて現れて来たから、妾なる東京高速は東京地下鉄線内に入ることを当然遠慮して、全部新橋から引き返すべきものなりと陳情して回ったのである。

（三鬼陽之助『五島慶太伝』〔「日本財界人物伝全集」第十五巻〕、東洋書館、一九五四年、九三ページ）

この頃、東京地下鉄道の根津社長は五島慶太を数回呼び出し、直通運転の契約を二分間隔から十五分間隔に改定すべきと要求したという。早川は、この要求が受け入れられなければ新橋駅終端部付近の設備撤去申請はしない、と公言するに至った。しかし五島が断固としてこれを受け入れなかったことから、「妥協案」として、次の項目から取り上げる「一分間隔運転」を主張するようになったと記されている。

これらのやりとりは、本書が典拠とする「東京地下鉄道ト東京高速鉄道トノ新橋駅ニ於ケル連絡設計ニ関スル交渉ノ経過」には登場しない。『五島慶太伝』は、一九五四年（昭和二十九年）に当時七十二歳になっていた五島慶太本人に経済評論家の三鬼陽之助が取材して執筆したものである。そのために、登場するエピソードには明らかに記憶違いや混同が見られる箇所があり、事実関係は判然としない。

ただ、記憶違いとするには、あまりに生々しいエピソードでもある。京浜との契約が締結された七月十三日から、「一分間隔運転」が提案される七月三十日までの間、水面下でこのような駆け引きがおこなわれていたのだとすれば、非常に興味深い話である。

2　品川延伸と二分間隔運転計画

話は四社の契約が締結された一九三六年（昭和十一年）七月に戻る。東京地下鉄道は七月三十日、札ノ辻方面（品川方面）への延長線工事着手を進めたいとして、東京高速鉄道に対して三五年（昭和十年）五月三十一日付協定書の第二項に基づく協議をおこないたいと申し出た。

当社札ノ辻方面への延長線は急速に工事に着手致すべき運びと相成り、目下これが諸般の準備相進め居り候につき、昭和十年五月三十一日付協定書第二項に基づき御協議申し上げ候間、別紙設計案の通り御同意被成下度ご多用中甚だご迷惑とは存じ候え共、取急ぎ居り候まま来る八月八日までに右に対する御回答相煩し度此段得貴意候（傍点は引用者）

（前掲「東京地下鉄道ト東京高速鉄道トノ新橋駅ニ於ケル連絡設計ニ関スル交渉ノ経過」五三ページ、原典「東京地下鉄道文書」地乙第三十二ノ六号）

「急速に工事に着手致すべき運びと相成り」とは、京浜地下鉄道の設立と京浜電気鉄道との連携によって、計画が具体化してきたことを意味している。

東京地下鉄道の計画は次のようなものだった。一九三五年（昭和十年）五月三十一日の協定によって、東京地下鉄道と東京高速鉄道の列車は「両社の車両は地下鉄及び高速線内を二分間隔にて連絡直通運転することに両社は異議なきこと」、虎ノ門方面から二分間隔で新橋駅に直通することに合意している。

この列車の合間に京浜地下鉄道の札ノ辻方面から来る列車を新橋駅に進入させて、新橋駅手前から浅草駅まで一分間隔運転をおこなうという計画だった。先にも東京高速鉄道が渋谷線・新宿線の開通後、赤坂見附―新橋間で一分間隔運転をおこなうとする構想が存在した。しかし、途中駅が虎ノ門だけで、新橋駅では交互に異なるホームに到着する東京高速鉄道の一分間隔運転構想とは異なり、新橋―浅草間の全線にわたって一分間隔運転をおこなおうという東京地下鉄道の構想ははるかに難易度が高いものだった。

東京地下鉄道はこのために浅草―田原町間にループ線を新設し、折り返しの必要をなくすことで運転間隔を縮小させる計画を立てている。浅草寺境内にトンネルを掘るという構想に対し、浅草寺が認可反対の陳情をしたことを伝える記事が一九三六年（昭和十一年）十一月十九日付の「東京朝日新聞」に掲載されている。

地下鉄は将来京浜電鉄と東京高速鉄道会社線との連絡によって京浜方面、渋谷、新宿方面の乗客を直通運転によって浅草に集中する計画をたてているが、その実現の暁にはどうしても現在以上に運転時隔を縮めなければならずそのためには今の折返し運転では間に合わないので二百三十万円を投じて図の如く浅草終点から仁王門、浅草寺境内、水族館の地下を経て田原町駅をつなぐループ線敷設の免許申請を鉄道省に提出した。会社線では路上交通が煩雑を極める浅草六区の交通地獄救済策としても公園内に停車場を設ける案は一挙両得の名案としているが、これに脅かされたはこの一帯の大地主である浅草寺だ。住職大森亮順師の名を以てこの程東京府知事宛に認可反対の陳情書を提出した。

東京高速鉄道は同年八月八日、東京地下鉄道の一分間隔運転計画は列車運転上支障があるため、さらに詳細な計画案の開示がなければ同意はしかねると回答した。

東京地下鉄道もすぐに打ち返す。同年八月十五日、担当がダイヤを持って東京高速鉄道本社を訪ねて、一分間隔運転について直接説明した。

つまり、第三ラウンドの構図は次のとおりである。京浜電気鉄道との連携によって資金的裏付けを得た東京地

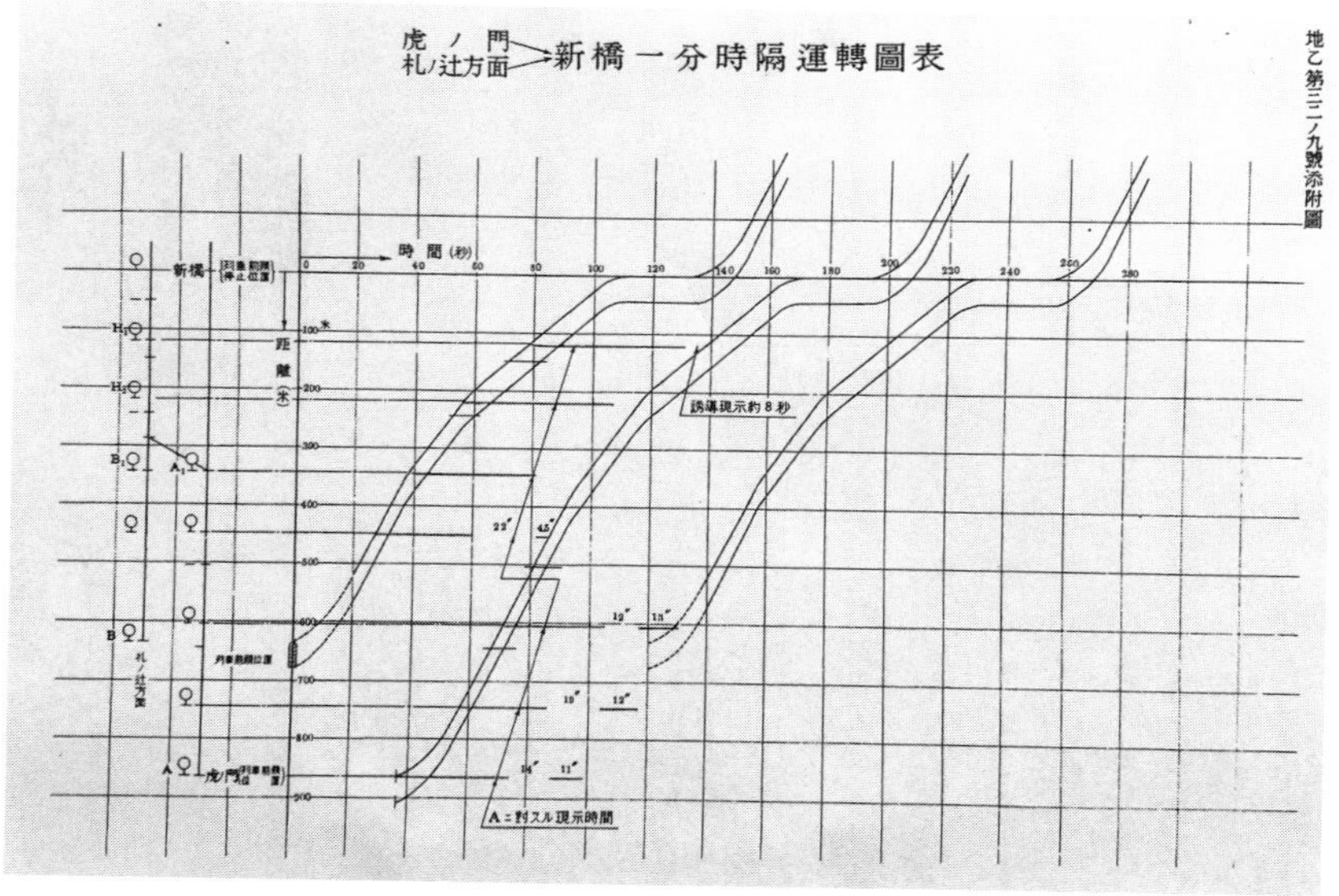

図15　一分時隔運転図表
（出典：前掲「東京地下鉄道ト東京高速鉄道トノ新橋駅ニ於ケル連絡設計ニ関スル交渉ノ経過」「東京地下鉄道文書」地乙第32ノ9号〔地下鉄博物館所蔵〕）

下鉄道が品川方面延伸計画を具体化させて主導権を取り戻そうと試みる。東京高速鉄道は、東京地下鉄道の運転計画は実現不可能なものであるとして、延伸計画の実現性に疑問符を付ける。したがって、今回の協議は信号や運転方式など、これまでとは打って変わったテーマで繰り広げられることになる。

東京地下鉄道の計画はどれだけの裏付けがあったのだろうか。『東京地下鉄道史（坤）』（東京地下鉄道編、東京地下鉄道、一九三四年）によると、同社の信号保安装置は最大六両編成で最短一分三十秒間隔の運転を可能にする設計だった。これに信号機を増設してループ線を新設することで一分間隔運転は可能である、というのが東京地下鉄道の主張だった。

鉄道は一つの区間に一つの列車しか進入させないことで、前後の列車と一定の間隔を確保し、衝突を防いでいる。前方の区間に列車がいる場合は赤信号、列車がいない場合は青信号を表示する仕組みである。赤信号であるにもかかわらず列車が進行しようとしたときに、自動的に列車を停止させる安全装置がＡＴＳ（列車自動停止装置）だ。

国鉄や私鉄がＡＴＳを導入するのは戦後しばらくたってのことだが、トンネル内を走行する地下鉄は信号の視認性が悪く、万一の事故発生時に被害を拡大させやすいことから、東京地下鉄道は開業時からＡＴＳを導入していた。

ＡＴＳによって安全性は担保されるとはいえ、一分間隔運転をおこなうためには、前方の列車との間隔をかなり詰める必要がある。列車間隔は駅停車中に最も縮まるため、前方の列車の停車時間が長引くと続行する列車が駅に進入できなくなり、トンネルのなかで停止せざるをえなくなる。こうして発生した遅延は後続列車に次々と波及していき、やがて路線全体のダイヤがマヒ状態に陥る。

一分間隔運転で最大のネックになるのが、東京高速鉄道と京浜地下鉄道の両路線が乗り入れる新橋駅での停車時間確保だ。省線に接続するターミナル駅で乗降人員も多いため、一定の停車時間を確保しなければならない。そうすると後続列車が駅に進入することができなくなり、運転間隔が開いてしまう。そこで、東京地下鉄道が提案したのが、新橋駅への誘導信号機の設置だった。

先に、鉄道は一つの区間に一つの列車しか進入させないことで衝突を防いでいると述べた。しかし、この原則を守っていては二個の列車を連結させることはできない。そこで列車同士を連結する駅には、一つの区間に二つの列車を進入させることができる信号機が設置される。これが誘導信号機だ。

東京地下鉄道は、この誘導信号機を新橋駅に設置することで、駅に列車が停車中でも後続列車を駅に進入できるようにし、列車間隔を短縮しようと考えた。

3 誘導信号機論争

しかし、これはいわば誘導信号機の目的外使用である。東京高速鉄道は東京地下鉄道の提案に対し、次のように安全性と実効性に疑問を呈している。

地乙第三二ノ九号添付図の如く、先行列車が未だ新橋停車場に停車中、後続列車を常時同停車場に進入せしむるは、例令誘導信号によるとは云え、大なる危険を伴い誘導信号運用の範囲を越え、信号保安装置の根本原則に反き、かつ運転保安規則に抵触するものなり。別紙虎ノ門、札ノ辻方面―新橋駅一分時隔運転図表においてH1信号機は少なくとも先行列車がE信号機を越えたる時、危険信号より注意信号を現示するが正当なり。

右の如くする時は後続列車は別紙虎ノ門、札ノ辻方面―新橋一分時隔運転図表において最小九・五秒停車せしめられるべし。この遅延は後続列車に至るに従い積算的に増加して列車の運行を乱すべし。

（前掲「東京地下鉄道ト東京高速鉄道トノ新橋駅ニ於ケル連絡設計ニ関スル交渉ノ経過」五七―五八ページ、原典「東京高速鉄道文書」高速発第五百十八号ノ二）

先行列車が新橋駅に停車しているにもかかわらず後続列車が同じ区間に進入してくるということは、ブレーキ操作を誤れば追突の危険があるということを意味する。東京高速鉄道はこの提案について「大なる危険を伴い誘導信号運用の範囲を越え、信号保安装置の根本原則に反き、かつ運転保安規則に抵触する」と厳しく批判している。

誘導信号機を使用しない場合、先行列車がホームを完全に抜けるまで、後続列車は駅の手前で九・五秒停車する必要がある。この遅れは後続列車に波及していき、ダイヤが乱れるという指摘である。

これに対して東京地下鉄道は八月二十二日、誘導信号によって続行電車を進入させる取り扱いは省線でも既に実施していると反論し、誘導信号に速度制御を付加し、速度が十分に低下していない場合はＡＴＳで停止させるように設計すれば衝突の危険も防ぐことが可能だと主張する。

Ｈ１信号機に誘導信号を現示し先行列車が停車場に停止中後続列車を停車場に進入せしむるは大なる危険を伴い信号保安装置の根本原則に反くものとして指摘せられたるも、誘導信号により続行列車を進入せしむる取扱は省線においてすでに実施せらるる所にして、運転時隔短縮のためやむを得ざることと思考せらるるを以て誘導信号を採用することとなせるも、特に誘導信号による危険性を絶無ならしむるため誘導信号を時間制御装置により制御することとせり、即ち進入電車が速度を確実に停止せる時はじめて誘導信号を現示することを得るも、電車の速度が十分に低下せざる場合は自動停止機により停止せしむることとなし、危険の恐れなからしむるよう特に考慮せるものなり。

（前掲「東京地下鉄道ト東京高速鉄道トノ新橋駅ニ於ケル連絡設計ニ関スル交渉ノ経過」六〇ページ、原典「東京地下鉄道文書」地乙第三十二ノ十二号）

なお、東京地下鉄道が主張する「先行列車が停車中に後続列車を誘導信号によって進入させる」事例は東京高速鉄道が調査するかぎり存在せず、省線御茶ノ水駅で別の方法によって後続列車を進入させる運用をおこなった事例はあるものの、追突事故が発生して中止されたという。

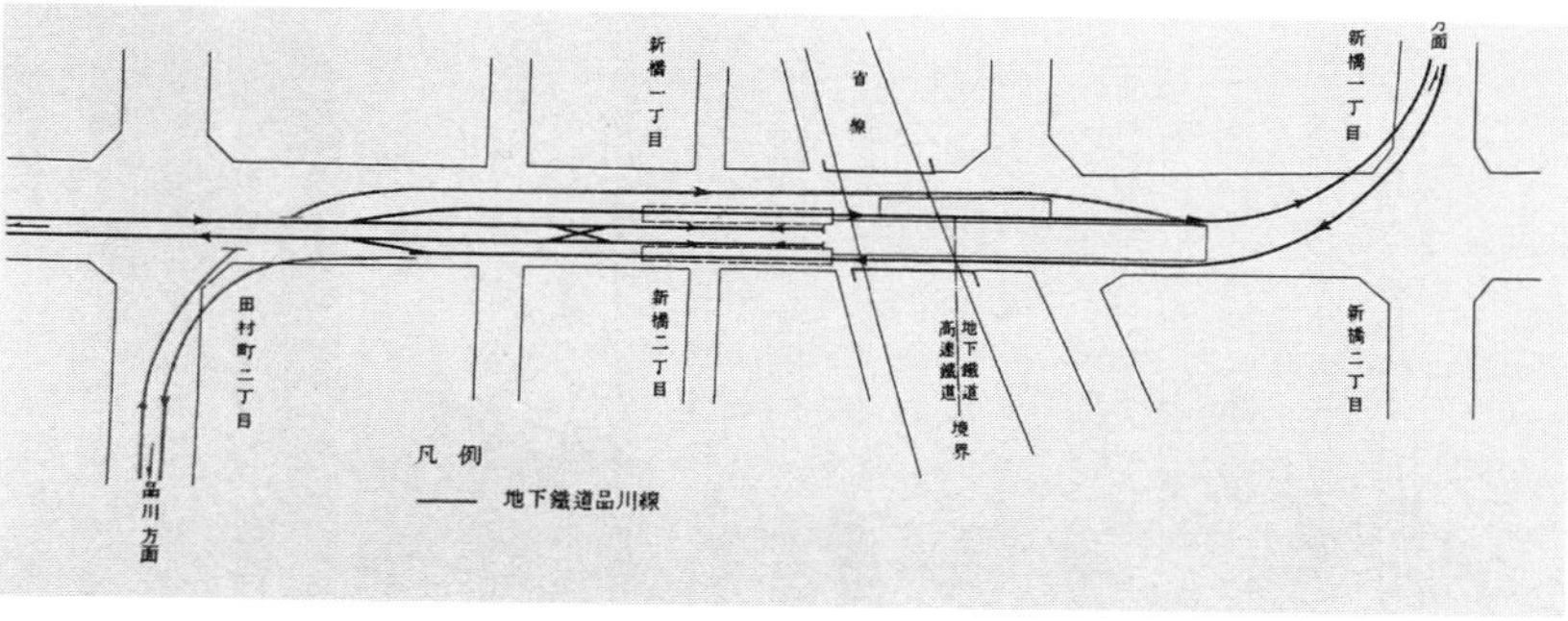

図16　新橋駅発車後に本線に合流する修正案
（出典：前掲「東京地下鉄道ト東京高速鉄道トノ新橋駅ニ於ケル連絡設計ニ関スル交渉ノ経過」78ページ〔地下鉄博物館所蔵〕）

4　プラットフォーム増設案

一分間隔運転を可能とする東京地下鉄道と、運転技術と安全上で困難とする東京高速鉄道の意見は再び激しく対立する。一九三六年（昭和十一年）八月二十六日に両社は東京高速鉄道本社で協議会を開催するが、意見の一致はみなかった。

東京地下鉄道は八月二十八日、追突を防ぐために新橋駅ホーム後方に信号機を増設し、先行列車の発車を確認したあとにホームに進入できるようにするという新たな案を提示するが、東京高速鉄道はこの方法であっても安全を確保できないとして同意しなかった。そのうえで次のとおり問題提起をしている。

> 貴社札ノ辻延長線の新橋連絡の暁には該駅は一分時隔運転を以て互いに連絡する三系統の集合点と相成り最も重要性を有する地点につき、この重要性ならびに帝都交通の混雑時における状況に鑑み安全確実なる設備を要する儀と存候間篤と御配意を得度。これは単に本件の場合に限らず当社の赤坂見附停車場においては略々同様なる状態にあるを以て各線別に「プラットフォーム」を設くることに決定施行する次第に有之。また鉄道省においては運転時隔一分を超ゆ

る場合においても経路を異にせる列車を同一線路に進入せしむる場合には田町—田端駅などにおけるが如く必ず各線別「プラットフォーム」を使用致居候この点御参考までに申し添え候。

（前掲「東京地下鉄道ト東京高速鉄道トノ新橋駅ニ於ケル連絡設計ニ関スル交渉ノ経過」六六ページ、原典「東京高速鉄道文書」高速発第五百十八号ノ三）

京浜地下鉄道が開業した場合、新橋駅は東京高速鉄道線と合わせて品川方面・新橋方面・新宿方面からの三系統の列車が合流する一大ジャンクションになるが、東京地下鉄道の案では、三系統の電車が一つの線路に合流してから新橋駅のホームに到着する設計になっている。

しかし、こうした複数系統の路線が合流する駅では通常、路線ごとにホームを設置して、ホーム出発後に線路が合流するように設計する。ここで例に挙げられている省電の田町—田端間は、現在では山手線と京浜東北線の線路が並行する区間だが、この当時は山手線と京浜東北線が一つの複線を共有して運行していた。東京高速鉄道は、そもそも京浜地下鉄道の新橋駅への接続の仕方に問題があると指摘したのである。

その後、九月十日に東京高速鉄道の門野社長と五島常務は東京地下鉄道を訪問。また九月十二日にも東京高速鉄道の脇専務が東京地下鉄道を訪問し、新橋駅設計について協議した。その結果、九月二十二日に丸ノ内の日本工業倶楽部会館で再度、両社の協議会を開催することになった。

協議会の席上、東京高速鉄道は新橋駅での連絡方法を抜本的に改めて、京浜地下鉄道方面から進入する列車専用のホームを増設し、新橋駅発車後に本線に合流する修正案を提示した。

この構造であれば、京浜地下鉄道方面から進入する列車と東京高速鉄道方面から進入する列車は新橋駅手前で支障せず、ホームを共用しないので先行列車が駅停車中に列車間隔が極小になってしまう問題も生じない。ただし、新たにトンネルとホームを設置する必要があるため、建設費は東京高速鉄道新橋駅建設費総額の三分の一にあたる三十万円の増額となる。

それでも東京高速鉄道は、接続方法を誤って禍根を残すよりは、多少費用が増加しても各社と利用者のためには設計を改めたほうがいい、と主張した。

たとえ多少費用の増大を来たすも円滑かつ確実に運転し得るよう設計すべきものなり。姑息なる接続方法をなしたるため、不利益を被るものは独り東京高速鉄道のみにあらず、札ノ辻延長線、京浜、湘南、東京地下鉄道等はもとより、帝都数百万のこれら鉄道利用者の被る不便また鮮少ならざるべし。

（同文書七〇ページ）

しかし東京地下鉄道はこの提案も受け入れず、その後も複数回にわたって協議がおこなわれたが、両者の主張は平行線をたどった。

この問題の決着には一九三五年（昭和十年）五月三十一日付協定書に基づいて鉄道省に裁定を仰ぐほかにないという声もあったが、最終的には両社の社長に一任して解決を図ることになった。

東京地下鉄道・根津嘉一郎社長と東京高速鉄道・門野重九郎社長の協議は一九三六年（昭和十一年）九月二十三日に始まり、十月十六日夜になってようやく合意に至った。

契約書（昭和十一年十月十六日）

一　新橋駅における東京地下鉄線と東京高速線との連絡設計は別紙図面の通りとす。ただし東京高速の開通後、東京地下鉄が札ノ辻方面より乗入れんとする場合において、実線の接続が東京高速の運転に差し支えを及ぼすときは、東京地下鉄は点線の方向〔図17参照：引用者注〕に接続線を敷設すること。

二　東京高速は現に提出中の新橋駅附近の工事施行認可を得たる後、第一の接続工事施行に関し、工事方法の変更を申請し、その認可を得て東京高速の工事と同時に施行するよう努力すること。但しその費用は東京

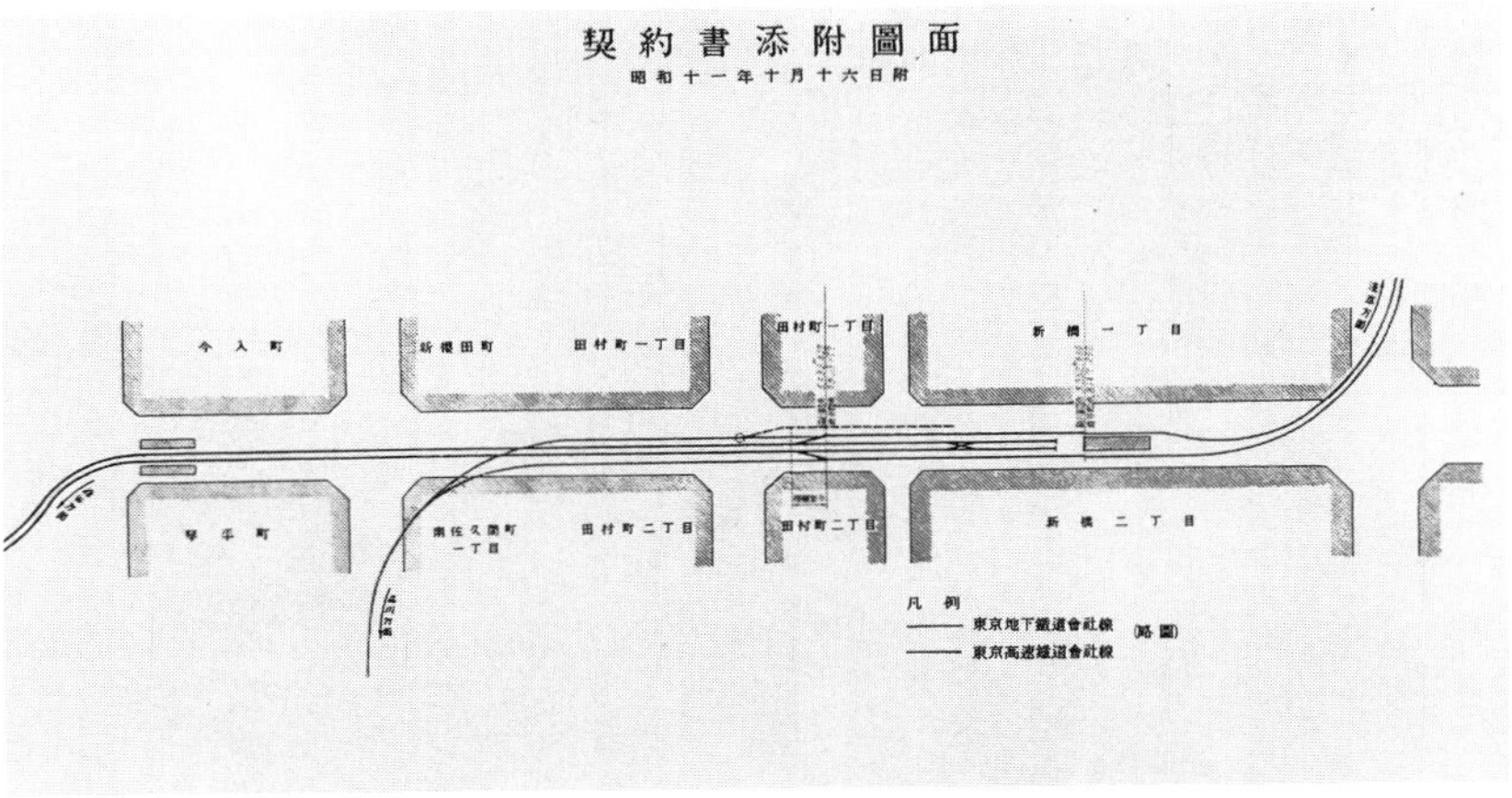

図17　契約書添付の図面
（出典：前掲「東京地下鉄道ト東京高速鉄道トノ新橋駅ニ於ケル連絡設計ニ関スル交渉ノ経過」82ページ〔地下鉄博物館所蔵〕）

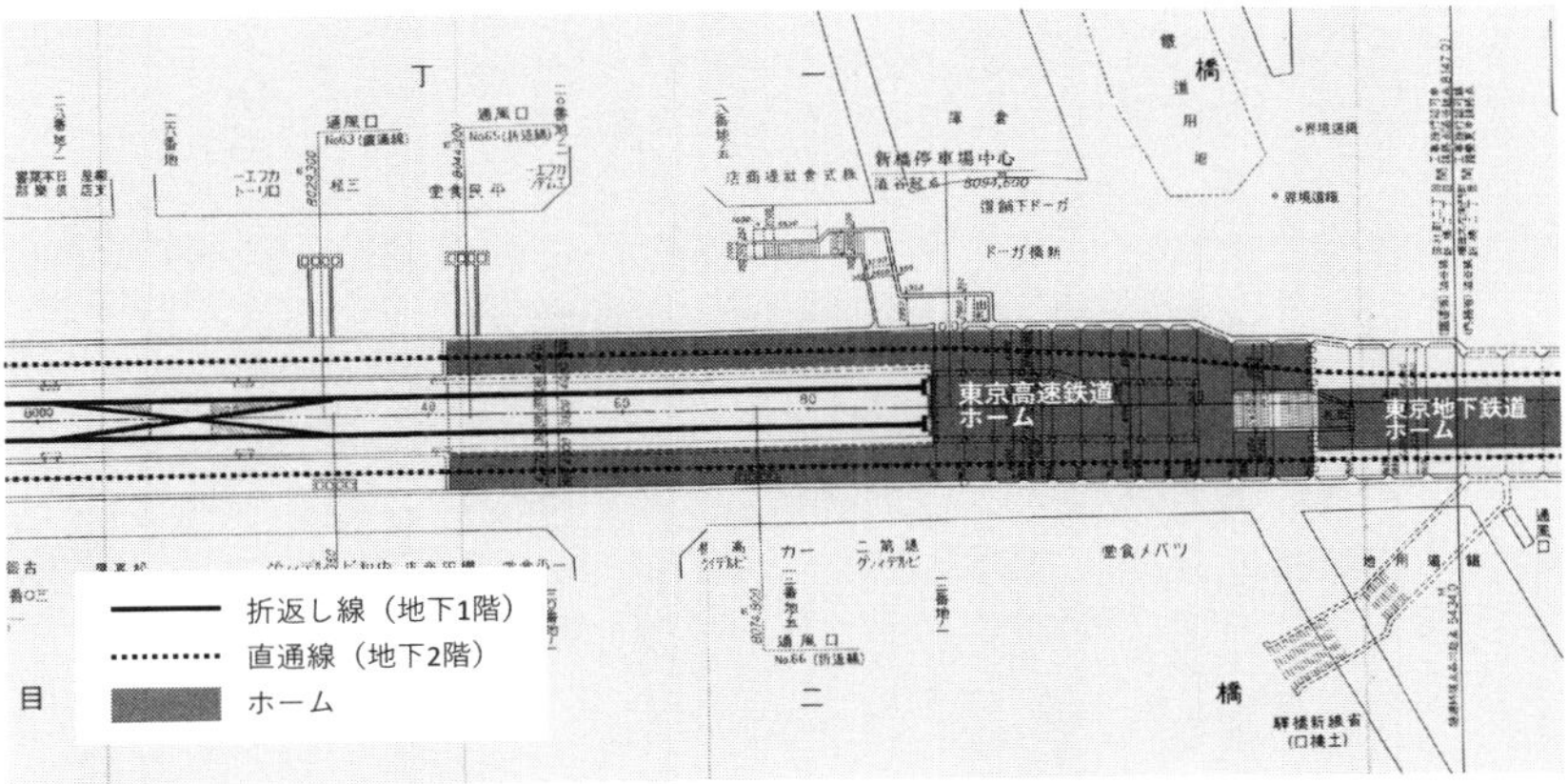

図18　新橋駅幻のホーム図面
（出典：前掲「東京地下鉄道ト東京高速鉄道トノ新橋駅ニ於ケル連絡設計ニ関スル交渉ノ経過」付図〔地下鉄博物館所蔵〕に筆者が加筆して作成）

地下鉄の負担とすること。

（同文書八二―八三ページ）

三度、玉虫色の決着であった。新橋駅での東京地下鉄道と東京高速鉄道の連絡設計は、東京地下鉄道が主張する「駅手前合流案」を採用することになった。ただし京浜地下鉄道の開業後、運転に差し支えがあった場合は、東京高速鉄道が主張する「プラットフォーム増設案」を受け入れて連絡線とホームを設置する、という折衷案だった。

東京高速鉄道からすると、一九三五年（昭和十年）二月の工事施行認可申請以来一年半も足止めされていて、とにかく工事を進めたかったことから、実現は不可能と考えながらも東京地下鉄道の案をのんだものと思われる。

5 新橋駅着工

一九三六年（昭和十一年）十月十六日の契約成立を受けて、東京地下鉄道は十月十九日、新橋駅の終端部境界壁と車止めの設備変更（撤去）を申請した。

弊社新橋停車場は今般東京高速鉄道株式会社線との連絡直通運転の為、別紙添附図面の通り該駅終端部における仕切壁ならびに車止設備を撤去の上、一部に軌道の敷設を致度候に付御認可被成下度此段及御願候也。追って右に関連する信号並びに電気設備の変更に対しては別途出願致度候。

（前掲「東京地下鉄道ト東京高速鉄道トノ新橋駅ニ於ケル連絡設計ニ関スル交渉ノ経過」八三ページ、原典「東京地下鉄道文書」地甲三十二ノ二十一号）

これを受けて東京高速鉄道新橋—田村町間の工事施行認可申請は同年十二月二日に認可された。しかし、着工に向けた設計の調整はその後も続き、一九三七年（昭和十二年）二月十五日に出入り口設置箇所の見直し、折り返し線の延長など再度設計変更を申請。同年三月二十日に認可が下り、いよいよ東京高速鉄道新橋駅の工事が始まった。

これまでの経緯を振り返る。東京高速鉄道の設立を受けて一九三四年（昭和九年）十一月に始まった両社の論争は、三五年（昭和十年）五月三十一日付協定書で二分間隔の直通運転実施について合意したことで最初の決着をみる。続く新橋駅の連絡設計をめぐって起きた第二の論争も、三六年（昭和十一年）五月十五日付協定書で合意した。窮地に追い込まれた東京地下鉄道が京浜地下鉄道を設立して品川延伸構想を具体化させたことで、再び新橋駅の連絡設計をめぐる議論が起こるが、これも同年十月十六日の両社合意で決着した。

つまり、少なくとも新橋駅の設計をめぐる対立は、東京高速鉄道が新橋駅まで開通する一九三九年（昭和十四年）一月十五日から二年以上前に解決していたことになる。東京高速鉄道の新橋駅は、やむなく作った仮設ホームではなく、両社の合意の下に用意された正式な設備だったことが明らかになった。

ではなぜ、「はじめに」で取り上げたような「誤解」が生じることになったのだろうか。そこには偶然がもたらした「奇妙な符合」が関係しているのだが、詳しくはあとでみていくとして、まずは一九三七年（昭和十二年）三月に着工した東京高速鉄道新橋駅のその後を追いたい。

東京高速鉄道が発行した工事記録『東京高速鉄道建設工事概要』は、新橋駅付近の工事内容を次のように記している。

第一工区の田村町交差点以西は早く竣工したのでしたが田村町、新橋間が東京地下鉄道との連絡の協議、設計等に暇取り長く工事を中止して居りまして漸く十二年三月着手したのですが、四線並列の為掘削幅も最

写真10　新橋二葉町高架橋（2020年12月16日、筆者撮影）

も広く、地層も極めて軟弱で同時に全幅を掘進することは不可能なので、先ず北側半分の隧道を完成させ後南側に移るという施工方法で、工事の進捗よりも地盤の沈下防御に苦心し漸く十三年末に竣工いたしました。

新橋省線付近は既設及び増設の東海道線六線並列架道橋下に当たって居り、直通線、折返し線二段の構築個所にもなって居りますので、鉄道省に施行を請願しまして東京改良事務所の委託工事で施工せられました。

（東京高速鉄道『東京高速鉄道建設工事概要』東京高速鉄道、一九三九年、四ページ）

東京高速鉄道渋谷線の第一工区（新橋—虎ノ門間）は、大きく三つに分けて工事が進められた。まず、虎ノ門駅から田村町交差点までは、一九三五年（昭和十年）十月十八日に先行着工した。田村町交差点から新橋駅までは東京地下鉄道との連絡設計協定が締結されたあと、三七年（昭和十二年）三月に遅れて着工した。両区間は東京高速鉄道の「本丸」ともいえる大倉土木が工事を担当している。

そして東海道線の高架線と交差する残り五十メートルの区間は、日本の大動脈である東海道線の高架下で脆弱な地盤を掘り下げるという難工事になることから、鉄道省東京改良事務所に委託しておこなった。

地下鉄工事はまず、道路を片側ずつ封鎖して地中に杭を打ち込むことから始まる。これは地表から掘り下げていく際、横一列に打ち込んだ杭の間に矢板と呼ばれる板をはめ込むことで、土砂が崩れてくるのを防ぐためのものだ。路面から高架橋まで四・二メートルの高さしかないため、三メートルに切断した杭をいくつもつなぎながら地中に打ち込む必要がある。

続いて路面の掘削だ。新橋駅の高架下にトンネルを建設するためには、一九〇九年（明治四十二年）に建設された高架橋の橋脚を撤去する必要があった。東海道線の高架線と、山手線の高架線をそれぞれ仮支えし、二本の橋脚を撤去しながら地面を掘り下げていく。上下二段のトンネルが完成したら、新たな橋脚を設置して復旧が完了する。現在も使われている物々しい橋脚はそのときに作られたものである。

工事は慎重に進められ、わずか五十メートルの区間の建設に二年半もの工期を要している。また、大倉土木が担当した田村町交差点からガード下につながる区間も、困難な工事の連続だった。

この区間は新橋停車場構内で直通線折返線と相並ぶ隧道構築の最も幅広い区域で、南側は高層建築物に接近しかつ田村町交差点付近において京浜地下鉄乗り入れ準備のため、二線部より四線部に直角に広まり南側に掘削の弱点たる隅角を作り、又これに接近した日比谷から芝浦に至る下水大幹線下を掘削するなど、各種施工上の困難な極めて危険な区域となったのであります。

（同書七ページ）

田村町交差点―新橋間のトンネルは、新橋駅止まりの折り返し線の外側に、東京地下鉄道の線路へと続く直通線が配置された四線並列構造である。外堀通りいっぱいに広がるトンネルを施工するため、まず北側の二線分の構築物を完成させ、次いで南側の二線分の構築にとりかかるという、二段階の工事がおこなわれた。どちらも軟弱な地盤に神経を使いながらの施工だった。

下水幹線や高圧ガス管が埋設された道路下での工事は難航を極め、大きな事故も発生している。

十二年十二月二十一日午前十一時頃、田村町一丁目三番地付近即ち道路北側約六十メートル間が突如路面崩壊陥没しまして同時に同所車道下に平行埋設してある高圧瓦斯《ガス》管が爆発しまして火焔は沿道家屋を延焼させました。

（同書七ページ）

この事故を受けて東京高速鉄道は当該区間の工事方法を見直し、一九三八年（昭和十三年）四月二十日に工事施行方法の変更を申請した。

工事に遅れが生じたことから東京高速鉄道は同年八月十日、渋谷—新橋間の竣工期限延長認可申請を提出した。工事施工申請認可時の竣工期限は同年十月十七日だったが、これを一九三九年（昭和十四年）十二月末日まで延長してほしいという申請である。その理由は次のように記されている。

一　今次事変勃発後にもとづく建設材料の統制、運送機関の払底、労力の不足などにより工事工程に著しき影響を来たしたること

二　昨年十二月下旬突発せる芝区田村町付近事故現場の復旧に要したる期間だけ工程の延引を来たしたること

三　渋谷基点自八キロ九十一メートル至九キロ百四十七メートル間隧道工事は鉄道省新橋駅付近二葉町架道橋下に該当し、鉄道省東京改良事務所に施行方を委託せるものなるが、国有鉄道幹線たる東海道本線の橋桁を仮受する必要あり、これが設計及び施工には深甚なる留意を要したると近接する田村町付近の事故惹起に鑑み掘削その他工事にも極めて慎重を期する必要を生じたること

付記　右委託工事の竣功期限は昭和十四年六月下旬なり

四　渋谷駅付近における当社工事とこれに連携ある他会社工事との間に相当錯綜せる関係あり、これと時局に基づく材料統制と相俟って工程に影響を来したること

（「東京高速鉄道文書」高速発寅第二百六十六号〔国立公文書館所蔵〕）

6　東京高速鉄道新橋駅の開業

新橋駅の着工から四カ月後の一九三七年（昭和十二年）七月七日、北京郊外の盧溝橋付近で発生した発砲事件は、当事者たちの思惑を超えてエスカレートしていった。近衛文麿内閣は不拡大方針を示す一方で、陸軍三個師団の派遣を決定し、七月二十八日には北支中国軍に対する総攻撃を開始する。

続いて戦闘は上海に飛び火した。日本は「暴支膺懲」すなわち暴虐な中国を懲らしめよというスローガンを掲げて不拡大方針を撤回し、事実上の全面戦争に突入した。在留邦人保護を名目に増派された上海派遣軍は中国軍精鋭部隊との大規模戦闘に突入する。日本軍は多くの損害を出しながらも、さらに援軍を上陸させ、これを撃破した。現地軍は退却する中国軍の追撃を独断で開始し、参謀本部もこれを追認。戦線は中華民国の首都・南京へと拡大していく。

上海攻略戦後にドイツの仲介で終戦工作が模索されたが、十二月に南京を攻略した日本は要求をエスカレートさせて交渉は決裂した。近衛内閣は一九三八年（昭和十三年）一月、「爾後、国民政府を対手とせず」という第一次近衛声明を出し、両国の外交関係は途絶した。

本格的な戦闘の開始から半年が過ぎ、首都・南京を占領してもなお事変は終結の糸口さえみえずにいた。既に日本軍は五十万人以上の兵力を動員していて、これ以上の軍事行動は平時の体制では困難であることから、軍と政府は本格的な戦時体制へ移行すべく、国家総動員体制の法制化を進めていく。

写真11　新橋駅構内でおこなわれた開通修祓式の様子（地下鉄博物館所蔵）

こうした動きに対して政党や経済界から不安や反発の声も上がったが、政府と軍は「支那事変は戦争ではない」「乱用しない」と強弁して議論を押し切って国家総動員法が成立し、五月五日に施行された。態勢を整えて攻勢に出た日本軍は十月、国民党政府の臨時首都で軍事的要衝の武漢を占領するが、国民党政府はさらに内陸の重慶に撤退した。

日本が戦時体制へと突き進むなか、東京高速鉄道渋谷線は一九三八年（昭和十三年）十一月十八日に虎ノ門―青山六丁目（現在の表参道）間、十二月二十日には青山六丁目―渋谷間で開業した。続いて同年十二月末、鉄道省に工事を委託した五十メートルの区間を除く虎ノ門―新橋区間が竣功し、翌三九年（昭和十四年）一月十五日に新橋まで開業。渋谷―新橋間が全通した。

ただしこの時点では、田村町交差点―新橋間のトンネルが北半分しか竣功していなかったため、赤坂見附―新橋間を単線運転する暫定開業だった。渋谷―新橋間の所要時間は十三分、運転間隔は五分、列車は二両編成だった。開業一カ月後の二月十五日に南側のトンネルが完成し、以降は所定の複線運転になった。

東京高速鉄道新橋駅は相対式ホームだが、開業直前の通達（運達甲第四号）によると、「新橋駅における各列車は上り第二番線に着発すべし」とあることから、少なくとも開業直後は二番線ホームだけを使用していたようだ。

出入り口は二番線ホームの銀座寄りに一カ所設置する予定だったが、開業前に「開業後の乗降客混雑の状況よりみて臨時に別箇の通路を増設してこれを緩和」する必要があるとして、換気口の構造を変更して臨時出入り口を追加設置した。

この臨時の出入り口は直通運転開始後に換気口に戻されたが、非常口としても使えるように階段はそのまま残された。換気装置が設置されて通行は不可能だが、階段の構造自体はいまも残っている。

「二つの新橋駅」を象徴するのが、「はじめに」で引用した、両社のホームが別々に設けられたために、直通運転が始まるまで旅客はいったん地上に出て東海道線のガードをくぐり、東京地下鉄道側の入り口から地下に下りて乗り換える必要があったというエピソードだ。

そのため直通運転開始まで地上乗り換えがおこなわれていたと思われがちだが、実は直通運転が開始される一カ月前に「地下連絡通路」が完成し、地下通路を介した乗り換えが可能になっている。

通路の完成を伝える当時の新聞記事をみてみよう。

帝都の心臓部を縦貫する渋谷—新橋間の「東京高速線」と新橋—浅草間の「地下鉄」が、今秋九月十五日頃から新橋駅の地下ホームで連結し、渋谷—浅草間は乗り換えなしの三十分というスピード運転が開始される。

既に両線は通し切符を発行しているが、現在では相互に新橋へ来ると一旦地上へ出て、電車通りを横断して再び地下道に入らなければならぬと云う不便があるが、来る十五日からは地下売店街を通って両改札口が連絡される。更にその後約一ケ月すると前記の如く両線路が接続されプラットホームが一ケ所になる。

（「東京朝日新聞」一九三九年八月三日付）

東京高速鉄道の新橋駅は孤立していたのではなく、東京地下鉄道の新橋駅との連絡を考慮した設計になっていたのである。

7 「地下鉄騒動」との奇妙な符合

それではいよいよ本題に入りたい。東京高速鉄道の新橋駅にまつわる「伝説」が語られるようになったのはなぜか。当事者間では一九三六年（昭和十一年）十月に決着していた問題が、なぜ三九年（昭和十四年）の出来事に仮託されてしまったのか。

その謎を解くためには、一九三八年（昭和十三年）から四〇年（昭和十五年）にかけて勃発した、東京地下鉄道と東京高速鉄道の「地下鉄騒動」を理解する必要がある。

第1章で述べたように、東京地下鉄道と東京高速鉄道の関係は、大倉土木の門野重九郎らが東京市に代行建設を出願した最初の時点で行き違っていた。両社の溝は東京高速鉄道に五島慶太が参画したことでさらに拡大する。経営方針の違いは、やがて深刻な対立にまで発展していった。

東京地下鉄道とのたび重なる対立を経て、ようやく渋谷—新橋間の全区間で着工が完了すると、五島は東京地下鉄道との協調方針の転換を決意した。三鬼陽之助の『五島慶太伝』によれば、一九三八年（昭和十三年）の正月に、東京高速鉄道の共同出資者である大倉財閥に対して、東京地下鉄道に敵対的買収を仕掛けることを宣言している。

高速鉄道の重役一同は到底、早川とは将来協調して事業を経営することはできないと感じたらしい。なんらかの方法によって、東京地下鉄道の支配権を得ることが、絶対必要であると痛感するに至った。

その結果として、昭和十三年正月であったが、彼は門野社長、脇専務といっしょに、帝国ホテルの社長室に大倉喜七郎男爵を訪うて協議をした。
そして、東京地下鉄道株は時価が比較的安いからできるだけ市場で買い集めること、京浜電鉄の株を前山久吉および望月軍四郎から買収して京浜電鉄の支配権を得ること、そして、京浜電鉄の支配権を得たる後は京浜、湘南、京浜地下鉄および東京地下鉄道の四社間に合併契約の存在することを利用して、まず京浜電鉄側から東京地下鉄との合併を主張、四社合併成立したる後は、これに東京高速鉄道をも加えて五社合併を完成し、場合によっては東京市電をも加えて、東京市の交通統制を自治的に実行すること等を相談したのである。

（前掲『五島慶太伝』九六ページ）

五島は東京地下鉄道を買収する前段階として、同社と連携する京浜電気鉄道に目をつけた。京浜電気鉄道を買収して傘下に収めたあと、四社合併契約があることを利用して京浜電気鉄道側から東京地下鉄道に圧力をかけようという作戦だった。

五島はその後、直ちに京浜電気鉄道の大株主だった実業家の前山久吉を訪ね、同社の株式七万株と前山が頭取を務める内国貯金銀行が保有する二万八千株の買収契約を締結した。京浜電気鉄道の総株式は三十万株。あとは同社会長の望月軍四郎がもつ七万株を手に入れれば過半数を握ることができる。

続いて五島は根津嘉一郎の仲介で、一年三カ月の歳月を費やして望月軍四郎を説得した。この間、東京地下鉄道側でも京浜電気鉄道株を買収しようと十数回にわたってはたらきかけたが、望月は自分の持ち株を東京地下鉄道側に譲渡すれば、東京高速鉄道と東京地下鉄道の紛争を激化させるばかりで益がないとして、一九三九年（昭和十四年）三月、所有する七万余株を東京高速鉄道に譲渡した。京浜電気鉄道には波乱の時代を戦い抜く力は残っていなかったのである。

こうして東京高速鉄道は京浜電気鉄道株式の過半数にあたる約十五万株を所有することになり、同年四月二十一日に開催された京浜電気鉄道臨時株主総会で門野長九郎、脇道誉、五島慶太が取締役に選任され、同年六月二十七日の取締役会で、門野重九郎が同社社長に、脇道誉が副社長に、五島慶太が専務に就任した。

これには早川も完全にお手上げだったようで、四月十五日に代官山の五島邸を訪れ「今回君は京浜電鉄株に関し実にグレートヒットを打たれたり敬服の外なし。然る所、東京地下鉄道の重役及び社員は東京地下鉄道もまた早晩、五島氏に株式を買収せられ京浜電鉄と同一運命に陥ること必定なりと信じて疑わず」社内に動揺が広がっているとして、「将来東京地下鉄道の株式を買収することを中止してくれまいか」と懇願している（五島慶太『根津嘉一郎氏ニ懇談事項』東京高速鉄道、一九三九年。以下、引用は本文書による）。

五島はこれまでの鉄道会社買収は、相手社長や重役の完全なる了解のもとにおこなってきたとして「将来東京地下鉄道の株式を買収するときも特殊の事情なき限り社長根津嘉一郎氏か、または君の了解を得て買収することにいたすつもり」と返答した。

早川は五島の言葉を聞いて喜び、社に帰り「五島は根津または自分の了解がなければ東京地下鉄道株を買収せずと明言した。従って自分の地位は当分不安なし」と演説したという。これを聞いた五島は「早川老いたり」と記している。

五島は「東京地下鉄道は早川の手にある間は東京市の交通機関として完全にその使命を全うすることを得ず」として、いよいよ東京地下鉄道本体に手を伸ばす。東京地下鉄道の総株式は百万株。筆頭株主は三十五万株を保有する実業家・穴水熊雄だ。

東京地下鉄道の監査役を務める穴水は、早川徳次と同郷で旧制中学校の同窓であり、大日本電力や京王電気軌道の社長を務めた経営者でもあり、何よりも資金力に乏しい東京地下鉄道に多額の出資をして経営を支えてきたキーパーソンであった。

ところが同年八月一日、五島は穴水が保有する全株式を電撃的に買収し、東京地下鉄道に大きな楔を打ち込むことに成功する。東京高速鉄道の敵対的買収に始まる、両社の経営権をめぐる争いは「地下鉄騒動」として新聞紙上に書き立てられ、広く耳目を集めることになった。

一方、両社の激しい対立をよそに、新橋駅連絡工事は当初の日程より遅れながら進んでいた。八月十五日に駅構内連絡通路が完成し、九月十五日に線路の接続工事が完了すると、翌十六日から東京地下鉄道と東京高速鉄道は浅草―渋谷間の直通運転を開始するのである。

ここまでみてきたように、直通運転実施は一九三五年（昭和十年）五月に協定が結ばれていて、新橋駅の設計をめぐる議論も三六年（昭和十一年）十月までに終結している。工事施行認可申請時点では三八年（昭和十三年）十月十七日までに完了するはずだった工事は、材料統制や事故発生に伴う工事方法変更などで遅れをきたし、完成は三九年（昭和十四年）九月にずれ込んだ。

こうして、二つの事象が見事なタイミングで同時並行することになったために、東京高速鉄道が京浜電気鉄道株や東京地下鉄道株を買収して圧力をかけた結果、東京高速鉄道の電車が浅草まで乗り入れるようになったという錯覚が生じたわけである。

例えば、小田急電鉄が一九八〇年（昭和五十五年）に発行した『小田急五十年史』でも、同様の錯誤がみられる。

着工前の昭和十年五月に、東京高速鉄道と東京地下鉄道の両社は、両線を新橋駅で接続し、相互直通運転を行うことについて協定を結んでいた。ところが、東京高速鉄道の工事が着々と進んで、新橋までの開通が目前に迫っても、東京地下鉄道の早川徳次は一向に、新橋駅終端にある境界壁を撤去しようとしなかった。このため東京高速鉄道の五島慶太は、東京地下鉄に対する支配権を確立する事が、相互直通運転ないし両社の合併を実現する早道と考えて、京浜電気鉄道の株式買収に動いたのである。

（小田急電鉄編『小田急五十年史』小田急電鉄、一九八〇年、一七一ページ）

東京地下鉄道は一九三六年（昭和十一年）十月、新橋駅の連絡設計と新橋駅終端の境界壁撤去に同意し、翌三七年（昭和十二年）三月から東京高速鉄道は新橋駅連絡工事に着手している。したがって、東京高速鉄道が東京地下鉄道との相互直通運転を実現するために京浜電気鉄道と東京地下鉄道の株式を買収するということはありえない。そして、東京地下鉄道が直通運転を拒んだために東京高速鉄道がやむなく仮設ホームを建設した、という事実も存在しないのである。

第4章　陸上交通事業調整法による統合──一九三八─四〇年

1　「地下鉄騒動」その後

話は地下鉄騒動に戻る。一九三九年（昭和十四年）八月一日、東京高速鉄道は東京地下鉄道の筆頭株主・穴水熊雄から同社株式三十五万株を譲り受けて東京地下鉄道を手中に収めたことは既に述べた。早川徳次は四社合併契約を交わした京浜電気鉄道会長・望月軍四郎に続き、盟友・穴水にも裏切られてしまった格好になる。

穴水は当初、東京地下鉄道株を東京市に売却するつもりだった。当時の東京市長・頼母木桂吉は東京地下鉄道の買収を通じて「市有市営」による市内交通の一元化を達成しようと考えており、自ら穴水に面会して株式の譲渡を要請している。この頃、東京地下鉄道には不正会計疑惑が報じられ、また経営方針をめぐって重役間の対立が深刻化していたこともあり、同社の将来と早川の経営手腕に不安を抱いていた穴水は、東京市への株式売却を承諾し、仮契約を締結する直前だったという。

この情報を聞きつけた五島は七月二十四日に穴水邸を訪問し、東京市への株式譲渡を中止するよう穴水を説得した。五島は民間会社経営の最大の長所は経営者に「燃ゆるが如き企業愛」があることだと述べている。すなわち民間経営者は事業に一生を捧げ、全身全霊を打ち込んでいく。このような気迫があってはじめて創意工夫が生まれ、企業の能率的経営が可能になると考えていた。

そのため、鉄道の公営化については「事業は永遠の生命を有するにもかかわらず、これが経営の任に当たる公吏は一年ないし一年半の生命を有するに過ぎ」（前掲『根津嘉一郎氏ニ懇談事項』。以下、引用は本書による）ないとして、「民間の事業会社におけるが如く事業本位の立場に立って極力営業費を節約して利益を生み出し、これを以て設備の改善に振り向くる如きは、これを公吏に向って望むことは無理なりといわざるを得ず」と辛辣な評価を下しており、交通の市有市営化は断じて容認できるものではなかったからだ。

間の悪いことにこのとき、東京地下鉄道と東京高速鉄道のたび重なる衝突を調停してきた根津嘉一郎は、大阪商船の新型客船あるぜんちな丸の主賓船客として世界一周初航海の途上にあった。五島は根津の帰国を待つよう申し入れたが、穴水はこれを拒絶。近く東京市と単価の交渉を開始する意向を示した。そこでやむなく穴水の三十五万株を東京高速鉄道が肩代わりすることを提案し、穴水がこれを受け入れたため株式を買収することになった、と五島は弁明している。わずか一週間の電撃的な決着であった。

歯切れが悪いのは、前述のとおり五島と早川の間には「特殊の事情なき限り、根津または早川の了解を得ずして東京地下鉄道株は買収しない」という約束があったからだ。当然、早川は約束違反であるとして反発するが、五島は「穴水株が東京市に行かないように一先ず押さえておいた」と意に介さない。早川は「それでは目的は果たされたのだから、東京地下鉄道がその株を引き取る」と提案するが、五島は「早川には売らぬ、五島だから売るといっていた株だから君に引き渡すことはできない」と取り合おうとしない。

しかも東京高速鉄道が「東京合同殖産合名会社」なるダミー会社の名義で東京地下鉄道株式四万二千株を所有していたことも明らかになり、東京地下鉄道と東京高速鉄道の対立は後戻りできない段階に突入する。

早川は十月二日、従業員に対し「今度の穴水氏株式の肩替は正義観念に反す。根津社長の帰朝を待って必ずこれを東京地下鉄に取り戻すべし。また自分は金融業者の絶大なる同情あり、千九百万円の資金調達が出来たり。五島から買い戻してみせるから安心せよ。今度の戦争は早川個人の戦争に非ず。国と国との戦争なり。諸君義勇公に奉せよ」と演説。五島から穴水株を買い戻すと宣言したが、五島がこれに応じるはずもなかった。

五島は東京地下鉄道と東京高速鉄道が独立して存在する理由はなく、あくまでも両社は合併しなければならないと主張。五島と脇を東京地下鉄道の専務に加えるとともに、京浜地下鉄道、京浜電気鉄道、湘南電気鉄道との五社合併、さらには将来的に東京横浜電鉄と東武鉄道までも合同に参加する案を提示した。

事態の収拾には交通界の元老と称された根津嘉一郎の裁定を待つほかなかったが、この頃早川は、望月軍四郎が所有する京浜電気鉄道株が根津の仲介で東京高速鉄道に売却されたこと、東京高速鉄道が穴水株の買収にあたり根津の経営する富国徴兵保険が融資したことを挙げて、根津に対する不信感を抱き始めていた。

十月十七日に根津が帰国すると、五島は根津邸を訪ね、この間の早川の行動を報告し、東京高速鉄道への協力を求めた。しかし根津は長旅の疲れからか体調を崩し、一九四〇年（昭和十五年）一月四日に死去してしまう。こうして両社の対立は解決の糸口さえも失うことになった。

後任の社長に早川が就任すると、両社の対立はさらに激しさを増していき、同年三月、早川は九日に上野精養軒で、五島は十四日に帝国ホテルで、それぞれ株主総会の開催を予定するに至った。

株主総会で合併決議をしようともくろむ東京高速鉄道に対して、東京地下鉄道では若手課長十一人を中心として約三千五百人の従業員が一斉に立ち上がり、もし合併を強行するならば「レールを枕にして討ち死に覚悟のストライキも辞さない」と宣言した。東京地下鉄道は一九三八年（昭和十三年）にかねてから筆頭株主だった東京乗合自動車を吸収合併し、東京市内と近郊のバス事業に加え、同社が運営していた路面電車（西武軌道、城東電気軌道）も経営していたが、これらを一斉にストップさせようというのである。これは、経営者と従業員が一丸となって企業防衛のために立ち上がった、日本の労働運動史上も珍しい事件だといわれている。

ことここに至り、ついに鉄道省が調停に乗り出した。その中心となったのが、のちに内閣総理大臣を務める佐藤栄作であった。佐藤は一九二四年（大正十三年）に東京帝国大学法学部を経て鉄道省に入省。四〇年（昭和十五年）から監督局総務課長を務めていた。

佐藤は早川派の株主総会を中止させるとともに、東京地下鉄道の若手課長らを「若い時に信念をもって邁進することは良い経験になる。しかしながら世の中、青年の情熱通りになるものでないことを察知すべきである。とりわけ、今の世の中が非常事態にあることに鑑み、慎重に行動しなければならない。勇み足をやり、かえって相手方に付け込まれては困る」（「鉄道人佐藤栄作」刊行会編『鉄道人 佐藤栄作』近代書房、一九七七年）と諌めた。

そして東京高速鉄道が、合併を決議する株主総会の前提として緊急役員会を開くと、佐藤は単身で会社に乗り込み、役員会場の隣室に座って、最初から最後まで役員会の形勢を見守ることによってこれを流会に導き、合併強行を阻止した。

東京高速鉄道の地下鉄乗取紛争に対し監督官庁たる鉄道省も事態を重大視し、このまま放任許さずとなしいよいよ事件の収拾に乗り出した。即ち九日精養軒に開催予定の地下鉄早川社長主催の有志株主大会に対しては八日中止を命じ、更に両者に対し真相を詳細に聴取すると共に事態を円満に解決するよう指令を発した。一方東京高速側も十四日帝国ホテルに開催予定の大株主大会を自発的に一時中止することになった。しかして鉄道当局として本紛争に対する意見は、円満合法なる会社の吸収合併には毫も異存なきも、たとい合法的に事を運ぶも紛争波乱を生ずるものに対してはこの際断固取締をなす方針で、今回の紛争に対してもこの見地から処断する筈である。従って本事件も一応白紙に還元し、しかる後冷静に処理せしめようとしており、なお私鉄の大合同に対しては当局として異存はないとのことである。

（「報知新聞」一九四〇年三月九日付）

同年七月、鉄道省は仲裁人による紛争の調停を勧告した。調停の内容は、早川は東京地下鉄道の社長を、五島は東京高速鉄道の常務取締役を辞任し、東京高速鉄道が保有する東京地下鉄道株の議決権を棚上げしたうえで、東京高速鉄道の東京地下鉄道への経営参加を認めるものだった。

一九四〇年（昭和十五年）十二月二十八日、元池上電気鉄道社長・中島久万吉が東京地下鉄道社長に、京浜電気鉄道常務・田中百畝《ひゃっぽ》が専務、東京地下鉄道取締役・高木謙吉が常務に就任する。

早川は相談役の肩書は与えられたものの東京地下鉄道の経営から退くこととなり、同時に実業界からも引退した。会社を乗っ取られた「地下鉄の父」に世間は同情的だった。東京地下鉄道社員有志は去り行く早川のために、彫刻家・朝倉文夫に依頼してブロンズ胸像を作成し、一九四一年（昭和十六年）六月、新橋駅の改札口付近に建立した。

早川は地元山梨に青年道場を開き、後進の育成に力を入れようと決意するが、道場の完成を目前に控えた一九四二年（昭和十七年）十一月二十九日、心臓発作により六十一年の生涯に幕を閉じた。

ちなみに早川の胸像は戦時中、金属類回収令によって撤去されるが、戦後六年ほどたった頃、港区役所に保管されていることが判明。遺族に返還され、故人が眠る多磨霊園に設置されたが、これが盗難にあって紛失してしまう。その後、同時に作られたもう一体の胸像があることがわかり、一九五八年（昭和三十三年）に新橋駅に再設置した。地下鉄開業五十周年を迎えた七七年（昭和五十二年）に銀座駅に移設し、現在に至っている。

一方、五島は東京高速鉄道の常務を辞任したが、取締役としては留任し、実権は手放さなかった。こうして早川と五島の長きにわたる対立は決着した。五島は自らの手による交通一元化まであと一歩のところまで到達したのである。

しかし、東京地下鉄道と東京高速鉄道の合併は思いがけず実現に至る。一九四一年（昭和十六年）七月、政府は東京の地下鉄整備を目的とした特殊法人・帝都高速度交通営団を設立。東京地下鉄道と東京高速鉄道は解散し、両社の鉄道事業と京浜地下鉄道、東京市が保有する免許の一切は交通営団が継承することになったのである。

2 昭和初期の鉄道

早川と五島の主導権争いから交通営団の設立まで、背後では何が動いていたのだろうか。それを理解するためには、この時代に鉄道事業者が置かれていた環境を振り返る必要がある。

大正後期から続く慢性的な不況とともに「昭和」は幕を開けた。一九二七年(昭和二年)には震災手形処理問題に絡んで台湾銀行が三億五千万円もの不良債権を有していることが判明し、金融不安が広がった。これに片岡直温蔵相の失言が重なり、各地で銀行の取り付け騒ぎと休業が相次いだ。昭和金融恐慌である。

一九二九年(昭和四年)七月に成立した濱口雄幸内閣は、旧平価による金本位制復帰を唱えて極端なデフレーション政策を推進した。三〇年(昭和五年)一月から金解禁に踏み切るも、前年十月に発生した世界恐慌が日本に波及。同年五月には株式市場の大暴落が起こって銀行や企業の休業や倒産が続出し、失業者が急増した。

昭和恐慌とそれに続く大不況は交通需要を減少させ、鉄道業界にも大きな影響を及ぼした。私鉄の輸送人員は一九二八年(昭和三年)の二十二億三千八百二十八万人をピークに、三二年(昭和七年)には十八億九千四百三十二万人にまで減少している。私鉄は鉄道以外の収入を確保すべく、バス事業への参入、百貨店、不動産、レジャー、電力など各事業への投資を増やし、経営の多角化を進めた。現在の私鉄のビジネスモデルの原型は、この頃に確立したものである。

しかし鉄道の経営環境の変化は恐慌によってだけ引き起こされたものではなかった。この頃、東京の鉄道は三つの構造的な変化に直面していた。

第一は自動車の急速な発達である。アメリカでは早くも一九一〇年代から、ヨーロッパでも二〇年代後半からモータリゼーションが到来しつつあったのに対し、昭和初期の日本ではトラックやバス、タクシーなどの事業用車両がようやく普及し始めた程度で、本格的なモータリゼーションが訪れるのは戦後しばらくたってからのことである。それでも、それまで陸上輸送で独占的な地位を占めていた鉄道に与えた影響は甚大だった。

東京市で最初のバス事業者は一九一九年（大正八年）に設立された東京市街自動車（のちの東京乗合自動車）である。東京市も二四年（大正十三年）一月、関東大震災によって壊滅的な被害を受けた路面電車の補助的交通機関として、巣鴨―東京間、渋谷―東京間で市バスの運行を開始。これが好評だったため、同年六月の市電完全復旧後も運行を継続した。昭和に入ると、東京近郊でバスの開業が相次いだ。このなかには鉄道路線に並行するバス路線も少なくなかった。私鉄は自らもバス事業に参入し、または競合するバス事業者を買収することで自動車との競争に対抗していった。

写真12　関東大震災後に導入された市営バス（毎日新聞社提供）

日本初のタクシー事業者は一九一二年（大正元年）八月に有楽町で営業を開始した。第一次世界大戦の好況期を経て大きく成長し、二六年（大正十五年）には東京市内を一円均一で走るタクシー「円タク」が登場した。当時の市電運賃が七銭均一であることを考えれば決して安くはない乗り物だったが、料金が均一制でわかりやすい点が人気になる。

円タクの営業は無制限に許可されたため、東京のタクシー台数は一九二七年（昭和二年）の約四千台から三一年（昭和六年）には一万台を超えるまでに急増した。「円タク洪水時代」の到来とともに過当競争が始まり、運転手との交渉次第では五十銭や三十銭で利用できるようになったという。

第二は国有鉄道のサービス向上とネットワークの拡充である。鉄道建設を推進して積極財政方針をとった立憲政友会とは異なり、濱口内閣は「放漫財政の整理」を掲げて緊縮財政と産業合理化を推進した。鉄道大臣に就任した江木翼は、政府方針に従って国有鉄道の合理化を断行。大幅な人員

写真13　銀座で客待ちをする1円タクシー（毎日新聞社提供）

整理と労働強化、賃金切り下げによって経費節減を図るとともに、都市近郊では電車のスピードアップや運転回数の増加など、国有鉄道の競争力を強化するための各種方策をとった。国有鉄道の定期運賃は大正中期からほぼ据え置かれていて、運賃競争力も強かった。

特筆すべき点としては、国有鉄道はこの頃、東京近郊路線のサービス強化を積極的に進めている。一九二九年（昭和四年）三月に横須賀線を電化すると、三〇年（昭和五年）には中央線の電化区間を浅川（現在の高尾）間まで延長。三二年（昭和七年）七月には御茶ノ水—両国間の線路がつながり、現在の中央・総武線各駅停車の運転を開始。同年九月には赤羽—大宮間で電車の運行を開始し、現在の京浜東北線が形作られた。また三三年（昭和八年）には中央線御茶ノ水—中野間を複々線化して急行運転（現在の中央線快速電車）を開始している。これら省電は現在の東京の鉄道ネットワークの基礎になった。

第三は東京の都市構造の変化である。東京市では関東大震災以降、増加した人口が郊外へと拡散したことから、一九三二年（昭和七年）に周辺五郡（南足立郡、葛飾郡、北豊島郡、豊多摩郡、荏原郡）八十二町村を東京市に編入し、新たに二十区を設置。これまでの十五区と合わせて東京三十五区とした。これによって、東京市の面積は一挙に六倍になった。

これら構造的変化の影響が最も大きかったのが東京市電だった。市電の利用者数は一九二四年（大正十三年）の四億九千六百二十六万人をピークに、三四年（昭和九年）には二億八千七百四十六万人まで減少し、東京の交通分担率に占める市電の割合は一九年（大正八年）の約八〇パーセントから、三五年（昭和十年）には約二〇パーセントにまで落ち込んだ。

表1　東京市の人口（単位：1,000人）

	旧市域（15区）	新市域（20区）	合計
1920年	2,173	1,177	3,350
1930年	2,070	2,899	4,970
1932年	2,100	3,211	5,311
1936年	2,284	3,801	6,085

（出典：越沢明『東京の都市計画』〔岩波新書〕、岩波書店、1991年、90ページ）

表2　東京の交通分担率（％）

	省線	市電	地下鉄	私鉄	バス	タクシー
1919年	11.8	78.5	-	8.4	-	0.3
1926年	27.6	50.0	-	14.3	5.9	2.1
1930年	29.1	33.4	0.9	17.2	10.8	8.6
1935年	26.9	21.6	2.1	15.8	18.3	15.3

（出典：岡田清「戦前昭和期における東京の交通」「成城大学経済研究」第127号、成城大学経済学会、1995年、141ページ）

市電は一九二八年（昭和三年）に三十五万円の赤字に転落すると、その後三四年（昭和九年）には千八十五万円まで増大。当初は財産の売却や積立金の処分、公債の支払い延期などで補填していたが、三二年（昭和七年）以降は翌年度収入の繰り上げ充用という非常手段をとらなければならなくなり、市電財政の立て直しが求められるようになった。

新市域で市電に代わる通勤の足となったのが省電だった。路面電車は人や車両と路面を共有するという性質上、運転速度の向上や車両の大型化が困難である。面積が狭い旧市内の移動であれば路面電車の速度でも十分だが、郊外から都心への移動には高速度の交通機関が必要になる。欧米の大都市では二十世紀初頭から地下鉄がこの役割を担っていたが、地下鉄建設が遅れた東京では山手線、中央線、京浜線などの省電がこれを担うことになった。

東京の郊外化は、最初は省電沿線で進み、続いて大正末から昭和初期にかけて相次いで開業した私鉄沿線で進行した。これら私鉄は旧市域の壁に阻まれて都心延伸を果たすことができなかったため、都心に直通する山手線と接続し、山手線に利用者を送り込む培養線になった。この結果、山手線とターミナル駅では混雑が激化。これを解決するために新市域と都心を直結する地下鉄の建設が求められた。

しかしここまでみてきたように、関東大震災の復興事業と赤字の市電を抱える東京市には地下鉄建設を推進する余力は存在しなかった。東京の地下鉄建設は東京地下鉄道と東京高速鉄道によって進められたが、両社合わせて約十四キロを建設するのがやっとで、本格的な地下鉄ネットワークの整備には至らなかった。

3　交通調整論の台頭

営利を追求する交通機関の乱立は投資の重複を招き、必然的に非効率な競争関係に陥ることになる。こうした東京の交通状況について、一九三九年（昭和十四年）に東京市が発行したパンフレットには次のように記している。

省線電車が縦横に疾駆し、市電、市バスが旧市域内に網の目の如く張り巡らされ更にこの上に別項三十主体にわたる地下鉄、各郊外電鉄、バスが錯綜している現在の東京市内の交通状況は文字通り乱脈不統一そのものであります。

各事業者はてんで勝手な営業政策によって営業をしており、その間には何ら統一ある連絡がありません。バラバラの状態であります。これはつまり自由経済時代に利潤をおって乱立した結果でありまして、このために色々な弊害や不都合なことが起っているのであります。
早い話が利用される市民各位が毎日痛感されていることと思いますが、料金がまちまちですし、乗換は不便ですし、切符もその都度買わなければならないといった面倒や不利益があるのであります。
更に事業経営者にとってもむやみな乱立競争の結果は営業費の濫費となっております。
（東京市電気局編『市民の為の交通統制』東京市電気局、一九三九年、二―三ページ）

これを事業者の統制や調整によって対処しようという動きは昭和初期に入って本格化する。まず着手されたのは自動車行政の確立、つまりバスの統制だった。

陸上運送行政は古くから逓信省の管轄下にあったが、鉄道関係の監督行政は一九〇八年（明治四十一年）に鉄道院が独立した際に分離され、二〇年（大正九年）にそのまま鉄道省に引き継がれた。自動車交通に対する行政はそのまま逓信省の管轄とされていたが、実際には地方長官（府県知事など）に委任されていたため、ほとんど放置されたような状態にあり、時の政治力によって左右されていた。

そこで政府は、一九二八年（昭和三年）に自動車の管轄を鉄道省に移管。鉄道省は自動車運輸事業に対する法律の制定に着手し、三一年（昭和六年）に自動車交通事業法を公布した。これによって、一路線一営業主義を原則とする自動車運輸事業の免許制が確立し、事業者に対して鉄道事業者との連絡運輸や競合路線の共同経営などを命令できるようにした。

続いて議題にのぼったのが鉄道事業者の経営合理化だった。一九三二年（昭和七年）五月に成立した齋藤実内閣の鉄道大臣・三土忠造は、就任早々、資本系統が近かった京成電気軌道、王子電気軌道、京王電気軌道の三社合併を勧奨した。しかし三社の合併機運がまだ熟しておらず、相互の線路が接続していなかったため、その直通を図るのでなければ合併の効果は薄く、また直通化のためには巨額の投資を必要とすることから、この計画は実現しなかった。

三土鉄相はその後も機会あるごとに地方鉄道合同の必要性を強調した。一九三四年（昭和九年）二月におこなわれた鉄道同志会の総会で次のように述べている。

今や鉄道、軌道共にその前途は楽観を許されない。自動車は現在全国で十万台で欧米諸国とは比較にならないにも拘らず鉄道、軌道は相当の脅威を受けている。これが将来、数十万台になったらどうであろうか。英国では主要幹線鉄道は四大会社に合同し、ロンドン市では一定区域内の交通機関を統合するという法律が制定されている。我が国の地方鉄道、軌道は営業キロが短少であって、自動車に対抗して経営をやっていくことは困難である。その上高利の借入金に悩んでいる。これらを克服するには合同して基礎を強固にするほか途がない。我が国においても交通統制は法律をもってすることも考えられるが、先ず事業者自身がその気持ちになることが必要である。遠い将来と世界の趨勢を考えて、鉄道、軌道事業者は一大決心すべきである。

（鈴木清秀『交通調整の実際』交通経済社、一九五四年、四三―四四ページ）

三土の交通統制論は、当時ロンドンで進められていた都市交通の合同に着想を得たものだった。ロンドンでも第一次世界大戦後、「パイレーツ（海賊）」と呼ばれる独立バス事業者が乱立し、需要が多い路線と時間帯に運行を集中させたために地下鉄の収益性は大きく低下した。これによって新線建設資金の調達が困難になり、郊外人口の増加に対応した新路線の建設が不可能になっていた。また路面電車も経営難に陥り、廃線や運賃値上げを余儀なくされた。

そこで、一九三三年（昭和八年）にイギリス労働党政権は公共的責任と企業的経営を両立しうる組織としてロンドン旅客運輸公社（LPTB）を設立。都心から半径約四十キロの範囲にある五つの地下鉄事業者、十七の路面電車事業者、六十一のバス事業者を買収し、幹線鉄道とタクシーを除く地域内のすべての旅客運輸事業を国有化した。ロンドン旅客運輸公社は経営効率化によって地下鉄などへの投資財源を生み出すとともに、運賃制度の統一と値下げ、新型車両の導入などサービスの質的改善を実現したのである。

こうした政府側の問題提起がきっかけになり、鉄道同志会、東京商工会議所、都市研究会など業界団体や関係民間団体から、交通調整に関する具体的な試案が提案されるようになった。

交通調整に関する世論が次第に高まったことを背景として、政府は一九三八年（昭和十三年）の第七十三回帝国議会に陸上交通事業調整法案を提出し、交通調整に着手することになった。第一次近衛内閣の鉄道大臣・中島知久平は三月四日の衆議院本会議で法案の提案理由を次のように説明している。

陸上交通事業は、わが国力の発展に伴いまして、近年著しく発達して参ったのでありますが、その反面におきましては、ややもすれば事業相互間の連絡統一を欠き、併立競争の弊を生ずるに至ったのであります。その結果は、国家的にみましてまことに不経済、不合理と申すべきでありまして、ただに事業者にとり資本の浪費となり、ひいては経営を困難ならしめるばかりでなく、一般公衆に対しましても、交通機関の利用上遺憾とする点が少なくないという状態に立ち至ったのであります。

従ってこれら交通事業を調整いたしまして、国家的の不経済を除き、公衆の便益を増進すると共に、事業の健全なる発運に資するの要、極めて緊切なるを認め、ここに本法案を提出した次第であります。

（「第七十三回帝国議会衆議院議事速記録」第二十二号、一九三八年三月四日）

第七十三回帝国議会では、国家総動員法や電力国家統制法などの国家総力戦体制を構築するための重要統制法案が成立しており、交通調整を戦時統制の一環に含めるかは議論がある。前述のように、都市交通問題の解決を求める議論は日中戦争以前から起きていたものだとし、ロンドンの事例をみたように経営主体の一元化は諸外国でも進められていた。

鉄道省で陸上交通事業調整法の立案に関わり、のちに営団地下鉄の第二代総裁を務めた鈴木清秀は「交通調整法は、たとえ立法の効果が当時の物資不足、統制思想とによって、拍車をかけられた事実があるにしても、決して戦時立法ではなく、資本主義経済に現われる弊害を修正除去することを目標」（前掲『交通調整の実際』三ページ）として成立したものであると述べている。実際、同法が終戦後も廃止されずに現存していることは、これを裏付けているといえるだろう。

しかし一方で、中島鉄相が法案の趣旨説明で述べたように、日中戦争の勃発によって資源の効率的配分や電力、燃料の節約が国策上重要課題になったことを背景として、国家的不合理・不経済の除去という戦時行政運営の一環として提出されたという側面も否定できないだろう。

陸上交通事業調整法は特別委員会に付託され、三月五日から六回の委員会審議を経て内容を一部修正したうえで、三月十五日の衆議院本会議を通過。十六日から貴族院に上程され、二十二日に可決成立し、八月一日に施行された。

このとき、衆議院委員会で可決された「調整に当たりては公営の方針を貫き地方自治体を経営の主体とすること」という希望条項がのちに争点になる。

4　交通事業調整委員会の議論

一九三八年（昭和十三年）八月に陸上交通事業調整法に基づいて交通事業調整委員会が設立され、九月に第一回総会を開催した。委員会は会長を内閣総理大臣、副会長を主務官庁である鉄道省・内務省の両大臣とし、委員と臨時委員は関係官庁の官僚、貴族院と衆議院議員、学識経験者から選任した。

委員会はまず調整を要する対象地域として東京市とその付近、大阪市とその付近、富山県・香川県と福岡県を設定した。このうち東京市が首都であり、調整を最も切実に必要としているとして、まず東京を取り上げることを決定し、東京府知事、警視総監、東京市助役、東京市電気局長など十二人を通常委員に任命したほか、東京横浜電鉄、目黒蒲田電鉄と東京高速鉄道代表として五島慶太、東京地下鉄道代表として早川徳次、京成電気軌道代表として後藤国彦など七人を臨時委員に任命した。

十一月三十日に始まった特別委員会では、まず交通調整の対象とする区域と調整方法について整理がおこなわれた。調整区域については、東京圏の鉄道利用者の利用動向をふまえ、丸ノ内を中心とする半径約三十から四十キロ圏内（横浜―町田―高尾―川越―大宮―春日部―我孫子―千葉を結んだ円内）を目安として設定した。

調整方法はロンドンのように調整区域内のすべての交通機関を一元化する「大合同」が理想とされたが、そのためには省線電車の参加問題や私鉄事業者の取り扱いを解決する必要があった。対して、旧市内（山手線内）の交通機関を一元化する「小合同」は、省電と私鉄が参加せず、調整対象になる事業者も少なくなることから実現しやすい方法とされた。

小合同を唱えた一人が五島であった。五島は一九三九年（昭和十四年）四月二十七日におこなわれた第四回特別委員会で「直ちに実現し易き範囲といたしましては、東京の旧市内だけを統制することが適当である」と述べ、旧市内地域では市電と市バス、青バス、東京地下鉄道、東京高速鉄道などの競争が激しく、二重投資が生じているのに対し、新市域の郊外私鉄の間には直接的な競争関係はなく、無理をして統制をする必要はないと発言している。

これに対し、東京市電気局長の平山泰は省電を中心とする大合同がおこなわれた場合、東京市は「相当の犠牲を払ってもこれに参加する決意」であるとしたが、小合同では事業の本質上、市有市営の形式で実行するのが当然だとの見解を示した。

これらをふまえ、議論の舞台は同年七月三日から十一月一日まで十回にわたって開催された小委員会に移された。小委員会では、まず交通調整を大合同で実施するか、小合同で実施するかをまとめたうえで、続いて経営形態について議論することに決定した。

合同の方向性を決定するにあたって、焦点になったのが省電の参加だった。前述のように、東京圏の郊外輸送は省電を軸に成り立っていたため、省電が参加しない交通調整は画竜点睛を欠くのは明らかだった。だが、全国幹線交通ネットワークを構成する国有鉄道の組織や設備から省電だけを抜き出して調整に参加するのは技術的に困難であるとして、鉄道省は省電の参加に消極的な態度を示していた。

しかし、民間に対してだけ調整を強制し、省電だけが単独で経営を続けることは不合理であること、帝都東京における交通調整は理想的に実現すべきであることなどから、最終的には省電もできるかぎりで調整に参加する方針が固まり、小委員会の審議は大合同を前提に進んでいくことに決定した。

議論が分かれたのは経営形態についてだった。小委員会では、海外の実例などもふまえ様々な経営形態が提示され、その長所と短所を確認しながら議論は進められていったが、最終的に鉄道省が提案する「特殊会社案」と東京市が主張する「市有市営案」の二案に絞られることになった。

東京市以外が支持した「特殊会社案」とは、調整区域内の交通事業が現物出資によって資本結合し、特殊会社を設立するという案である。官・公・私が一体となって調整にあたることから国家総動員体制という時代背景的なふさわしさがあったことに加え、巨額の買収費用を要しないことから最有力と目されていた。

これに対して東京市の「市有市営案」は、営利目的で経営しないため廉価な運賃が可能であり、交通事業の公益性を最大限発揮できるという利点はあったものの課題も多かった。目標とされた大合同を実現するには、先に調整区域とした都心から半径約三十キロから四十キロ圏内の市電、地下鉄、私鉄、バスなどをすべて一元化する必要がある。

東京市は市債によって調整区域内の交通機関を買収する資金を調達したいとしていたが、このような多額の起債は現実的に不可能であったし、買収できたとしても、東京市が行政区画外で事業をおこなうことが適当かという問題が残った。また、地下鉄免許を東京高速鉄道に譲渡した経緯や市電の赤字に象徴されるように、東京市の経営能力に対する疑念も払拭されていなかった。

しかし東京市は陸上交通事業調整法の制定にあたり衆議院委員会で付加された「調整に当たりては公営の方針を貫き地方自治体を経営の主体とすること」という希望条項を盾に、市有市営による交通一元化を強く主張。一九三九年（昭和十四年）九月十三日付の新聞各紙上で市有市営案を公表したのである。

ここで本章の冒頭を思い出してほしい。一九三九年（昭和十四年）八月に五島慶太は穴水熊雄から東京地下鉄道株を譲り受けた。そして、この株式はもともと東京市の手に渡ることになっていた。つまり東京市は、交通事業調整委員会の議論の裏側で東京地下鉄道を手中に収めることで市営案の実現に向けて主導権を握ろうとしていたのだ。東京市がこのような一発逆転を狙ったのは、市有市営案が完全に孤立していたからである。

五島は穴水株の買収劇について、もし東京市に譲渡されれば「市有市営の機運に拍車を掛け、市有市営に交通調整の方向を決定するに至るや明らか」であるとして、「東京高速がこれを買収したるを以て今後なお東京市交通調整につき自由討議の余地あり。従って政府をはじめ同業者は非常に感謝」していると総括している。

小委員会での検討を経て、十一月八日から舞台は再び特別委員会に戻ってくるが、議論はさらに混迷を深める。鉄道省と東京市に翻弄される形になった私鉄事業者から、大合同に懐疑的な声があがってきたのだ。鉄道事業者の経営危機から始まった交通調整論は、日中戦争による国家総動員体制に後押しされて陸上交通事業調整法として結実した。ところが、戦時体制下の軍需景気で鉄道の利用者は大幅に増加。バス事業者はガソリン統制の強化によって営業縮小を迫られた。事業環境が急激に好転するにつれて、鉄道事業者は交通調整に消極的になっていったのである。

武蔵野鉄道（現在の西武池袋線）の経営に関わっていた民政党代議士の堤康次郎は十一月二十一日の特別委員会の席上、「私設鉄道は十数年の長い悲境に沈淪していて、やっと一両年芽を吹きだしてきたんです。この際にこれを取り上げられてしまうということに賛成するはずがないと私は思うのであります」と述べている。

また五島も同年九月に勧業銀行でおこなわれた講演会で「郊外電鉄の営業成績が向上して、交通業者の不況対策としての一元的大統制の必要が解消したのみならず、郊外電鉄の方向では、必要な自治統制を実行して、着々成果を収めている」として、「差し当たり実際問題としては、旧市域内の交通機関をひとまとめにした小統制を実施し、郊外は数個のブロックに統制すべき」という私案を披露しているように、大合同に否定的であった。

繰り返しになるが、大合同は、省電と私鉄を含めて都心から半径約三十から四十キロ圏内の交通機関を一元化しようという考え方である。対する小合同は、旧市内（山手線内）の交通機関を一元化しようという考え方である。旧市内に路線を乗り入れていない私鉄にとっては、小合同は現状維持を意味していた。

堤は、東京市の旧市域にあたる都心から半径約十キロ圏内で、東京市の全交通量の九〇パーセントを占められているというデータを引き合いに出し、小合同でも大合同と同等の効果が得られると主張。私鉄が調整対象になる大合同は避けたい、という本音を示し始めたのである。

議論が錯綜したことで小委員会の結論は棚上げされることになり、特別委員会はこれから約一年の休会をみることになる。

5 交通事業調整委員会の答申

東京地下鉄道の一九四〇年度（昭和十五年度）下期の営業報告書には、社務総況として次のように記載されている。

欧州情勢の急展開に伴い事変処理の完遂、大東亜新秩序の建設に対する一大英断またこれに即応して国家体制における一段の整備強化とを要するの秋、日支平和基本条約の成立を見たるは勃発以来三年有余に亘る日支事変に曙光をもたらし、正に暁鐘清音を伝うるの感あり。事変処理の一段階に到達したるも急激なる国際変局に対処すべく高度国防国家体制の確立と経済機構の強力なる体制整備の急務に当面するに至れり。

かかる情勢裡に在りて国家総動員体制は飛躍的に整備強化を見るに至り、当社事業においても十月一日より遊覧バス事業を休止するのやむなきに至るなど事業経営に当たりては未曾有の苦難に当面したるも、協力一致各種資材燃料の確保にまた物資の削減に万全の努力を傾倒し、これが克服に奨励し一方、積極的に国策に順応し運営の合理化により輸送力の強化拡大を図ると共に、他方時局の好況に伴う一般交通量の激増と相俟って当期は稀に見る好成績を挙げ得たるはまことに欣幸とする所なし。而して当社線も東京高速鉄道との直通運転の充実に伴い帝都交通の一大幹線としていよいよその真面目を発揮するに至れるものというべし。

（「東京地下鉄道第四十回営業報告書」）


一九三九年（昭和十四年）九月一日、ドイツ軍はポーランドへの侵攻を開始し、第二次世界大戦が勃発した。日中戦争が宣戦布告がないまま総力戦に拡大していったのに対し、イギリス・フランスなど西欧諸国はポーランドに侵攻したナチスドイツに宣戦布告したが、実際の戦闘には至らないまま四〇年（昭和十五年）を迎えていた。これが「まやかしの戦争」ではなく、世界大戦の再来であることが明白になったのは、四月にドイツがデンマークとノルウェー、続いて五月にフランスに侵攻し、瞬く間にこれを制圧してからのことだった。

破竹の勢いでイギリス・フランス勢力を駆逐するドイツに対して、日本でも「バスに乗り遅れるな」という声が高まり始めた。フランスとオランダの降伏、イギリスの影響力後退に付け込んで、東南アジアに侵出して資源を獲得するとともに、対中援助ルートも遮断しようというもくろみだった。「南進論」を決定した日本は、九月二十三日に北部フランス領インドシナに進駐した。同月二十七日には日独伊三国軍事同盟を締結、英米との対立は決定的なものになっていった。

こうした情勢のなか、交通事業調整委員会は一九四〇年（昭和十五年）十二月二日から再開された。小委員会の委員長を務めた貴族院議員の大蔵公望は「第一歩としまして、これはやはり実行可能のような、しかも交通調整が十分に行われるような案を考え」なければならないとし、目標である「大合同」を一気に目指すのではなく、段階的に進めていく考えを明らかにした。そしてその経営形態について、次のように述べた。

日本全体の新体制といい、それの成立といい、世の中も大分変わって参りました。しかも国防上非常に関係の深い交通の如きものを、特殊会社とはいえ利潤を求める株式会社に全部これを任せるということが一番良い方法かどうかということについては、時期柄考えもしなければならぬということになってきているのであります。

（「交通事業調整委員会第十六回小委員会議事速記録」一九ページ）

そして、それまでの特殊会社案や市有市営案を放棄し、実効性があり、かつ公益を優先する案を新たに検討することが重要であると主張した。そのうえで大蔵は自らの「私案」として、東京地方を四つのブロックと路面交通、地下鉄に分割する案を披露し、大方の賛成を得たため、これをもとに新たな交通調整案を作成することになった。

交通事業調整委員会の発足から二年三カ月が経過した十二月二十七日、ようやく次のような内容で答申がまとめられた。

全体の方針としては、最終的な大合同を目標としたうえで、前段階として全交通事業を数個の地域別に調整する。

旧市内の路面交通事業（路面電車、バス）は東京市に事業を譲渡する。旧市内を中心とする地下高速度交通事業（地下鉄）は、平時または非常時の輸送力を確保するため、地下高速度交通網の整備・拡充に最も適切な特殊機関を設立し、既成線と未成線を譲渡する。

旧市内以外の区域における交通事業（私鉄、バス）は四地域に分割し、それぞれの中心会社（のちの東急、西武、東武、京成）に統合する。そのうえで、省線電車とほかの交通事業との間では緊密な連絡協調を図り、特に旧市内の事業の間では適切な経営協力の方策を講じる、とされた。

つまり、旧市内では東京市が求める市営による交通調整を実施し、新市域では私鉄が求める現状維持を尊重。鉄道省は当面、交通調整に参加しないという、三方に配慮した妥協案だった。

これは五島が主張していた「小統制論」とほぼ同じ内容だったが、大きく異なる点は、旧市内の交通が一元化されず、路面と地下で二つに分割されたという点である。これについて東京市は、十二月十九日の第十八回小委員会で「路面交通機関は地下鉄交通機関に順応致すよう改廃整理せねばなりませぬ。更にこれを財政的見地からみますならば、路面交通機関は漸次衰退の運命にありまして、地下鉄道はこれに反して漸次発展すべき筋合いのものであります」（同「第十八回小委員会議事速記録」）と指摘しているように大きな不満を感じていた。

しかし、最終的に東京市が調整案を受け入れたのは、これが大合同に向けた一歩だと位置づけられたことに加えて、国家総動員体制下という時局によるものだろう。同様に政府が、地下鉄の整備を東京市から切り離し、新設する「特殊機関」に委ねる決定をしたのも、非常時の交通手段としての地下鉄の建設を急がなければならないという、戦時体制下の要請に応えるものだった。

交通事業調整委員会の答申を受けて、鉄道省は直ちに東京市とその周辺の地下高速鉄道を一元的に整備、運営する特殊機関・帝都高速度交通営団の設立のための法案作成に着手した。

第2部　戦時下の帝都高速度交通営団

第5章　帝都高速度交通営団の成立と防空——一九四〇—四四年

1　地下鉄と防空

帝都高速度交通営団法案は一九四一年（昭和十六年）二月四日の第七十六帝国議会衆議院本会議に提出され、帝都高速度交通営団法案委員会で審議されることになった。第二次近衛内閣の鉄道大臣・小川郷太郎は、帝都高速度交通営団法案の提出理由について次のように述べている。

帝都における交通量は近時益々激増しつつあるに拘らず、交通機関特に地下鉄道が不足して到底円滑かつ迅速なる輸送を為すことを得ない状態であります。更に地下鉄道は空襲下における唯一の交通機関として必要欠くべからざる施設でありますから、帝都における地下鉄道を整備拡充しますことは平戦両時の交通上並に防空上焦眉の急務であると確信するのであります。

よってこれが具体的方策につき種々考究するとともに、他方交通事業調整委員会の意見をも徴しました結果、地下鉄道の急速なる整備拡充を行うが為に、最も適応する有力なる特殊の機関を設立致しまして、これに現在の地下鉄道の全部を買収せしめると同時に、毎年資材と資金の許す限り極力建設を促進せしめ、かつまた政府においてもこれに対し強力なる監督助成をなすことが肝要であると考えまして、ここに本法案を提出した次第であります。

（「第七十六帝国議会衆議院帝都高速度交通営団法案委員会議録第二回」一九四一年二月六日、三ページ）

帝都高速度交通営団の設置目的は地下鉄の急速な整備拡充にある。そして、その理由は二つの面で戦時体制と密接に関係していた。

一つは逼迫する輸送への対応である。一九三七年（昭和十二年）の日中戦争勃発以降、軍需産業が急速に拡大し、通勤輸送需要が増大していた。四一年（昭和十六年）の省電や私鉄の輸送人員は、三六年（昭和十一年）と比較して倍以上になり、利用者の減少に悩んでいた市電でも過去最高の利用者数を記録するまでになっていた。

この交通難を解決し、円滑で迅速な輸送を提供するには、いよいよ地下鉄の整備を急がなければならなかった。そして、それは輸送の面から戦争遂行を支えるということを意味していた。

そしてもう一つ、ここにきて急浮上したのが、地下鉄は空襲下で運行継続が可能な唯一の交通機関という国防上の利点だった。

もちろんこうした議論がそれまでなかったというわけではない。早川徳次は一九三七年（昭和十二年）八月発行の「事業之日本」（実業之日本社）に掲載された「戦争危機下の地下鉄」と題したコラムのなかで、「私の考えでは、東京の地下鉄はどんなに少なく見ても、百マイル百二十マイル程には伸ばさねばならない。こ

表3　東京都市圏の輸送人員の推移（万人／日）

	市電	省電	私鉄
1926年	120.9	73.9	34.5
1931年	91.7	84.9	49.2
1936年	84.9	106.9	63.7
1941年	157.7	214.0	153.2

（出典：鈴木清秀『交通調整の実際』〔交通経済社、1954年〕、東京都交通局『東京都交通局60年史』〔東京都交通局、1972年〕をもとに作成）

れは空想とか理想とかいうのではない、どうしてもこれ位にせねばならぬ。これ位あれば路面交通も大体整理出来るし、空襲の場合にも市民のほとんどを収容できる。早くこれ位にのばして「市民を空襲から救うものは早川だ」といわれるようにしてみたい」と述べている。

また、一九三八年(昭和十三年)十一月発行の「工業日本」(工業日本社)では「今後地下鉄道が路面電車に代わるようになり、同時に地下避難所が各所に設けられ得るに至れば空襲を受けた場合にも地下鉄はその運転を停止する必要なく、地下鉄によって交通を保持し得る。不当にして地上の一区域に火災が起った場合にも地下鉄道によって迂回し、避難することも出来る」として、戦時における地下鉄の「有効活用」を唱えている。

こうした議論は、一九三九年(昭和十四年)に第二次世界大戦が勃発すると、にわかに勢いづく。

帝都高速度交通営団法案の提出にあたって鉄道省は「帝都ニ於ケル地下鉄道ノ必要」というパンフレットを配布し、空襲下の地下鉄の使命、あるいは防空壕としての地下鉄の使命が非常に重要であり、そのために法案が必要だということを宣伝していたようだ。

しかしこれは戦時体制を背景に取って付けたような理由であり、その根拠があまりにも乏しいことが帝都高速度交通営団法案委員会の質疑を通じて明らかになってくる。二月六日、道家斉一郎衆議院議員の「この地下鉄を防空のために如何にご利用になるか、大体のご計画があれば承りたい」という質問に対し、鉄道省の大山秀雄鉄道省監督局長は次のように説明している。

地下鉄道が帝都におきまして交通上のみならず防空の見地からも非常に急速な実現が望ましいということは、さきに大臣からご説明申し上げた点に尽きているのでありますが、然らばどういう風に地下鉄を防空に利用するかということにつきまして、われわれ実は本当の専門家でないのでありまして、十分なるお答えが出来ぬかもしれませんが、まず考えられますのは、空襲時における交通を考えてみますと、路面の交通というものは、これは皆駄目になるのであります。結局空襲時における交通を確保するものといたしましては、どうしても地下鉄に依らなければならぬということが、交通の方面から考えられていることであります。したがってそれに対する色々のことを考えねばならぬと思っております。つまり避難の点のみならず、帝都に残って色々の枢要な仕事に関係する人のために是非なくてはならぬ防空上の一つの機関であると考えているのであります。

（同議事録四ページ）

本当の専門家ではないと前置きしたうえで、空襲を受けた場合、路面電車やバスなど路上の交通は運行を継続することができなくなるが、地下鉄であれば空襲下でも運行を継続することができるというのである。これは太平洋戦争末期の空襲被害を知る私たちからすれば、あまりにも楽観的すぎる見通しと思うだろう。実際、地下鉄をどこまで防空上、活用できるかということについては当事者たちにも相当の温度差があったようだ。例えば、二月七日の委員会で山田清衆議院議員は次のように鉄道省をただしている。

現在の地下鉄のあの壁の厚さでは、とても子供騙しのような厚さで、爆弾に対する防壁としては不完全極まっているものと私は思う。先ほど企業目論見の説明には、地下何尺の下のところまで掘り下げて今後の施設をすると、爆弾に堪えるという説明はなかったのでありますから、現在の地下鉄の様式のままで延長し、拡張し、改良していくと常識上考えます。そういう場合には爆弾でやられた時は、地下鉄なるが故にその工事を復旧することが極めて困難である。かえって交通の輸送は一挙にして停まってしまいます。

（「第七十六帝国議会衆議院帝都高速度交通営団法案委員会議録第三回」一九四一年二月七日、三三ページ）

しかし大山局長は、どのくらいの深さにすれば爆弾に耐えられるのかなどは今後、専門家と議論して決めていくとして、具体策について明言しなかった。

続いて貴族院でおこなわれた質疑でも防空に関する質問が相次いだ。二月十五日の委員会では、元内務官僚で文部次官も務めた田所美治貴族院議員は法案に対して、「交通事業を営むことを以て目的とする法人と、こうあって、一条も国防に関する規定というものはないのです。（略）そんな既定でまあ一つの特殊の国防上の施設を命ずるこういうことが出来やしますまいか。後何にも空襲の空の字もなければ、防空、国防関係も一つも規定していない」と指摘し、これでは空襲時に安全な避難場所となるような設備ができないのではないかと質問した。

これに対して小川鉄相は「田所さんのお話のように、空襲に関することが法文の上には現れておりませぬが、しかしこの地下鉄等が出来れば自然、空襲下における交通機関の使命を全うし得て、そのところに一種の防空が出来る」としたうえで、「防空壕全般のことに関しては、それは他の省で管轄するところがありまして、いずれ防空法というような完全な立法が近い間に出来なければならぬ、また当局者は考えていると思うのであります」と述べ、防空壕の整備は営団の事業の範疇に含まれないと回答した。

続けて小川鉄相は、空襲下に重要地点間を結ぶ交通を確保することが絶対に必要な第一の目的であるとして、「したがって悉く東京市民が防空壕として避難して行くのだというのじゃない、その建前はもっと他に考えなければならぬことである。しかしある程度において防空壕の作用を一部為し得ることもあるということは政府委員から申し述べたのであります」と述べ、防空壕としての効果はあくまでも副次的なものであることを強調している。

二月十七日の委員会での二瓶泰次郎貴族院議員との議論からは、この当時、鉄道省がどのような「空襲観」を抱いていたのかが浮き彫りになる。

二瓶は「どうも近頃電車に乗ってみましても、あるいは会合に出席しましても日米関係が悪化しているためかもしれませんが、交通機関というよりも、むしろ空襲の際における防備機関として、この営団というものを拵えるのであるというような観念を持っている人が非常に多い」として、世論が営団法に強い関心を寄せているとしたうえで、次のように指摘した。

一朝空襲の場合に各所に火災が起り、人が死ぬ、爆撃されるというような悲惨な目も当てられぬ状態に陥る場合は、その群集心理でもって陸上の悲惨を見ることに忍びないというので、皆地下鉄に避難することを私、想像されるのであります。そうなって参りますというとこの地下鉄は交通機関としての機能を失ってしまって、ほとんど市民の自由の避難所というような自由の宿泊所となるのではないか、こういうことを想像される、もっとも想像するのが当然だろうと思うので、そういう場合に置きましてこれが不完全な建設でありますというと、ちょうど炭坑内においてガスが爆発したようにほとんど一人も残らず死んでしまう。むしろ不完全な建設なら、ない方がよろしい。空き地に避難してもよい、また樹木の多い公園に避難してもよい、あるいはその方が死亡率が少ないというようなことになるのではないか。

（同委員会「議事速記録」第三号、一九四一年二月十七日、一二ページ）

彼が念頭に置いたのは、「老人子どもの手を引いて数万の人が上野公園の方に避難する、まあ各所に火災が起って死人はゴロゴロしている」というような関東大震災の際の混乱だった。実際に、それから約四年後の一九四五年（昭和二十年）三月十日には空襲によって関東大震災を上回る規模の大火災が発生して帝都を焼き尽くすことになるのだが、まさにそうした事態で地下鉄は役に立つのかということを質問したのである。

これに対して小川鉄相は、東京市全体が揺れに襲われ、各地で火災が発生した関東大震災とは異なり、空襲は特定の地点に限って被害が生じる想定だとして、「ロンドンの現状から見ましても始終二六時中、絶え間なくというのではありませんで、やはりそこに空襲を受けない時もあるのでありますから、それで地下鉄道が相当出来上がっていれば、よほど空襲下においての交通機関としての作用がやはりやれるのではないかと思っております」と回答した。

結局、鉄道省にとって「防空」は法案成立、予算獲得のための名目にすぎなかったのだろう。久保田敬一貴族院議員の質問に対する小川鉄相の回答が鉄道省の本音を物語っている。

この営団の建前は成るたけ地下高速度鉄道を早く交通機関として成し遂げたい。こういう考え方で行っておりますから、交通機関の上に色々な防空の目的を達し得るように一緒に仕事をやるという考え方も決して悪くない、良い考えでありますけれども、それだけやはり地下鉄道を拵えることも今日の物資、色々なところから考えてみますというと、遅れがちになるから、それよりは交通機関としてまあ六億円以上の金が要る。そうして例えば七十キロなら七十キロを拵えると、こういうことに早く全力を注ぐということがよろしいのじゃないかというのでこの案は出来ております。

（同速記録一二ページ）

2 ロンドン空襲

では、実際の空襲で地下鉄はどのような役割を果たしたのだろうか。

アメリカでライト兄弟がライトフライヤー号による世界初の有人飛行を成功させたのは一九〇三年（明治三十六年）十二月十七日のことだった。それから七年後の一〇年（明治四十三年）には、陸軍の徳川好敏大尉が日本国内で初めて飛行に成功。翌一一年（明治四十四年）にはイタリアとトルコの間で発生した伊土戦争で、飛行機が実戦で初めて用いられた。その後、第一次世界大戦に飛行機が多数投入されたことで、その性能は飛躍的に向上する。

航空機の登場は、戦場から遠く離れた都市をも戦火に巻き込むことになった。第一次世界大戦でドイツ帝国は、一九一五年（大正四年）五月から巨大飛行船ツェッペリン号によるロンドンへの戦略爆撃を開始した。夜間に高度三千メートルで来襲する飛行船に対して当初イギリス軍は対抗するすべをもたなかったため、ロンドン市民は地下鉄構内に避難してやり過ごすしかなかった。イギリス軍は高射砲と戦闘機を改良して飛行船の撃退に成功するが、ドイツ軍は一七年（大正六年）五月から飛行船よりも高速な航空機を用いた空襲を開始。再び迎撃は困難を極めるようになった。

一九三八年（昭和十三年）に東京市が発行した『防空都市計画上より観たる交通及通信施設の概要』は、第一次世界大戦中のロンドン空襲について次のように紹介している。

彼の欧州大戦において執拗な敵の空襲にはロンドン市民も少なからず脅威を感じ、一九一七年九月二十四日の空襲の際には地下鉄道内に約十万人の避難者があった。翌二十五日には更に十二万人に増加し、二十六日、二十七日の両日においては襲撃を受けなかったが早朝より立錐の余地なく、最も多人数に上った場合には優に三十万を算したということである。ロンドン市において斯く多数の避難民が殺到したのは、地下鉄道の大部分が鉄管式トンネルでその深さも十メートルないし三十メートルに及び、その当時使用せられた爆弾に対し比較的高度の安全性を持ちかつ延長も非常に大であったからである。

（東京市編『防空都市計画上より観たる交通及通信施設の概要』東京市、一九三八年、一一ページ）

ロンドンでは一八六三年に開業したメトロポリタン鉄道を皮切りに、十九世紀後半から地下鉄建設が本格化し、一八九〇年（明治二十三年）にはシールド工法を用いた初の地下鉄シティ・アンド・サウス・ロンドン鉄道（現在のノーザン線）が開業している。初期の地下鉄が地表から地面を掘り下げてトンネルを建設したのに対し、地面を横にくり抜いていくシールド工法は地下深くに鉄製のトンネルを建設することができた。こうした路線が防空壕として使われたのである。

結局、第一次世界大戦期にドイツがおこなった戦略爆撃は、航空機の速力や航続距離、爆弾搭載量などが限ら

写真14　1908年頃のシティ・アンド・サウス・ロンドン鉄道ユーストン駅
（出典："B/W print; Island platform, Euston station, City & South London Railway 1908,"London transport Museum〔https://www.ltmuseum.co.uk/collections/collections-online/photographs/item/1998-84312〕）

れていたこともあり、イギリスの継戦意欲や戦争遂行能力に影響を与えるほどではなかった。しかし、航空機のいっそうの発達が戦争の様相を根本から変えるであろうことは誰の目にも明らかだった。

一九二一年（大正十年）、イタリアの将軍ジュリオ・ドゥーエが記した『制空』はこうした戦争を予見し、また後押しした書として知られる。彼は、これからの戦争は「もはや兵士と民間人の区別がない」総力戦になるとして、民間人への無差別爆撃こそが戦争終結を早め、長期的にみれば流血を少なくする人道的手段になるだろうとして、戦略爆撃の有効性を主張した。

日本でも極東ソ連軍の重爆撃機やアメリカ空母艦載機による都市空襲への懸念を背景として、一九二八年（昭和三年）に大阪で初の防空演習が実施されると、二九年（昭和四年）には名古屋、三一年（昭和六年）には北九州など、各都市で防空演習が展開されるようになり、三三年（昭和八年）には関東一府四県で三日間にわたって大規模な総合防空演習が実施されるに至った。続いて三七年（昭和十二年）四月、民間人による灯火管制や消防、避難、救護などの防空措置を定めた防空法が公布されている。

同年四月には、スペイン内戦でドイツ空軍部隊がスペイン北部の都市ゲルニカに対して無差別爆撃をおこなった。この空襲では大量の焼夷弾が使用され、ゲルニカは市街地の七〇パーセントが焼失する大きな被害を受けた。日本軍も八月、日本海軍の陸上攻撃機を用いて当時の中国の首都である南京などを空爆している。また一九三八年（昭和十三年）五月には中国軍の爆撃機二機が九州北部に侵入し、上空から反戦ビラを投下するといった「事件」も発生している。こうした事例が示すように、航空機による都市空襲は現実の脅威になりつつあった。

一九三九年（昭和十四年）九月に第二次世界大戦が勃発すると、再びロンドンの地下鉄網は防空壕としての役割を果たすことになった。四〇年（昭和十五年）六月にフランスが降伏すると、ドイツ軍は次の目標をイギリスに定めた。七月にドーバー海峡を挟んだイギリス対ドイツの航空戦「バトル・オブ・ブリテン」が勃発。ドイツ軍は九月七日からロンドンへの大規模空襲を開始した。

鉄道省運輸局が一九四〇年（昭和十五年）十月におこなった報告によれば、ロンドン地下鉄を運営するロンドン旅客運輸局も、第二次世界大戦勃発当初は地下鉄を空襲避難に使用することを禁止していたという。空襲下に地上の鉄道やバスが停止すれば、地下鉄が唯一の交通機関として重要性を増す。地下鉄の運転を確保するためには、避難民が地下鉄に殺到する事態は回避したいと考えていたからだ。

ところが実際に空襲が始まると、その規模や被害は第一次世界大戦時のものとは比較にならなかったため、地下鉄を避難施設として使わせるよう市民からの要求が高まった。ついに市民は空襲警報が鳴り響くとともに、初乗り区間の乗車券を買い求め地下鉄構内に殺到し、空襲が終わるまで居座る強硬策に出た。こうなると警官も空襲下の地上に市民を追い出すことはできず、地下駅への避難は黙認されるようになった。

避難民の受け入れを開始したことで、駅員は避難民が駅構内にいる間は勤務時間外でも勤務しなければならなくなり、事故を防止するため営業終了後も照明を落とすことができなくなった。ロンドン地下鉄では通常、終列車と初列車の間には四時間ほどの間合い時間があったが、空襲が始まってからは空襲で足止めされた旅客を輸送するための臨時列車を運転する必要が生じ、間合い時間をとることが困難になった。そのため設備の点検、修理あるいは駅構内の清掃といった業務に支障が生じるなどの様々な困難があったようだ。

写真15　避難施設として使われた地下鉄駅
（出典："B/W print; Shelterers on bare platforms of Manor House Underground station by Fox Photos, Sep 1940 - May 1941,"London transport Museum〔https://www.ltmuseum.co.uk/collections/collections-online/photographs/item/1998-36003〕）

写真16　地下浅い路線では空襲により被害が生じている（1940年12月31日、メトロポリタン線ムーアゲート駅）
（出　典："B/W print; Air raid damage, Moorgate Underground station, by Topical Press, 1940,"London transport Museum〔https://www.ltmuseum.co.uk/collections/collections-online/photographs/item/1998-84777〕）

その後、夜間空襲が本格化するに至り、ついに地下深くに設けられた七十一駅に限って避難場所として認められるようになり、地上からの浸水防止対策をしたうえで、電気ボイラーや水道設備、水洗トイレ、診療所、喫茶所、寝台が整備された。ロンドン地下鉄の夜間避難者の数は一九四〇年（昭和十五年）十月中の一日平均で十三万八千人、最多になった九月二十七日は十七万七千人を記録したという。

翻って日本では、地下鉄をどのように活用する計画だったのか。都市計画の専門家で日本の防空体制構築にも大きな影響を与えた石川栄耀は、一九四〇年（昭和十五年）十二月の講演で次のように述べている。

地下鉄道を防護室、防空壕として考えるのは一応の順序であるが、然しそれをして効果あらしめる為にはロンドンのごとく、はるかの地下に築造しなければならない。

これは、東京等にては、費用及び地質の関係で不可能といえよう。

而してこれを浅きままに、それぞれの役に代用するとせば、出入口を多く設ける必要のある事、出入口における混雑をさけるような設備の要る事等はほどこす策ありとするも、不幸爆弾がこれに命中する時、その爆圧の為、内部塵殺の危険は避け得ない。

また、トンネル内部の電車等を整理したとしても、その中に収容し得る人員は僅少なものである。

地下鉄道の防空上の価値はかかる防空壕代用的なものでなく、空襲時に路上が混乱し電車、自動車が無秩序に散を乱して停止せる時、唯一の交通機関としての必要性である。

（石川栄耀「講演 帝都防空都市計画試案」「土木学会誌」第二十七巻第三号、土木学会、一九四一年、二二五―二二六ページ）

ロンドンの地下鉄の半数は、地下深くにシールドトンネルで建設されているのに対し、東京の既存の地下鉄は地表から浅い位置にトンネルがあるため防空壕としての効果は期待できず、またロンドンのように地下深くにトンネルを建設することは困難というのが専門家の見解だった。

3　防空法と地下鉄待避

対米戦争を直前に控えた一九四一年（昭和十六年）十一月、防空法の大規模な改正がおこなわれ、その審議で再び地下鉄への避難が議論になっている。十一月十七日の貴族院防空法中改正法律案委員会で、元海軍少将の子爵・河瀬真貴族院議員は、空襲時の地下鉄への避難について、内務省はどのように想定し準備をしているか尋ねた。

空襲を受けました時に、例えば東京などで受けたと仮定しますと、地下鉄の中に皆潜り込むだろうと思います。そうするとこの混雑は非常なものであります。空襲で傷害を受けるよりは、中に入って空気が悪いとか、あるいは踏殺されるということの方がかえって多い。これは我々の同僚がこの前の欧州戦争の時に、向こうに駐在武官としておられて、実際そういうことを見ているという話でございます。防空壕ないし地下鉄の如きああいうような所、退避するようなところへ人を大勢一事に入れるということ、それに対してはよほどの訓練、それからお考えがなければかえって傷害を、人命を害するというようなことがないとも限らないだろうと杞憂するのでございます。

（「第七十七回帝国議会貴族院防空法中改正法律特別委員会議事速記録」第一号、一九四一年十一月十七日、五ページ）

これを受けて内務省の藤岡長敏防空局長は、地下鉄は空襲下の交通確保のためにあるのだとして、一般市民の避難の場所ではないという見解を示した。

地下鉄を防空壕の効用として期待するという世間の希望もあるようではあります。昨年の議会に交通営団の問題がこの議会で論ぜられました時に、私も政府委員として申し上げたのでございますが、あの交通営団で建設されます地下鉄は、あそこに市民が皆逃げ込む場所を造るのだという意味で防空に対しているのではありません。あれは空襲下に交通を確保するという点に大きな重点がありまして、現在の路面電車でありますれば防空演習の時でもしばしば停まります。空襲下において交通を確保して居るということが必要ですから、路面よりももっと安全率の高いああいう地下鉄のようなものを是非やって貰いたいという防空上の要求を持っていって、もしもあすこを一般市民の逃げ込む場所といたしますと、もっと期待しなければならない、空襲下の交通確保という点についても非常な支障を来たしますし、今御説にありましたようにそのところに逃げ込むことによって大きな事故を起こすというようなことが予想されますので、ああいう風なものは決して一般市民の避難の場所に使うというような考え方で計画を立てているのではございませぬ。

（同速記録）

これに対して河瀬議員は、「それは私の記憶違いであったかもしれませんが、この前の交通営団の時のお話はそうではなかったように私は記憶して居るのでございます。要するにあれが一種の防空壕であるという風にご説明があったように記憶しております」として、政府の「変心」を指摘している。

地下鉄は防空壕か否か、様々な立場に翻弄されながらも対米開戦は刻一刻と迫っていた。

太平洋戦争開戦の前日、内務大臣は「空襲時ニ於ケル退去及事前避難ニ関スル件」という通牒を発した。これには「退去ハ一般ニ之ヲ行ハシメザルコト」とされていて、さらに「通行人等ハ公共防護室又ハ公共防空壕ニ待避セシメザルコト」「尚地下鉄ハ事前避難又ハ待避ノ場所ニ充用セザルコト」と定めたことで、市民は空襲時の地下鉄への避難が禁止されることになった。

実際、避難民が地下鉄に殺到したことによる事故も起きている。一九四三年（昭和十八年）三月六日付の「読売新聞」夕刊は、ロンドンで発生した事故を報じている。

ロンドンへのドイツ空軍三日夜の報復爆撃に対しデーリー・エキスプレス紙等は何事もなかったかのように報じているが、ロンドン来電によれば地下鉄待避の市民に数百人の死傷者があったと伝えられる。英国内務省の発表は次の通り。

三日夜の空襲警報でロンドン地下鉄の或る駅に二千名のロンドン市民が待避した中に中年の女が包みと子どもをかかえ、十九段ある階段を街頭から地下鉄の中へ降りて来たがつまずいたところが後から続いた年配の男性がこの婦人の上に折重なって倒れたため後からの連中が次から次に折重なって倒れた。その上、階段の上からどんどん下の方へ押してきたので数百人の人間が重なり合い、押し潰される結果になってしまった。今まで死体を引き上げることができたところでは死者百七十八名他に六十名は入院加療を必要とする。

この事故を受けて大阪府では、あらためて空襲時に避難民を地下鉄に入れないことを決定したと同年三月十四日付の「朝日新聞」夕刊が報じている。

空襲時に地下鉄に入れぬ　大阪で「防空壕には危険」と禁止
大阪の地下鉄は有事の際防空壕に使用せしめぬことに大阪府で決定した。ロンドン地下鉄の惨事もあり殊に大阪の地下鉄は出入口が狭くて混乱を想像されまた内部の混乱から集団的参事を起こすことも考えられるので結局被害分散の建前から不適当と決定したもので、空襲発令と同時に一般乗客を下車せしめ出入口を閉鎖することになった。

ただ、一九四五年（昭和二十年）三月十三日深夜から十四日未明にかけておこなわれた大阪大空襲では、大阪市営地下鉄が一部の駅を開放して避難者を受け入れ、梅田まで救援電車を運行したという証言が残っている。

4　交通営団の空襲対策

帝都高速度交通営団法は、一九四一年（昭和十六年）三月七日に公布され、同年五月一日から施行された。さっそく設立委員が任命されて設立委員会が発足すると、七月三日には総裁に実業家の原邦造、副総裁に鉄道官僚の喜安健次郎が任命され、翌七月四日に設立の登記がおこなわれた。

営団という用語は一九三二年（昭和七年）頃から「企業営団」という用語が学会から提案されていて、そこから借用したとも、「経営財団」を略して営団としたともいわれる。第七十六帝国議会で誕生した営団には、鉄道省所管の帝都高速度交通営団のほか、厚生省所管の住宅営団、農林水産省所管の農地開発営団がある。そのほか食糧営団、産業設備営団、交易営団など様々な営団が設立されたが、戦後にも生き残ったのは交通営団だけである。

交通営団の設立にあたっては、交通事業調整委員会での論議を反映し、東京周辺の私鉄との連携を考慮して私鉄の資本も参加させることになり、資本金六千万円のうち政府が四千万円、東京市が一千万円、私鉄が合計一千万円を負担している。これをふまえ五島慶太は武蔵野鉄道の堤康次郎、京成電気軌道の後藤国彦とともに私鉄を代表して交通営団の理事に就任するが、特に実権はなかったようだ。第6章でふれるように、五島は理事の身分にありながら交通営団に対して辛辣な評価を加えている。なお五島は東条英機内閣の運輸通信大臣に就任するため、一九四四年（昭和十九年）二月十九日に理事を辞任し、その後は交通営団に直接、関わることはなかった。

また、交通営団には払込資本金の十倍まで交通債券を発行できる特権が与えられていて、最大六億円を調達することで既設線十四・三キロを買収して未成線七十三キロを建設するとされていた。

交通営団は、東京地下鉄道と東京高速鉄道、京浜地下鉄道と東京市からすべての既成線と未成線、そして東京地下鉄道の兼業部門を総額一億二百三十二万二千円で買収。九月一日から営団名での事業を開始した。

鉄道事業だけでなく兼業部門も譲り受けることになったのは、東京地下鉄道の兼業は単独でおこなわれているものはほとんどなく、大半が駅構内や駅出入り口用地で事業を展開していたため、鉄道事業と不可分な面があったからだ。また交通営団は非営利の公営事業者ではなく、経営の観点から能率に運営する事業体とされていたため、私鉄各社の積極的な兼業展開を見習って、鉄道事業に差し支えない範囲で兼業もおこなうことになっていた。

写真17　帝都高速度交通営団発足時の営団旗
（出典：「メトロアーカイブアルバム」メトロ文化財団〔地下鉄博物館所蔵〕）

営団職員は、東京地下鉄道と東京高速鉄道の社員を一度退職扱いとし、それらの人々を直ちに採用することで雇用を継続した。引き継ぎに際して特に勤務を指定されなかった者は、これまでの職務をそのまま続けることにした。営団に引き継がれたのは、東京地下鉄道から千百七十一人、東京高速鉄道から四百十七人、京浜地下鉄道から七人の合計千五百九十五人。その後の採用を含め、一九四一年度（昭和十六年度）末の従業員数は千六百六十五人になった。

ところで、激しい対立を繰り返した東京地下鉄道と東京高速鉄道、双方の出身者はすんなりと手を携えることができたのだろうか。元東京地下鉄道社員の回想によれば、少なくとも同社の社員はそれまで強烈なライバル心と反抗心をもっていたそうだ。両社が直通運転をしていた当時は乗務員ごと相手路線に乗り入れていたため、自社線内では節電を心がけた運転をし、東京高速鉄道線に入ったら目いっぱい加速するという嫌がらせをおこなっていたという証言もある。

それだけに人心の融和は営団設立にあたって最大の課題ともいわれたが、実際には拍子抜けするほど何事も起こらなかったという。その理由として、戦時体制のもとで「お国のために」という意識も強く、またこれまでと違って首都の交通を担うという国策遂行への使命が与えられたこともあり、「職員は次第に一体感をもって融和し、新たな意気込みで業務を推進することができた」ためと『営団地下鉄五十年史』（帝都高速度交通営団編、帝都高速度交通営団、一九九一年）は分析している。

事業開始にあたり、車両に取り付けられていた東京地下鉄道と東京高速鉄道の社章を取り外して営団の紋章に書き直した。車両の塗色統一も検討されたが、塗料は配給対象となっていて既に入手が困難になっていたことから、当面はそのままとされた。

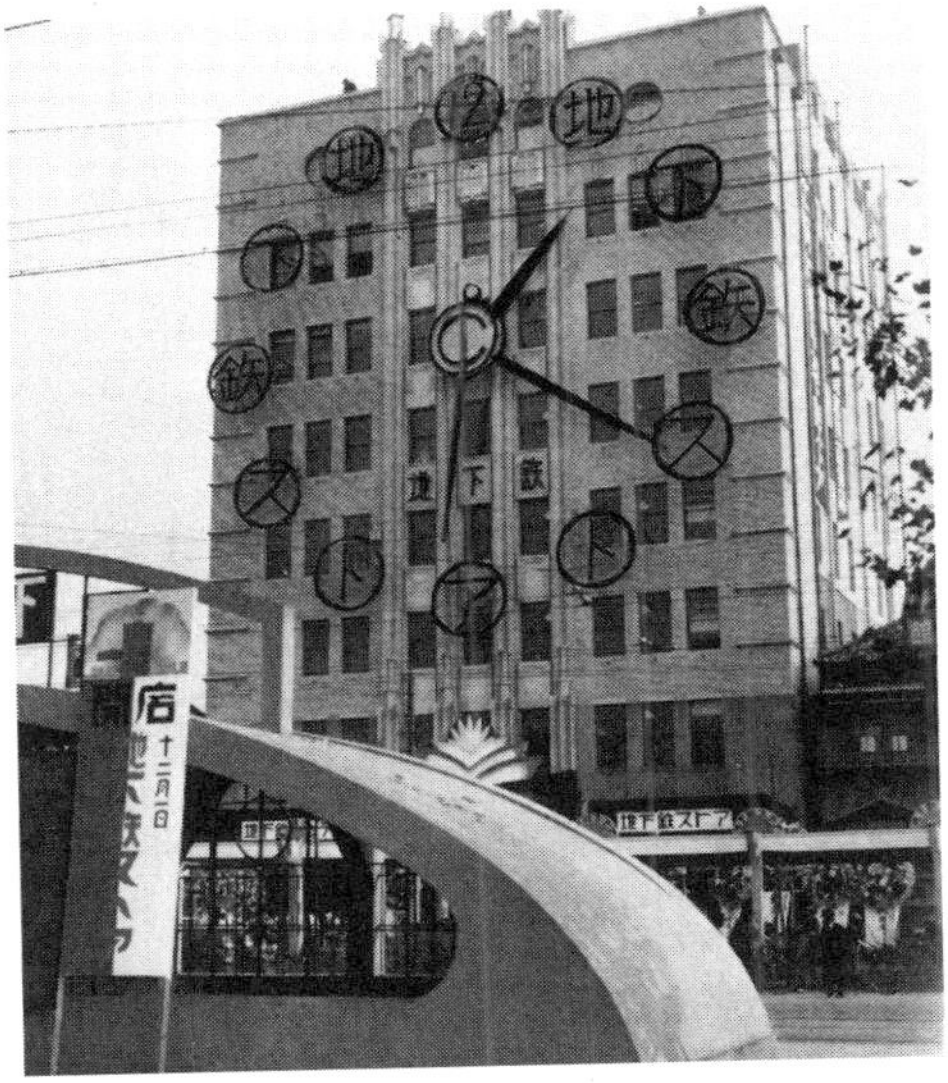

写真18　上野駅直結の地下鉄ストアは営団移管後も営業を継続した（毎日新聞社提供）

交通営団が事業を開始してから約三カ月後の十二月八日、ハワイ真珠湾の奇襲攻撃とともに太平洋戦争が始まる。開戦後、本土空襲の脅威が高まったとして、交通営団は営業線の防空対策に着手した。河底横断部のトンネルが爆撃された場合、土被り（地表からの深さ）が浅いため耐爆性が期待できず、河川の水が流入してトンネルが水没することが懸念されたからである。

新橋川（新橋）、京橋川（京橋）、日本橋川（日本橋）と神田川（万世橋）の計四カ所の河底横断部に補強工事の必要があることが判明し、河底のトンネルの上にコンクリートブロックを敷き並べる計画を進めた

写真19　1934年に製造された1200形車両（東京地下鉄道時代）
（出典：「メトロアーカイブアルバム」メトロ文化財団〔地下鉄博物館所蔵〕）

が、セメントなどの資材難でなかなか進まなかった。

一九四二年（昭和十七年）八月一日に四カ所の河底トンネルの補強工事に着手し、日本橋川だけ四三年（昭和十八年）十一月一日に竣工したが、ほかの三河川は施工が中止され、未完成のまま終戦を迎えた。

次いで問題にされたのは、渋谷駅付近の高架部と車両基地の空襲対策だった。空襲時の取り扱いとしては、車両はできるだけトンネル内に収容することにした。また線路が地上に出る渋谷駅付近については、地上に出ずに折り返し運転が可能なように、トンネル入り口付近に臨時のポイントを設置した。

交通営団の車両は、東京地下鉄道から承継した一〇〇〇形、一一〇〇形、一二〇〇形の車体はレモンイエロー色で屋根は焦げ茶色だった。東京高速鉄道から承継した一〇〇形の車体は腰部が濃緑色、窓枠などはクリーム色で、屋根が銀色だった。この塗装が空から目立ちすぎるとして、一九四三年（昭和十八年）になって一〇〇〇形は車体の窓から下と幕板部分を濃緑色に、車内は木目の上に灰白色を塗装した。また一〇〇形は屋根を銀色から焦げ茶色に塗り替えた。

防空法では「航空機ノ来襲ノ虞アル場合」に発令される「警戒警報」と、「航空機ノ来襲ノ危険アル場合」に発令される「空襲警報」の二段階による警報が定められていて、地上の鉄道と軌道は空襲警報の発令とともに運行を停止し、乗客は最寄駅で下車させられることになっていた。しかし、地下鉄は空襲下の重要な交通手段とみなされていたため、当初は空襲警報が発令されても運行を続けていた。

夜間空襲時、地上の明かりが漏れていると標的になりやすいことから、防空法では灯火管制が定められていた。灯火管制規則には警戒警報や空襲警報に応じて減光や消灯の程度が細かく定められていて、鉄道関係では信号機の灯火や蒸気機関車の火の粉にまで及んでいる。地下鉄も地上部に車庫や渋谷の高架線を有することから灯火管制と無縁ではなかった。

一〇〇形車両には減光用の抵抗器が設けられ、地上部走行時に室内灯・前照灯の光力を減少していたが、一〇〇形車両には減光装置がなかったので、室内灯を消し、予備灯を点灯して地上部を運転していた。ただ一〇〇形車両はＭＧ（電動発電機）のスイッチを入れると、電灯接触器が無励磁で点灯するようになっているので、一瞬室内灯が点灯してしまう構造になっていた。夜間の渋谷高架上から出庫する際、特に警報発令時など真っ暗な東京に急に電車の電灯がともるので、警察や消防団、付近の人たちから早く照明を消せと叱られることがたびたびあったという。

空襲が頻繁におこなわれるようになると、地上区間は室内灯を減光ではなく消灯して運行するように改められ、神宮前駅の渋谷方面行ホームの壁にあんどんを設置し、空襲警報発令時にこれを点灯する方法で乗務員に通知した。

警報が発令されると、渋谷に向かう電車は手前の神宮前（現在の表参道）駅で全車両の明かりを消し、列車標識として自転車用の懐中電灯を運転台の計器盤の上に置いて運転した。やがて、空襲の激化とともに空襲警報発令時は運行の見合わせを余儀なくされることになった。

第6章　戦時下の地下鉄建設計画——一九四一—四五年

1　地下鉄網と規格の再検討

交通営団の設立目的は東京圏の地下高速鉄道の早期整備であり、交通営団としても着手できる路線から新線建設にとりかかりたいと考えていた。一九四一年（昭和十六年）九月二十五日付の「東京朝日新聞」夕刊は、「まず二線に着手」として、赤坂見附—四谷見附間と四谷見附—新宿間で地下鉄建設に着手する見通しと報じている。

ルートは地下鉄の赤坂見附駅から市電の赤坂見附下を経て弁慶堀に出るもので、この区間は路面に鉄塔を立てて掘る開削式の方法で掘りすすみ、弁慶堀の下をくぐるときには、橋梁の基礎をつくる時に用いる潜函式工法を用い、最後の真田堀から省線四谷駅までは、真田堀の水をほして露天式の容易い工法で工事を進めていく予定で、全ての条件が順調にいけば、二年後には完成する見込み。この結果は現在中央線、京王、小田急を利用、丸ノ内、銀座、新橋方面へ通勤している人々は四谷見附から地下鉄を利用できるわけでこの区間の一日の利用客はざっと六万人に達する見込みである。

営団としては更にルートを四谷見附から三キロ北の省線新宿駅まで延長、市民の足の拡充を図るはずで、この三キロの区間の掘削工法は従来のような道路に鉄塔を立て線路を持ち上げ、おまけに市民はやかましくて夜眠れないような開削式の工法を用いず、国鉄関門トンネル完成に輝かしい凱歌をあげたシールド工法を用い市民の知らないうちに新宿までルートをあけようという計画で、コースは四谷見附から市電の下を新宿まで北上、新宿駅の下を横断、現在の甲州街道寄りの駅前広場に出る予定。これまた工事が支障なく進めば、二か年で竣功するという。

そのうえ注目すべきは営団がこの四谷見附、新宿間のコースが完成する前に有事の際をおもんばかり市民のため長さ三百メートル、幅二十メートルのアーチ型の新宿駅を構築することになったことで、これは約一万人収容できる。なお赤坂見附、新宿駅間に要する費用は約三千四、五百万円である。

弁慶堀ではあらかじめ地上でトンネルを構築してその重量を利用して地下に沈めていく潜函工法の採用、四谷見附―新宿間では世界初の海底トンネルである関門トンネルの掘削でも用いられたシールド工法の採用などを詳細に報じている。こうした計画は交通営団の発足と前後して、どのように具体化していったのだろうか。

交通営団に引き継がれた建設計画には、新橋から札ノ辻を経て品川に至る京浜地下鉄道の品川線、五反田を経由して馬込に至る東京地下鉄道の五反田線、そして赤坂見附から新宿に至る東京高速鉄道の新宿線の三路線があった。

しかし政府は、交通営団を設立して東京の地下鉄を一元的に整備するという体制を構築したのだから、単に営利追求中心の地下鉄建設ではなく、真に東京圏の交通体系として必要とされる、有機的で効率的な路線網を整備することが重要だと考えていた。また今後建設する地下鉄は従来の規格にとらわれず、百年の計として練り直し、あらためて決定すべきだとした。

当時の地下鉄計画路線網は、一九二五年（大正十四年）三月に決定された五路線八十二・四キロの計画（内務省告示第五十六号）がそのまま残っていて、策定から既に十五年以上が経過していた。東京市の人口は年々急激に増加していて、今後十五年のうちに一千万人に到達すると予想されていた。しかし、従来の路線計画は各路線とも起終点が旧市内の内部にとどまっていて、今後の人口増加の中心となる新市域への対応を欠いていた。

そのために政府は交通調整の議論と並行して、帝国鉄道協会に委託して地下高速鉄道路線網を検討することにした。協会は学識経験者などを委員に委嘱して一九三八年（昭和十三年）八月から審議を開始し、四一年（昭和十六年）四月にその結果を「東京地方の高速度交通網に関する調査書」としてまとめている。

この調査書は当時の東京周辺の都市化・郊外化の進展と既存の都市高速鉄道を総合的にとらえ、今後の地下高速鉄道路線網のあり方を示した本格的な案だった。調査書の要旨は次のとおりである。

一、地下鉄道は郊外鉄道と直通運転が可能になるよう、なるべく規格を統一する
二、これが整備のためには各事業者が協力するとともに、公共の助成が必要である
三、地下防空施設との協調を図る
四、この路線網に沿って都市計画も調整する

（前掲『営団地下鉄五十年史』七〇―七一ページ）

一般的に地下鉄と私鉄の相互直通運転は、一九五六年（昭和三十一年）の運輸省の指示によって検討に着手し、六〇年（昭和三十五年）の京成電鉄と都営一号線（現在の都営浅草線）との相互直通運転から始まったとされているが、実はその萌芽は戦前にさかのぼる。

諸外国の都市では、中心部から郊外へ地下鉄を延伸して郊外の通勤需要に対応することが多かったが、東京の場合、旧市内の地下鉄整備が遅れる一方で、山手線に接続するようにして新市域をカバーする郊外私鉄が発達す

るという特異な成り立ちをしていた。郊外電車と並行して地下鉄新線を敷設すると、既存交通事業に相当の打撃を与えるだけではなく新線の経営についても懸念があるとして、既存の路線を活用して地下鉄への直通運転をするほうが効率的と判断したのである。

郊外電車と地下鉄の直通運転実施には、線路と車両規格の不一致のほか、当時まだ道路上を走行する併用軌道区間が残っている路線もあり、改良には相当の工事を必要としたが、新線敷設よりも工費を節約できることは大きなメリットだった。

ただし、現在の相互直通運転がトンネル内でもパンタグラフによる集電方式を採用しているのに対して、調査書では、地下鉄部分はトンネルの建設費節約のためにトンネル断面を縮小できる第三軌条方式、郊外部は架空電車線方式というハイブリッド集電方式の採用を提言している。

これは東京地下鉄道と京浜電気鉄道の直通運転計画でも検討されていた方式ではあるが、今回は各社の統一規格という一歩進んだものとして検討していて、ゲージは狭軌（千六十七ミリ）、直流千二百ボルト（地下鉄六百ボルト・地上千二百ボルトの複電圧）を想定していた。

次いで、直通運転の実施を前提として路線網の見直しがおこなわれた。前述のように、既存の計画は一九二五年（大正十四年）以来更新されておらず、既に一号線（旧東京地下鉄道線）と三号線（旧東京高速鉄道渋谷線）が直通運転をおこなうなど、実態とは相違が生じていた。

また三号線の終点とされた巣鴨、四号線の終点とされた大塚は後背地が少なく、地下鉄のターミナル駅としては発展性に欠けるといった問題や、地下鉄の収容空間になる道路計画の変更や、地下鉄建設の妨げになる高層建築物、地下構造物の新設など、環境の変化も生じていた。

これらをふまえて再検討した結果、とりまとめられたのが次のような路線網案である。

一号線　五反田駅―泉岳寺前、品川―泉岳寺前―札ノ辻―赤羽橋―芝公園内―青松寺前―南佐久間町―海軍省裏

―日比谷公園内―銀座四丁目―築地本願寺前―茅場町一丁目―久松町付近―浅草橋―蔵前一丁目―三筋町―竹町―御徒町―上野広小路―本郷三丁目―帝大前―本郷肴町―白山上―巣鴨駅―王子電気軌道新庚申塚付近―板橋駅―東上線下板橋駅

二号線　目黒―天現寺―霞町―六本木―飯倉―虎ノ門―桜田門―馬場先門―鍛冶橋―八重洲橋―呉服橋―室町三丁目―浅草橋―蔵前一丁目―田原町―千束町―三ノ輪―千住大橋―北千住駅

三号線　渋谷―赤坂見附―虎ノ門―新橋―日本橋―上野―浅草―花川戸―業平橋―押上（渋谷―浅草間既成線）

四号線　新宿―塩町―四谷見附―赤坂見附―議事堂付近―霞ケ関―日比谷公園内―丸ノ内本通り―鎌倉河岸―神田駅―御茶ノ水―本郷三丁目―帝大前―伝通院前―文理科大学前―大塚辻町―王子電気軌道向原付近―下り谷―池袋

五号線　高田馬場―戸塚二丁目―早大球場付近―市電早稲田終点―関口町―鶴巻町―江戸川橋―水道端町―金富町―伝通院前―後楽園―水道橋―神保町―一ツ橋―濠端―大手町―日本橋―茅場町―永代橋―洲崎

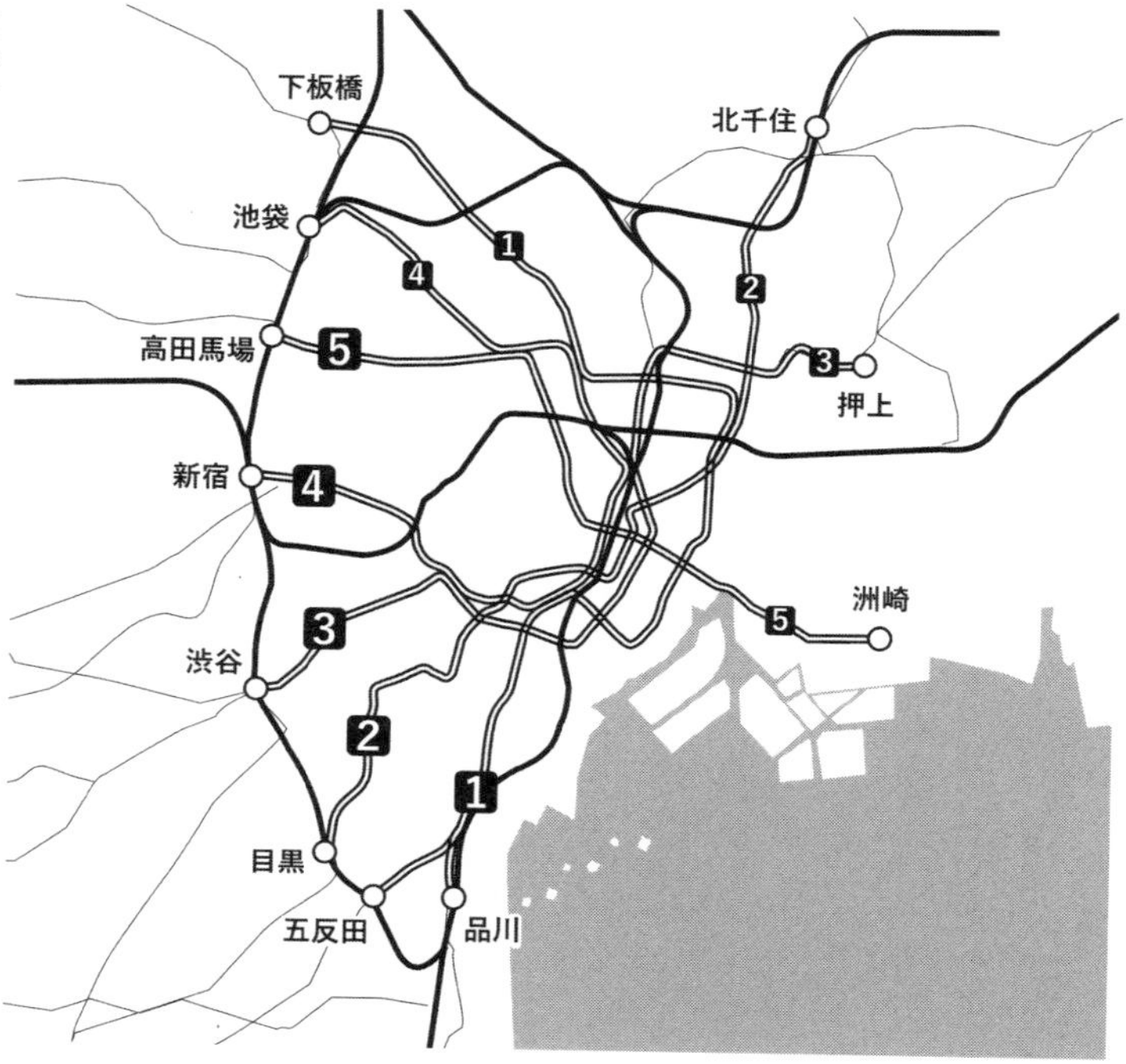

図19　再検討した路線網案（筆者作成）

一九二五年（大正十四年）の内務省告示第五十六号と比較すると、四号線が池袋から丸ノ内、赤坂見附経由で新宿に至る路線としている点、五号線が高田馬場を起点としている点が目を引く。いわば戦前と戦後の地下鉄計画を橋渡しする構想だったことがうかがえる。

特筆すべきは、日比谷、本郷三丁目、伝通院前など二路線が合流する駅は、赤坂見附駅のように同一ホームに発着し、また車両も相互に直通できる構造にしている点だ。これによって乗り換えの利便性を図るほか、複数路線の車庫の集約や他路線への乗り入れを可能とする構想だった。

一方、交通営団の発足を間近に控えた一九四一年（昭和十六年）六月、鉄道省は地下鉄道技術調査委員会を設置し、車両限界と建築限界、集電方式、停車場設備など地下鉄新線に関する新たな規格の審議に着手した。交通営団の設立準備の進捗を伝える同年四月十一日付の「読売新聞」は、同委員会の検討項目も取り上げている。

地下鉄交通地獄の打開と防空上の国土計画の立場から鉄道省ではそれぞれ地域別に交通調整を実施することになり七百万帝都市民の〝足の護り〟帝都高速度交通営団も早ければここ数日中に、遅くも本月末までには営団法を運用する勅令同施行令等を公布、設立委員を任命して今夏活動を開始する。鉄道省ではこれと別個に近く内務、陸軍両省はじめ東京市、民間側の諸権威二十数名を網羅した「地下鉄道技術者委員会《ママ》」を設け純技術的な角度から地下鉄の各種研究課題を検討、世界に誇る地下鉄網の整備拡充に積極的に乗出すことになった。

この委員会でまず議論されるものは敵空襲下に帝都交通網の安全確保を期するためには帝都地下鉄網にどの程度の深さ、強度が必要か、地下防空広場の設計から将来の地下鉄の郊外延長の場合、現在四フィート八インチ半〔千四百三十五ミリ：引用者注〕の広軌では郊外電鉄の三フィート六インチ〔千六十七ミリ：引用者注〕の狭軌には全く乗入れ不可能でこの広狭いずれを採用するかという車体路線の規格検討、電力を取入れる集電方法として既設の地下鉄は現に側面から引入れる第三軌条式を採用しているが現在の郊外電車はいずれも上部にとりつけたパンタグラフによっておりそのまま地下に乗入れるには地下道を相当広げる必要もありまた、第三軌条式では地下外に出ると感電の恐れが伴うのでこの集電方法を何れにするか、さらに既設線の補強工作、掘削工法の更新、また複線を現行の併行路線とするか、上下に重ねた二重式とするか等新たなる地下鉄建設に、敵空襲下の地下防空についてそれぞれ専門的な知恵をしぼって余すところなく研究調査を重ねて完全無欠な帝都地下鉄網の建設に万全を期し、まず明春着工予定の赤坂見附、四谷見附間約一キロ三の新線敷設を俎上にのぼすことになった。

同年十二月にまとめられた答申では、帝国鉄道協会の調査書からさらに踏み込んで新線の規格について方向性が示された。

一、車両については、従来の規格にとらわれず、高さ、幅ともにやや大型化するとともに、長さについても二十メートル車両となることも一応考慮する
二、建築限界および隧道余裕については、将来パンタグラフ車両となることも一応考慮する
三、電気方式は、直流七百五十ボルトとする
四、構築はなるべく深くし、一般部は平行した単線円形隧道〔単線シールドトンネル：引用者注〕を標準とし、駅部はなるべく中二階をとり、歩行者の道路横断用にも使用できるようにする

（前掲『営団地下鉄五十年史』七一ページ）

当時、関東私鉄の鉄道車両は十八メートル級車両が主流で、二十メートル級車両は国鉄が一九三二年（昭和七年）に導入した程度だったが、将来の車両大型化を念頭に、二十メートル級車両の走行を考慮した線路規格の検

討に着手していたというのは興味深い。

また、帝国鉄道協会の調査書は地上部パンタグラフ式、地下部第三軌条式のハイブリッド集電を提案していたが、委員会の答申では将来的に地下鉄線内でもパンタグラフを使用することを考慮している。

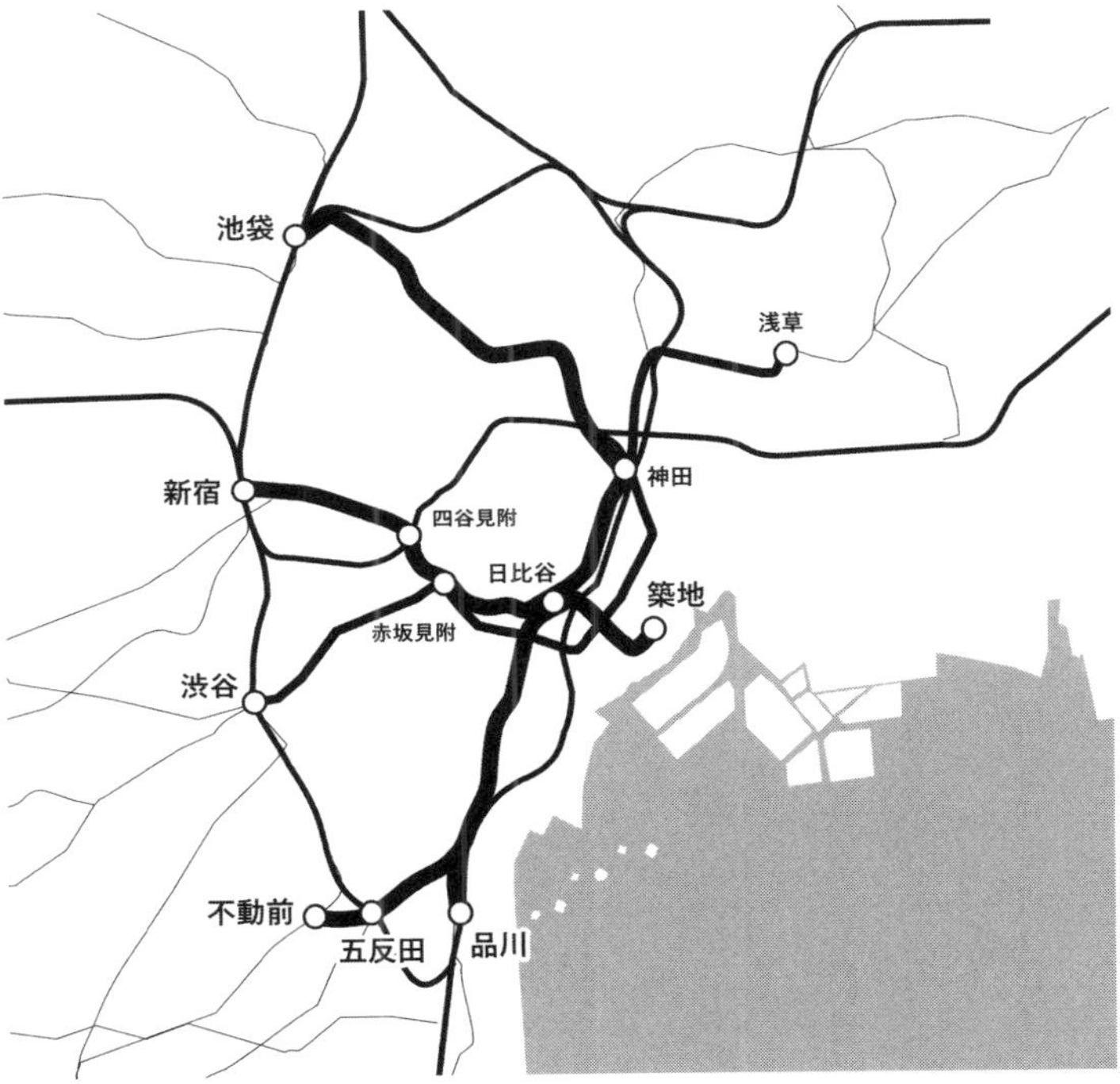

図20　急速施行路線の路線図（筆者作成）

2　交通営団の新線計画

帝国鉄道協会と地下鉄道技術調査委員会の検討をふまえ、交通営団は一九四二年（昭和十七年）から具体的な新線建設計画の検討に入った。同年四月に「第一次建設計画協議会」を設置し、あわせて路線と建築、車両の部門別協議会を置いて、営団として最初に建設する路線の計画を審議した。

それが図20のとおり「池袋から丸ノ内、日比谷、赤坂見附を経由して新宿に至る路線」と「不動前・品川から日比谷を経由して築地に至る路線」の二路線からなる「急施路線（急速施行路線）」である。

新宿から四ツ谷、赤坂見附、日比谷、東京、神田、御茶ノ水、東京帝国大学前、伝通院前、大塚辻町を経由して池袋に至る十七・八キロの路線は、帝国鉄道協会案の四号線を踏襲したものだ。戦後の丸ノ内線のひな型ともいうべき路線だが、池袋―本郷三丁目間の経路や神田駅を経由している点、銀座駅を経由しない点など細部が異なっている。

交通営団では、このうち新宿―東京間(七・八キロ)から着手し、一九四二年度(昭和十七年度)から四五年度(昭和二十年度)の三カ年で赤坂見附―四谷見附間(一・三キロ)を、四三年度(昭和十八年度)から四六年度(昭和二十一年度)の三カ年で四谷見附―新宿間(二・九キロ)と赤坂見附―東京間(三・六キロ)を完成させ、次に池袋―東京間(十キロ)、築地―五反田間(七・六キロ)で逐次着工し、四七年度(昭和二十二年度)以降に完成させるという計画だった。

最初に着工する赤坂見附―四谷見附間は、東京高速鉄道が三号線(渋谷―新橋間)と四号線(新宿―築地間)を連絡するため、一九三七年(昭和十二年)二月に免許を取得し、翌三八年(昭和十三年)六月に工事施行認可を受けた区間である。東京高速鉄道の免許と認可はそのまま営団に引き継がれていたため、すぐに着手することが可能だったのに加えて、この区間を先行して開通させれば、省線四ツ谷駅と連絡して中央線の混雑緩和を実現できるという利点もあった。

戦後の丸ノ内線では、トンネルをできるだけ浅くして建設費を節約するために、地下鉄が国鉄を乗り越すようにして接続しているが、緊急施行線は省線四ツ谷駅の下をくぐり、地下で接続する計画だった。この区間のトンネルは爆弾に耐えられる構造にするため、設計部隊は陸軍の築城本部まで出向いて耐爆弾構造を研究したという。

交通営団は赤坂見附に工事用資材置場を確保して建設の体制を整えたが、この頃は既に工事資材の統制が厳しくなっていて、資材の確保がままならなかった。特にこの区間の工事に必要な土止め用のシートパイル(鋼矢板)が手に入らず、大阪で阪神電鉄が梅田の地下駅を建設したときの手持ちがあるとか、大阪市営地下鉄の工事が終わればあがるものがあるとか、建設担当理事が資材の手当てに駆けずり回り、ようやく借りることができた。

そして一九四二年(昭和十七年)五月十一日、赤坂見附―弁慶濠間工区の土木工事を発注。同年六月五日に起工式をおこない、いよいよ営団設立後最初の地下鉄建設工事が始まった。同日付の「朝日新聞」は次のように報じている。

四谷赤坂間　地下鉄きょう起工式　二年後には新橋まで直通運転

帝都交通地獄の緩和と大東亜戦時下の交通網確保のため、かねて帝都高速度交通営団で計画中だった新宿・東京駅間の地下鉄道が、いよいよ着工されることとなり、まずその一部四谷見附と赤坂見附間の起工式が五日午前十時から赤坂見附工事場で原営団総裁以下各役員出席の下に盛大に挙行される。

これは昨年夏誕生した同営団が鋭意研究の結果、最も必要な新宿四谷を経て日比谷、東京駅を結ぶ約十キロの路線を完成することとしたが、その完成までには五カ年を要するので、さし当り四谷見附、赤坂見附間一キロ三の路線を二カ年で完成し、これを四谷見附で省線四谷駅に、赤坂見附で地下鉄渋谷線に連絡し、四谷―新橋間の直通運転を図ることになったもので、この路線の開通によって新宿および中央線方面から都心に出るものは、従来より五分ないし二十分位の時間が短縮される。この地下鉄工事は省線

写真20　清水谷公園でおこなわれた起工式で鍬入れをする原総裁（1942年6月5日）
（出典：東京地下鉄編『帝都高速度交通営団史』東京地下鉄、2004年、8ページ〔地下鉄博物館所蔵〕）

四谷駅から出て直ちに外濠に入り真田堀、弁慶堀の下を通って上下複線の地下道が弁慶橋付近から赤坂見附交差点の下に入るが、ここでは二本のトンネルは上下に重なり現在の渋谷線に連絡することになっている。地下鉄工法は開削式覆工法で、帝都名所の一つである赤坂見附付近の外濠の美観は保持するはず。

しかし、くしくも起工式がおこなわれたその日、日本海軍は遠く離れた太平洋上ミッドウェー沖で、主力空母四隻を失う大敗北を喫していたのである。攻勢に転じたアメリカ軍は八月にガダルカナル島に上陸し、ソロモン諸島をめぐる戦いが幕を開けた。日本軍はガダルカナル島をめぐる消耗戦で貴重な戦力をすり減らしていくことになる。

以降、戦局の暗転によって資金、資材、労働力はますます供給難となってしまった。結局、弁慶濠で魚を捕獲して水を汲み出す「掻《か》い掘《ぼ》り」をおこなったほか、一部にシートパイルを打ち込んだ程度で、工事らしい工事は何も進まなかった。

また、天皇が代々木練兵場の観兵式を訪れる際に通るからと、道路に据え付けた杭打機や建設資材を片付けなければならないことがあった。交通営団は地下鉄の国防上の重要性を説き、コースを変えられないかと宮内省に訴えたが、警備体制の予算は決まっているから変更できないと断られたという。

その後のさらなる戦局の悪化によってあらゆる面で工事の続行は困難と判断され、着工二年後の一九四四年（昭和十九年）六月、政府の命令によって工事は中止されることになった。

結局、営団は戦後の丸ノ内線建設に至るまで一切、新線建設に着手することができなかった。これに不快感をあらわにしたのが五島慶太である。五島は交通営団理事在任中の一九四三年（昭和十八年）七月六日の東京商工会議所商工経済法規調査委員会で、地下鉄を奪い取った交通営団に対する恨みを述べている。

交通営団設立後既に二か年を経過せる今日において地下鉄道はただの一キロも延長されておらない。もっとも赤坂見附の新宿線分岐点において二百メートルを請負に出したということであるが、これとても工事は全く進行せず停頓の状態である。

　結局、営団は我々が苦心に苦心を重ねて建設し、営業しておった地下鉄道をそっくりそのまま買上げ、その営業だけをなしているに過ぎない。これが政府の強度の保護助成の下に六億六千万円の巨費を以て強行的に設立された帝都高速度交通営団の二か年間の実績である。まことに羊頭狗肉といわざるを得ない。

　かくの如く一キロの建設も行わず、ただ単に我々の手によって建設された地下鉄道の経営のみをするのであればあえて営団の設立を要しない。むしろ政府の監督のもとに、創意と経験に富み、かつ熱意ある民間会社の経営に委ねるべきであるにもかかわらず、わざわざ営団を設立してかえって建設工事を停頓せしめたるのみならず、いたずらに組織を膨大にし、官僚的経営によって甚しく能率を低下せしめたるに過ぎない。

（東京急行電鉄株式会社『決戦下の陸上輸送対策』東京急行電鉄、一九四三年、一〇九―一一〇ページ）

3　戦時下の輸送状況

一九四三年（昭和十八年）二月、半年に及ぶ消耗戦の末に日本軍はガダルカナル島から撤退した。四月に連合艦隊司令長官・山本五十六が戦死、五月にはアリューシャン列島のアッツ島にアメリカ軍が上陸し、日本の守備隊が全滅。これが「玉砕」の第一号になった。

欧州戦線でも、ドイツは東部戦線のスターリングラードをめぐる戦いに敗れ、独ソ戦の大きな転換点になった。イタリアは北アフリカ戦線の敗北によってファシズム政権への批判が高まり、枢軸国から離脱した。

　守勢に回った日本軍は千島列島からサイパン、ニューギニア西部、ビルマを結ぶラインを絶対国防圏と定めて戦線の再構築を図ったが、それを維持する補給路も既に確保できない状況にあった。アメリカ軍は圧倒的な戦力でギルバート諸島、マーシャル諸島など中部太平洋の島々を次々と制圧し、続くマリアナ攻略の足掛かりを得た。日本軍は再建途中の戦力を投入し、いたずらに消耗を重ねていった。

そんななか、地下鉄の輸送人員は一九四三年度（昭和十八年度）に一日平均二十九万八千人を記録し、ピークに達した。しかし、輸送力のピークは四一年（昭和十六年）で、四二年度（昭和十七年度）から四三年度（昭和十八年度）にかけて客車走行キロは一〇パーセント以上低下している。これは電力事情の悪化によって、四三年（昭和十八年）の年初から節電ダイヤの実施が始まったことによるものだ。

一九四三年（昭和十八年）一月十九日からは一部列車を三越前駅で折り返し運転とし、休日はこの列車を運休することにした。あわせて電力を節約するために全線で運転速度のスピードダウンを実施して、渋谷―浅草間の運転所要時間は三十二分から三十三分に延びている。同年九月十六日からは終車時刻を四十五分繰り上げ、終電は二十三時五十五分から二十三時十分に変更された。

要員の確保も苦労が絶えなかった。男子職員は徴兵年齢に達して入営する者、また召集を受けて出征する者が相次いだ。交通営団としても戦争遂行への協力が求められたことから、一般職員を対象として逗子に保有する聖智寮で錬成会と称する合宿をおこなっている。

また若年層の社員に対しては義務教育の補足など教育訓練も必要とされたことから、一九四二年（昭和十七年）九月に赤坂の旧東京高速鉄道本社建物に私立交通営団青年学校を開設した。四四年（昭和十九年）一月には徴兵期限が近い者を対象にした健民修練所を聖智寮に開設し、徴兵検査に備えた身体の訓練を指導した。

交通営団設立当初、全体で七十四人だった出征・徴用者は年々増加し、一九四四年（昭和十九年）には四百十一人に達している。なかには一時復帰して間もなく応召する人もあり、戦死する人も少なくなかった。

これら職員の補充は、物資の欠乏や配給制度導入で営業が困難になっていた地下鉄ストアや食堂を整理してその勤務者の配置転換でまかなった。兼業部門の社員は営団設立時四百人以上いたが、一九四四年度（昭和十九年度）末には八十人を切るまでに減少している。

一九四三年（昭和十八年）九月には、十四歳以上四十歳未満の男子は女子で代替できる職種——鉄道では本社事務員、駅出改札掛、車掌などへの就業が厚生省令によって禁止された。関係する男子職員は運転士や技術職に配置転換され、それ以外の禁止例に該当する職種のものは軍属、工員などに徴用された。

こうした労働力の不足を補ったのが女子職員だった。開戦からしばらくの間、女子の勤労動員は志願制と選抜で、対象年齢も満十六歳以上二十五歳未満に限られていたが、一九四三年（昭和十八年）に入ると、いよいよ「女子の活用」を検討しなければならない状況になる。

同年五月には、二十二歳から三十九歳の未婚女子からなる勤労報国隊が結成され、一九四四年（昭和十九年）三月から志願者全員を対象にした組織的な動員が始まった。同年八月には女子挺身勤労令によって未婚女子の就業が義務化され、多くが軍需工場や軍需生産を支える鉄道に動員された。

交通営団では、東京地下鉄道時代の一九三一年（昭和六年）から女子駅員を採用していたこともあってか、比較的早くかつ大規模に女子職員を配置した。とにかく慢性的な人手不足で、常時募集常時採用の状態だったといい、動員が義務化される前に自ら働き場所を選びたいと考えて営団に就職した女子もいたようだ。四三年（昭和十八年）末には、駅員の九〇パーセントは女子になっていた。

乗務員についても、一九四三年（昭和十八年）十二月に初の女子車掌十二人を発令し、二週間の教習を経て浅草・渋谷両車掌区に六人ずつ配属されたのを皮切りに、男子の就業制限以降、車掌区は区長・助役・未成年男子若干名以外のほとんどが女子になった。四四年（昭和十九年）八月には女子運転士も誕生し、終戦時には約百人の運転士の半分を女子が占めていた。

一九四四年（昭和十九年）二月、東条英機内閣は非常決戦措置要綱を閣議決定。「国ヲ挙ゲテ精進刻苦其ノ総力ヲ直接戦力増強ノ一点ニ集中シ当面ノ各緊要施策ノ急速徹底ヲ図ル」として、決戦に向けた総動員体制の強化を図った。しかし、その決意とは裏腹に物資不足はますます深刻化し、電力需要の抑制が進んだために輸送状況は極端に悪化を始めた。

同年四月一日からさらに節電するダイヤが実施され、浅草―上野間が減便された。十二月一日から初電が四十分繰り下げられるとともに、終電は十分繰り上げられて二十三時になった。

この頃になると、車両の部品の入手が困難になり、故障車両が出るとその車両から部品を取り外してほかに流用する共食い整備がおこなわれるようになった。それまで地下鉄の車両はすべての車両がモーターの付いた電動車だったが、やむなくモーターを取り外した車両を付随車として編成に組み込むことになった。これによって、同年十二月一日から渋谷―浅草間の運転所要時間は三十五分にスピードダウンした。

付随車が組み込まれた編成は超満員の旅客を乗せた状態では出力が不足し、赤坂見附から青山一丁目方面に向かう三三パーミルの勾配を登りきることができなかった。やむなく赤坂見附駅まで後退し、勢いをつけてなんとか登りきるということが幾度も発生したため、この取り扱いのための特別な通達が出されたほどだった。

一九四四年度（昭和十九年度）の一日平均客車走行キロは約一万三千七百五十二キロで、四一年（昭和十六年）のピークと比較して三〇パーセント以上も低下していた。対して利用者は同年と比較して一〇パーセント弱しか減っていなかったため、車内は激しく混雑するようになった。

激しい混雑で窓ガラスが割れてしまっても、部品の補充ができずに板張りすることも増えていった。ガラスがはめられているのは運転席とドアを開閉する車掌スイッチのそばにあるドアだけという車両もあった。

また一〇〇〇形車両と一一〇〇形車両を対象に、旅客収容力増加のため電車内の一部座席を撤去することになり、一九四三年（昭和十八年）から四四年（昭和十九年）にかけて合計八十五両で実施された。それでも、座席の上に土足で乗らなければならないくらい車内は混雑したという。

部品不足も深刻だった。自動列車停止装置（ATS）を構成する部品である、台車に取り付けられたトリップ・コックと車体をつなぐゴムホースが手に入らず、なんとか探し当てた水道のゴムホースを取り付けたこともあった。ゴムホースは制動管の圧力に耐えられず破裂してしまい、結局使い物にならず、やむなくATSを切って運転しなければならない状況だった。地上側の自動列車停止装置も部品の不足から撤去や休止したものがあった。

このように線路、設備、車両ともに最悪の保守状況にあったが、安全性を犠牲にしてもできるかぎりの運行を継続しなければならなかったため、この頃から重大事故が頻発するようになった。

写真21　手前の円で示しているのがATSのアーム。作動時に起き上がり、奥の円に示す車上のトリップ・コックに当たることでエアーが抜けてブレーキがかかる仕組み（地下鉄博物館所蔵）（筆者撮影）

その一例としては、一九四四年（昭和十九年）九月十七日十三時三十六分頃、浅草行き列車（一〇〇形・単行）が三越前駅を発車後、渡り線手前でいったんノッチを切り、再びノッチを入れたところ、衝撃音とともに列車が脱線する事故が発生した。

取り付けボルトの脱落によってギアケースが渡り線の転轍機尖端軌条の上に落下し、これに車輪が乗り上げたのである。ボルトの脱落は資材の不足によって補修に補修を重ねたギアケースを使用していたことが原因だった。この事故で乗客二十五人が負傷している。

事故発生後直ちに上野・渋谷の両区から多数の応援を動員して復旧にあたったが、現場は曲線部でカント（遠心力を低減させるために設けられる線路の傾き）もあって復旧は難航を極め、夜に入っても遅々として進まなかった。復旧作業中、台車とジャッキの間に顔面を挟まれ作業員一人が死亡した。

4　時差出勤の開始

太平洋戦争勃発以降、船舶は南洋への軍事輸送に重点的に使用されたため、国内輸送の多くを鉄道が担うことになった。戦況の悪化によって輸送船が次々と撃沈され、輸送力がさらに不足するようになると、国鉄は一九四三年（昭和十八年）十月に、貨物輸送を増強するために貨物列車の大増発と旅客列車の削減とスピードダウンを伴うダイヤ改正を実施した。

一方で軍需工場の労働力不足への対応策として、徴用や学徒・女子の動員が拡大されたため、通勤利用者は増加していた。輸送力の低下と通勤者の増加が相まって、旅客列車は激しく混雑した。

資材不足によって新線建設など抜本的な輸送力増強が期待できないなかで、需要を調整することで円滑な輸送の実現を求める声が鉄道省や鉄道事業者からあがるようになった。例えば、東京急行電鉄の五島慶太は一九四三年（昭和十八年）六月、東京新聞の紙上で一般利用者の協力が不足していると批判して、次のように時差通勤の徹底を求めている。

交通地獄の解決策として時差通勤制の断行以外に策のないことは、もはや議論の余地なき明白なる事実である。しかるにこれが未だに実行されていない。交通業者のみが以上の如く戦時非常体制を整えているのに、一般利用者のみが平時のままに放置されて何らの統制も加えられていない、とは矛盾も甚だしい。

（「交通非常態勢と旅客」、前掲『決戦下の陸上輸送対策』所収、一四二ページ）

そして「各工場、会社、銀行、学校、官庁等はそれぞれ始業の時間を食い違わして、この輸送難を緩和すべき」としたうえで、一九四三年（昭和十八年）五月から東急本社で始業を八時から八時三十分にずらしたところ、社員は満員電車に乗らずにすみ、乗車時間は短縮され、疲労が軽減して能率が上がったという事例を紹介している。

また運輸通信省の堀口大八は一九四四年（昭和十九年）に記した『決戦下の輸送問題』（国書出版、一九四四年）のなかで、一章を割いて時差通勤の必要性を説いている。「通勤の改善」と題した章は、ある工員がこぼした「もしも朝晩電車に乗る時のような真剣さをもって工場で働いたら生産能率はずっと上昇するだろう」という一言から始まる。通勤電車の激しい混雑にもまれた工員は、通勤そのもののために疲弊し、それは工場の生産効率にも影響を及ぼしていた。

工員の住居、勤務先の工場、それらをつなぐ鉄道が最適に配置されていればこうした問題は起こらないが、それは都市計画上の限界もあり、ましてや戦時に解決できる問題ではない。そこで堀口は、空間の配分で解決できない問題は時間の配分、つまり時差通勤によって解決しなければならないと説いた。

このような議論を背景に、一九四四年（昭和十九年）四月一日から日本初の時差通勤が実施されることになったが、その実態は「総力戦」とはほど遠い内容だった。

当時の銀行や民間企業はおおむね九時始業・十七時終業となっていて、これを変更させるのは困難であるとして、変更を求めることはしなかった。軍需工場は二交代制ないし三交代制で操業していて、朝の勤務は七時始業であることからほかの通勤輸送に影響が少ないとされ、これも変更されなかった。学校に対しては始業を十時に変更するよう要望したが、協力校はわずかだった。もっとも、学徒動員や疎開によって学生・生徒自体が減少していたという事情もあった。結局、勤務時間をずらしたのは官庁だけで、従来四月一日から十月三十一日は八時始業だったのを、四月一日から八時三十分始業に変更することになった。

戦時中、時差通勤は日本に限らず、多くの国でおこなわれていた。そのなかでも特に成功を収めた事例として知られるのがイギリスである。第二次世界大戦が勃発すると、イギリス国内でも軍需工場への通勤者が急増した。

しかし、燃料統制によってバスの運行が二〇パーセント削減されたことで、工業地帯の通勤輸送が鉄道に集中し、激しい混雑が生じるようになった。

イギリス生産省が対策を検討したところ、工場の始業時間が七時半から八時に集中していることが判明。混雑緩和のために時差通勤を実施することになった。特筆すべき事項として、戦争という非常事態にもかかわらず、生産省は事業者や利用者への強制を一切することなく、これを乗り切った。まず工業地帯を半径〇・五マイル（約八百メートル）ごとに区切って「地区輸送グループ」を作る。そして、グループごとに経営者、労働者、輸送機関で始業時刻と終業時刻を自主的に調整させたのである。

これによって、集中していた始業時間が十五分刻みのいくつかのグループに分散し、ピーク輸送量が半減するという大きな成果を収めることになった。一九四四年（昭和十九年）には千百社、合計五十万人以上の労働者が五十以上のグループに分けられて時差通勤していたという。

日本初の時差通勤は効果を発揮したのだろうか。当時の記録によると、実施前後で遅延が改善したという報告がされているようだ。

> 中央総武線においては、実施前は朝の通勤時急行十五〜六分、緩行二十分以上の遅延を常とし、駅員は血みどろの旅客整理に当り、なおかつ遅延の増大を来たす実情なりたるも、実施後は急行二〜三分延を散見するのみにて、緩行電車は総武線内における列車の影響その他によるものなるも十分程度に縮小し得たり。
>
> （角本良平『都市交通・その現状と対策』交通協力会出版部、一九五六年、五七ページ、原典「時差通勤実施前後ニ於ケル電車輸送状況」運輸通信省）

これだけみると相当の効果があったように思える。しかし時差通勤の開始と同時に、四月一日から決戦非常措置要綱に基づく旅客輸送制限が開始され、回数券の廃止、二キロ以内の定期券の発行停止、百キロ以内の近距離区間の乗車券発売枚数の制限などがおこなわれたことから、どこまでが時差通勤の効果だったのかは定かではない。

一方、一九四四年（昭和十九年）十月六日付の「朝日新聞」は時差出勤が効果を上げているとして、十一月一日から三月三十一日は九時始業だったのを、十一月一日以降も八時三十分始業を継続することにしたと伝えている。

帝都の時差出勤継続

去る三月十六日の次官会議で決った東京都の時差出勤その後の成績は中央線急行、東海道線等の混雑時間調査によれば通退勤混雑時間の幅が広くなった反面一時の殺到が著しく緩和され、東京駅での通勤者の出入も円滑となり上々の結果を見せているが、五日の次官会議では四月一日から十月末日までの実施期間をさらにその後も当分の間延長実施することに申し合せた。（略）

また高速度交通営団では通勤の便を図って故障車を急速に修理し近く午後の退庁時間には新橋、渋谷間急行を特発し、都電では既に去る二日から四谷見附、虎ノ門に午前中だけ大型車を注入運転している。

これを受けて交通営団は十月一日から十一月三十日まで、当時は霞ケ関官庁街の玄関口だった虎ノ門駅の通勤対策として、地下鉄初の急行列車を運行している。平日の十七時から十八時半頃まで、新橋駅の副本線（幻のホーム）に留置した車両を虎ノ門に回送し、虎ノ門始発渋谷行き急行列車としたもので、途中駅はすべて通過した。

第7章　空襲と地下鉄——一九四五年

1　本土空襲の始まり

一九四四年（昭和十九年）六月十五日、マリアナ諸島に上陸したアメリカ軍に対して日本海軍は「あ号作戦」を発動した。空母九隻からなる機動部隊で決戦を挑むが惨敗を喫し、サイパンの守備隊三万人は玉砕。東条内閣は七月十八日、サイパン陥落の責任を問われて総辞職に追い込まれた。

同年一月に陸軍省と海軍省が作成した「緊急防空計画設定上の基準」は、「昭和十九年中期以降、帝国本土は海陸よりする大挙決戦的反復空襲を予期するを要す。特に太平洋方面の戦局と国際情勢の変転並びに新大型機の整備等によりては更に早期に規模、頻度共に熾烈なる空襲を受くる恐れなしとせず」として、本土空襲の危険が迫っているという認識を示していた。また空襲目標として「軍事政治中枢、軍需産地帯及び海陸運輸要衝の破砕を図ると共に特に国民戦意の喪失を狙う無差別爆撃を行う」とも予想していた。

日本本土が初めて空襲を受けたのは一九四二年（昭和十七年）四月十八日だった。アメリカ軍は空母ホーネットの艦上に陸上用の双発爆撃機Ｂ25十六機を搭載して本州に接近。本州沿岸約千キロの地点から全機を発艦させ、京浜地区、名古屋、神戸を爆撃したのである。爆撃機は空襲後、日本上空から離脱し、中国領内に着陸するという捨て身の作戦だった。指揮官の名前からドーリットル空襲と呼ばれるこの攻撃は、日本軍に大きな衝撃を与え、アメリカ空母撃滅を目的としたミッドウェー作戦を後押しすることになる。

しかし、東京から約二千二百五十キロの距離にあるマリアナ諸島の陥落は、空母から陸上爆撃機を発進させるという一度限りの奇襲とは比較にならない重大事だった。それは、日本本土全域が航続距離五千キロを誇る新型爆撃機Ｂ29の射程に収まり、空襲の脅威にさらされ続けるということを意味していたからである。

一九四四年（昭和十九年）十一月二十四日、マリアナ諸島を発進したＢ29による初の本土空襲がおこなわれた。十一時頃、小笠原諸島の対空監視哨からＢ29大編隊北上との一報が入る。十一時五十八分、空襲警報発令。目標は東京郊外の中島飛行機武蔵製作所だった。八十機のＢ29が伊豆半島上空を北上後、富士山付近から中央線に沿って東進し、三鷹付近に投弾。直路、鹿島灘方面から洋上に脱出した。

日本軍はこれを迎撃したが、高度約一万メートルを強い偏西風に乗って飛行するＢ29の追跡は困難であり、また戦闘機の高高度性能が不足していたためＢ29の飛行高度に達することも容易ではなかった。そのためのちに、高高度に到達するために防弾板や武装まで取り外して機体を軽量化し、Ｂ29に体当たりで攻撃する特別攻撃隊が編成されるに至っている。

初の夜間空襲は二十九日深夜から三十日未明にかけておこなわれた。深夜二十三時五十五分頃、十機ほどのＢ29が高高度で侵入し、市街地に爆弾と焼夷弾を投下。神田、本所、江戸川、葛飾で多数の火災が発生した。その後も未明まで波状的に空襲がおこなわれ、芝、麻布、日本橋などで大火災が発生した。

十二月三日は、十一月二十四日以来の大編隊での空襲がおこなわれた。約百五十機のＢ29が再び中島飛行機武蔵製作所を爆撃。杉並、板橋にも被害が発生した。荻窪では、駅東側の中央線と青梅街道が交差する陸橋に爆弾三発が落下。幸い電車に被害はなかったが、陸橋と線路が破壊され、中央線は不通になった。復旧作業は急ピッチで進められ、翌四日の十八時四十分に完了した。その後はしばらく散発的な夜間空襲が繰り返されたが、二十七日には三日以来の大編隊での昼間空襲がおこなわれ、約二百五十機のB29が中島飛行機武蔵製作所を爆撃。そのほか、都内各所で被害が発生した。

大晦日にも空襲がおこなわれている。二十一時四十二分に警戒警報が発令されると、直後の二十一時四十四分から空襲が始まり、浅草、神田、下谷で火災を引き起こした。空襲警報は発令されなかった。二十三時五十分に再度、警戒警報が発令され、日付が変わって元日の〇時五分頃から二回目の空襲が始まった。この空襲では浅草寺付近にかなりの被害を出した。

こうして一九四五年（昭和二十年）は空襲とともに幕を開けた。「大日本帝国」最後の年が始まろうとしていた。

2 銀座空襲

日本軍がガダルカナル島から撤退して約二カ月後。ブーゲンビル島上空で山本五十六連合艦隊司令長官が戦死する二日前の一九四三年（昭和十八年）四月十六日、交通営団は地下鉄全線で防空演習を実施した。

銀座駅では空襲警報の発令とともに乗客を電車から降ろして銀座三越寄りの地下道に避難誘導する訓練や、二百五十キロ爆弾の落下によってトンネルとガス管、水道管が破壊された想定で、軌道の補修訓練、設備の復旧訓練がおこなわれた。

空襲下にも帝都の交通網はビクともせずと交通運輸の完璧誇る帝都高速度交通営団では十六日目抜街地下鉄銀座駅を中心に全地下鉄の総合訓練を行った。銀座駅では東京市防衛局長菰田中将以下関係官ら視閲のもとに交通営団副総裁喜安防空隊本部長の総指揮で午前九時三十分訓練警戒警報が発令された。

駅防空、運輸、工作、衛生の男女諸隊は直に配置につき同十時訓練空襲警報同三十分敵機来襲の想定に降車客を三越下車口寄りの地下道に待避誘導し他の六カ所の出入口を閉鎖。駅員、乗降客一体の見事な待避訓練を発揮した。

同三十五分二百五十キロ爆弾が落下して隧道内軌道始め瓦斯、水道管を破壊、出札所から発火して重症者続出したが間髪を容れず消防隊はじめ各隊は決死の作業を敢行。またたく間に消火し軌道補修を完成。各破壊施設復旧し上下線とも地下電車はゴーゴーの響きも軽く運行を続行、同十一時訓練を終わった。

（「読売新聞」一九四三年四月十七日付夕刊）

この想定が現実のものになったのが、一九四五年（昭和二十年）一月二十七日におこなわれた銀座空襲だった。東京都心の空襲といえば、三月十日の東京大空襲や五月二十五日の山の手大空襲が挙げられ、一月二十七日の空襲は、それらに比べて言及されることはない。しかし、銀座空襲は東京都心に初めて大きな被害を出した空襲として、当時の一般市民に強い衝撃を与えたといわれている。

この空襲、アメリカ軍側の作戦名はエンキンドル三号作戦という。エンキンドルとは中島飛行機武蔵製作所のコードネームであり、三号作戦とは前年十二月二十七日の一号作戦、一月九日の二号作戦に続く三回目の作戦という意味である。マリアナを出撃した七十六機のB29爆撃機は中島工場武蔵製作所に向かったが、悪天候によって目標を確認できなかったため、うち五十六機が第二目標の東京市街地に投弾した。都心上空も濃い雲に覆われていたため、爆撃は雲上からレーダーを使用した照準でおこなわれた。

のちにおこなわれる火災発生を目的とした焼夷弾を主体にした空襲ではなく、工場を破壊するための通常爆弾を混用した爆撃だったため、一帯の建物に大きな被害をもたらした。

間もなく頭上に近づく爆音。近いぞ伏せろと誰かが叫んだ。敵機の暴爆の状況をカメラに収めるという、警視総監の特命を受けた私は、しっかりとライカを握りしめていた。

爆音がいよいよ近くなる。頭上に大きなB29の唸りがした途端、ザーという水の流れるような音がしたと思うと、眼前の丸の内、銀座、京橋方面に高く爆弾の黒煙が炸裂音とともに十数発上った。心を落ち着けてこの歴史的光景をシャッター1／200で捉え、五秒後、十秒後と写すことができた。十秒後には完全に火災と変じ、ビルの間に赤い焔が見え出した。

（石川光陽撮影日誌「都心炎上」、雄鶏社編集部編『東京大空襲秘録写真集』所収、雄鶏社、一九五三年、五八ページ）

この生々しい記録は、警視庁のカメラマンだった石川光陽が残したものだ。石川は、空襲被害が高度な軍事機密だった時代に、警視総監の特命によって東京の空襲被害を撮影・記録していた。

この日は正午過ぎから警戒警報が鳴っていたが、空襲の恐ろしさをまだ実感していなかった銀座の人々はどこかのんびりと構えていた。十四時〇〇分、空襲警報発令。空襲警報のサイレンは四秒の吹鳴を八秒間隔で十回繰り返す。警防団員が防空壕への避難を呼びかけても、B29の爆音が響く曇り空を物珍しそうに眺めていた人もいたという。

高射砲の斉射が敵機の到来を知らせる。ところがしばらくして再びサイレンが鳴った。それは空襲警報解除を告げる連続吹鳴だった。人々が安堵の顔を浮かべて防空壕を出た直後、突如雲間から爆弾が降り注いだ。空襲警報解除はサイレンの故障による誤報だったのだ。

十四時三分、三百発以上の通常爆弾と二百発以上の焼夷弾が京橋方面から銀座方面にかけて着弾した。泰明小学校には六発の爆弾が落ち、職員室にいた女性教員四人が死亡した。この日は土曜日であり、ちょうど生徒を帰したあとだった。爆弾は帝国ホテルや日劇のすぐそばにも落下した。周囲にいた人は吹き飛ばされ、付近で大規模な火災が発生。東京の中心地は瞬く間に阿鼻叫喚の地獄絵図と化した。

爆弾の一つは省電有楽町駅を直撃した。爆弾はホームを突き破って中央改札で爆発。駅員十一人が死亡、高架下に避難していた百人以上の乗客が一瞬で吹き飛んだ。以下は、現場に駆け付けた石川光陽の記録である。

有楽町駅中央口は全くの地獄絵図だ。首のない者、手足のない者。大腸の露出した者など、まったく正視にしのびない。その恐ろしい酸鼻の中に奇跡的に助かった四、五才位の女児が全身に血を浴びながら、その傍の既に息絶えたまだ年若い母の亡骸にすがりつき、母の名前を連呼している。見れば母の顔は面をむしり取ったようになり、両脚も太ももから千切れているではないか。

改札口あたりもものすごい惨状で、出札所も飛び、階段も足の踏み場もない。駅ホームにようやく上ってみればホームにはガラスなどが飛散していて人一人おらない。聞けばホームにいた人は全部助かり、危険を冒して乗客の誘導に当たっていた駅長も無事とのこと、もし駅長室にいたら助からなかったと駅長は語っていた。

（前掲「都心炎上」五九ページ）

また、中央口にいた出札主任代理・宝田義一は当時の状況を次のように語っている。

出札所の建物が吹っ飛んでいる。その瓦礫が防空壕を埋めていた。壕からズンベラ坊の顔をした人間が、フラッフラッと出てくる。皮膚がペラペラにとれて、男か女かわからない。

火薬のにおいと、甘いような酸っぱいような妙に生ぐさい血のにおいが、一か月ほど駅をおおっていた。交通会館前のレンガの壁に、歩哨兵の、人の形そのままの血形ができていた。水をかけても落ちないので、一か月ほどしてペンキか何かで消したのを、覚えている。

（『東京大空襲・戦災誌』編集委員会編『東京大空襲・戦災誌――都民の空襲体験記録集 初空襲から８・15まで』第二巻、東京空襲を記録する会、一九七三年、六八―六九ページ）

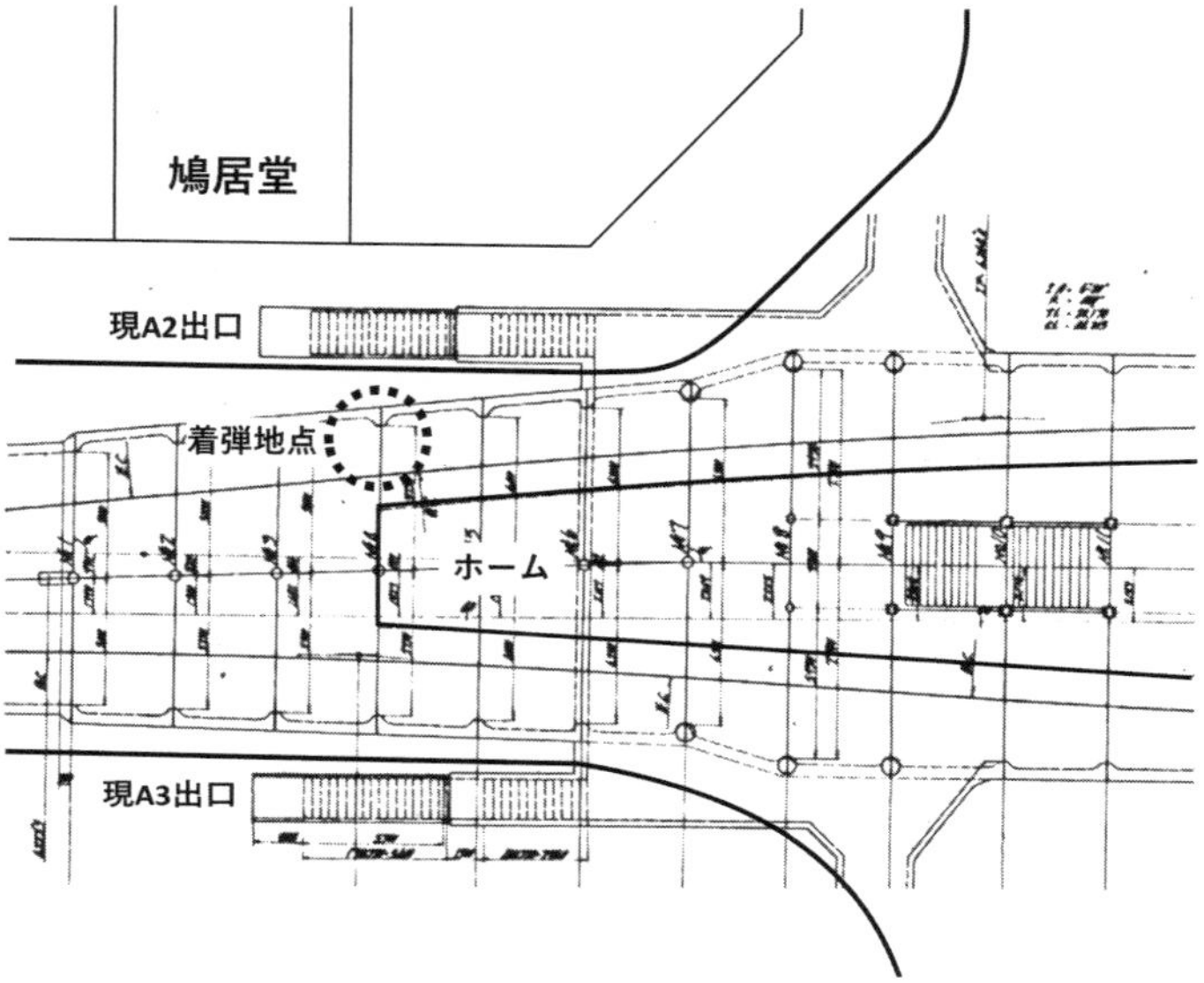

図21　着弾地点
（出典：東京地下鉄道編『東京地下鉄道史（坤）』〔東京地下鉄道、1934年〕図58をもとに筆者が作成）

地下鉄もまた銀座空襲の被害を免れることはできなかった。二百五十キロ爆弾が鳩居堂の前、現在の銀座駅Ａ２出入り口の真横に落下したのである。

危惧されていたとおり、頑丈な鉄骨鉄筋コンクリート造りのトンネルも上空から垂直落下する爆弾の前には無力だった。道路には大きなクレーターができ、破壊された水道管から水が噴き出して、トンネルに開いた大穴から駅構内に流れ込んだ。交通営団の災害報告書は次のように記録している。

銀座新橋寄西側出入口付近約三メートルの箇所に爆弾落下し、線路構築上部まで到達して爆発せるものの如く。路面に穿たれたる漏斗孔は径約十五メートル深さ約五メートルにして、前記駅出入口の路面近くは破壊され、下部階段には亀裂を生じ、鉄骨鉄筋コンクリート構築には幅二・八メートル、長さ約三メートルの孔を生じ、鉄骨コンクリート桁を折損の上、構築上部に敷設しありたる水道鉄管（内径八百ミリ）も同時に破壊され、大量の水は放出し土砂と共に隧道内に流入して延長約四十メートル余線路を埋没す。浸水は逐次増水し十七時頃には京橋駅まで浸水し軌条面二十五センチに達す。

（種村直樹『地下鉄物語』日本交通公社出版事業局、一九七七年、一〇六―一〇七ページ）

爆発によって鳩居堂は炎上し、地下鉄出入り口は枠組みを残して崩壊した。石川光陽は有楽町駅の被害状況を撮影したあと、四丁目交差点の現場に駆け付けて銀座駅のなかにも入っている。

銀座四丁目交差点の鳩居堂側地下鉄降り口に近く、都電の軌道上に爆弾一個落ち、その穴に大きな水道鉛管が切断されて物凄く水が奔流している。傍の地下鉄入口に七名の男が埋没されていて、警備隊員が猛火を背にして救助作業に必死の努力を続けている。

三越側の降り口から地下鉄の内部に入ってみると、中は暗く水の流れる音のみ聞こえて凄惨な気持ちだ。懐中電灯を頼りに、埋没者のいる側に来てみると、シャッターが内部に湾曲して簾のようになり、その中にうめき声が聞こえる。「今すぐ助けてやるから元気を出しておれ！」というと、微かな返事があった。

（前掲「都心炎上」六〇ページ）

3　被爆箇所の復旧

列車は空襲警報で運転を見合わせていて、被爆箇所付近に電車はいなかったのが不幸中の幸いだったが、一月三十一日まで被災区間の前後を運休して浅草―三越前と新橋―渋谷間で折り返し運転を余儀なくされた。

応急処置が完了した同年二月一日から復旧が完了する同年三月九日まで、浅草―三越前間は三越前駅の片渡り線を用いた折り返し運転、三越前―京橋間はＢ線線路を用いた単線ピストン輸送、京橋―新橋間はＡ線線路を用

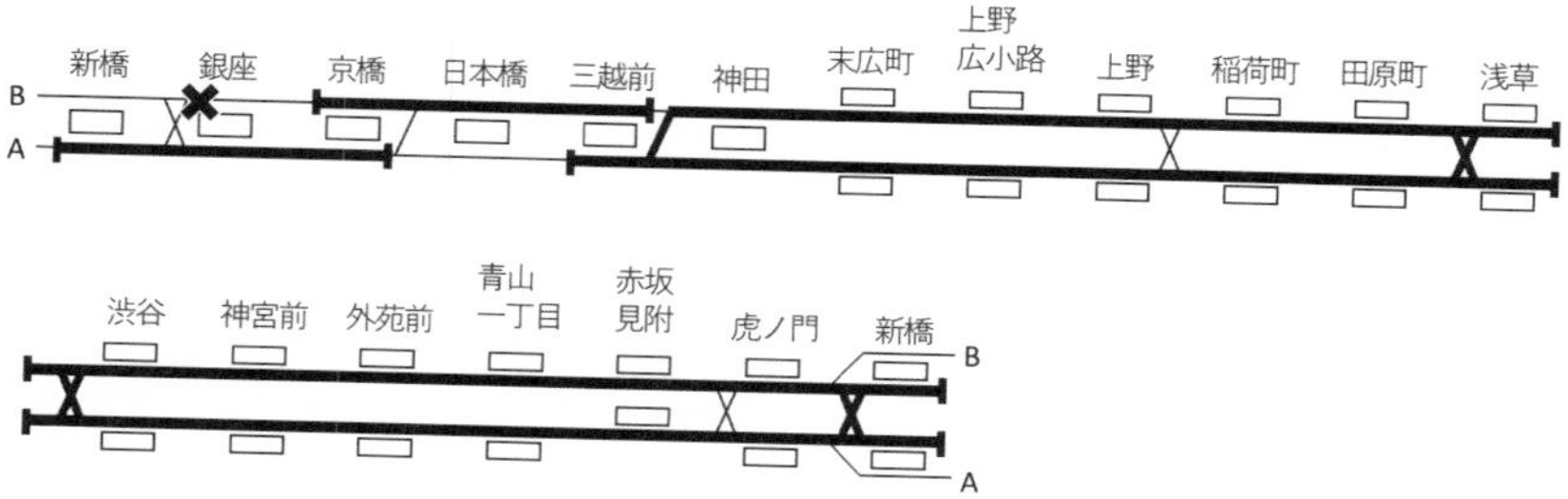

図22　1945年（昭和20年）2月1日から3月9日までおこなわれた折り返し運転の状況（筆者作成）

いた単線ピストン輸送と、被害を受けた銀座駅B線を避けて複雑な区間運転を実施した。

渋谷方面から来た列車は新橋駅のどこで折り返していたのだろうか。営業で使われていた新橋駅、つまり旧東京地下鉄道の新橋駅には折り返し設備は存在しなかった。東京高速鉄道との直通運転が始まるまで、新橋駅で折り返し運転する列車は、銀座延伸開業時に設置された銀座駅のポイントを使って折り返しをおこなっていて、銀座駅の信号扱い所が新橋駅の出発信号機を扱っていた。つまり新橋―渋谷間の折り返し運転は、新橋駅で唯一、折り返し設備をもつ旧東京高速鉄道の新橋駅、いわゆる「幻のホーム」を使っておこなわれていたことになる。

一般的に幻のホームは、東京高速鉄道が新橋まで開業した一九三九年（昭和十四年）一月十五日から、相互直通運転を開始する前日の九月十五日まで八カ月間しか営業運転に使われなかったとされているが、正しくはその後、四五年（昭和二十年）一月二十七日から三月九日まで不幸にも復活を遂げていたのである。

幻のホームと空襲の因縁はさらに続く。幻のホームを使った折り返し運転は三月九日で終了し、翌三月十日の始発から浅草―渋谷間の通し運転が再開されるのだが、この間におこなわれたのが下町を中心に東京市内の三分の一を焼き尽くし、十万人ともいわれる犠牲者を出した東京大空襲だった。銀座空襲の痛手から立ち上がった銀座線が運んだ最初の乗客は、新たな空襲で焼け出された人々だったのである。

銀座空襲の被害については、前出の交通営団の報告書に「鉄骨鉄筋コンクリート構築には幅二・八メートル、長さ約三メートルの孔を生じ、鉄骨コンクリート

写真22　左：銀座線新橋寄りＢ線ホームの改装前（2018年4月13日撮影）と右：改装工事中（2019年1月14日、筆者撮影）

桁を折損」とあるほかは石川光陽の写真が残る程度で、その後の復旧工事の詳細は全くわかっていなかった。

かろうじて、一九七七年（昭和五十二年）に地下鉄開業五十周年を記念して出版された種村直樹『地下鉄物語』（日本交通公社出版事業局）に、「いまも営団銀座線銀座駅の新橋側はずれにある信号取扱所前で、浅草方面ゆきの側壁を見上げると、爆弾による衝撃の跡が生ま生ましく残っている。タイル張りの壁のコンクリートの上部がずれて飛び出しているが、崩れるおそれはない」という言及があるだけだった。

ところが、二〇一九年に銀座駅で改装工事がおこなわれることになり、工事のために壁の化粧板を取り外したことで、復旧工事の実態が初めて明らかになった。

改装工事が始まる前の現地の様子は写真22の左のとおりだった。当該箇所の化粧板だけ手前に膨らんだ構造をしていて、壁面と天井の接合部から続くモルタル部分もここだけ厚くなっている。『地下鉄物語』によれば、被爆の衝撃で壁の一部がずれて飛び出しているとされていた箇所だ。

写真22の右は、同じ場所の化粧板を取り外してモルタルも撤去したあとのものだ。壁面には多数の鋼材を埋め込んで補強されていて、化粧板はこの鋼材を覆うために膨らんでいたことがわかる。そして、トンネル上部のずれて飛び出しているように見えた部分には、壁に埋め込まれた鉄骨と交差するように鉄骨が設置されていて、この鉄骨が天井の梁を支えている。モルタルはこの鉄骨を埋めて隠していたのである。

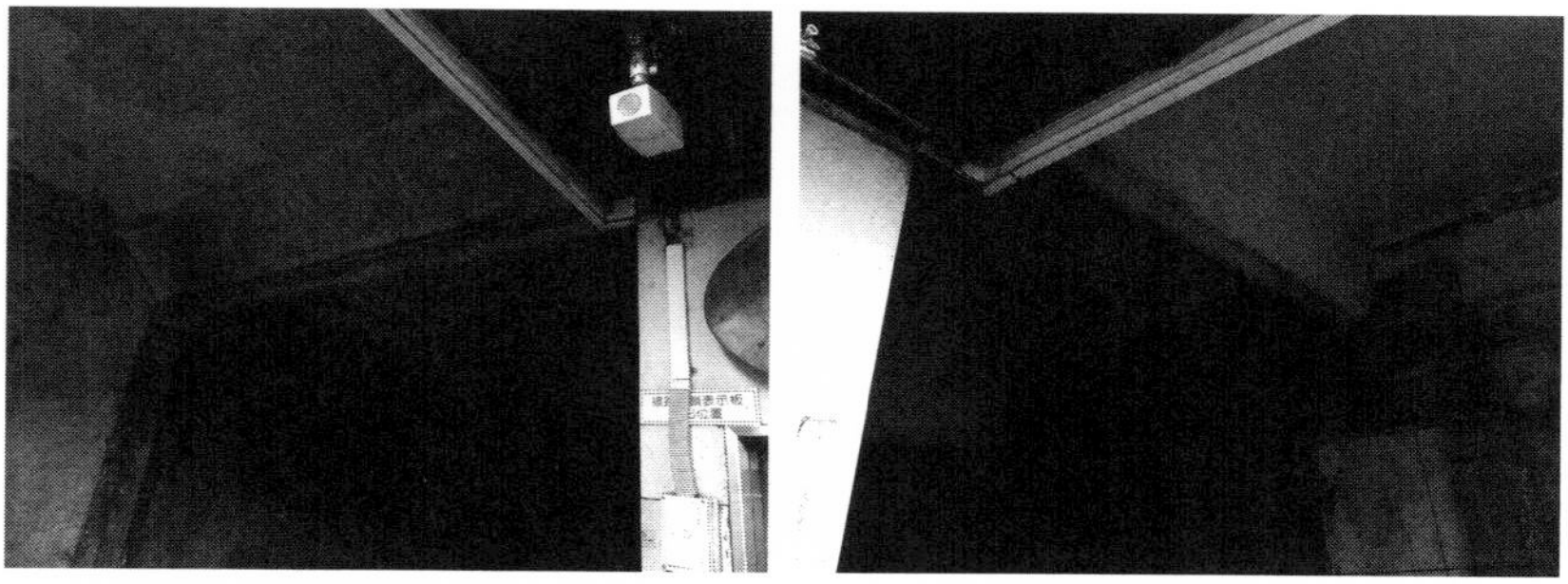

写真23　左：新橋寄りの1番線側（渋谷方面）と右：2番線側（浅草方面）の比較（2019年1月14日、筆者撮影）

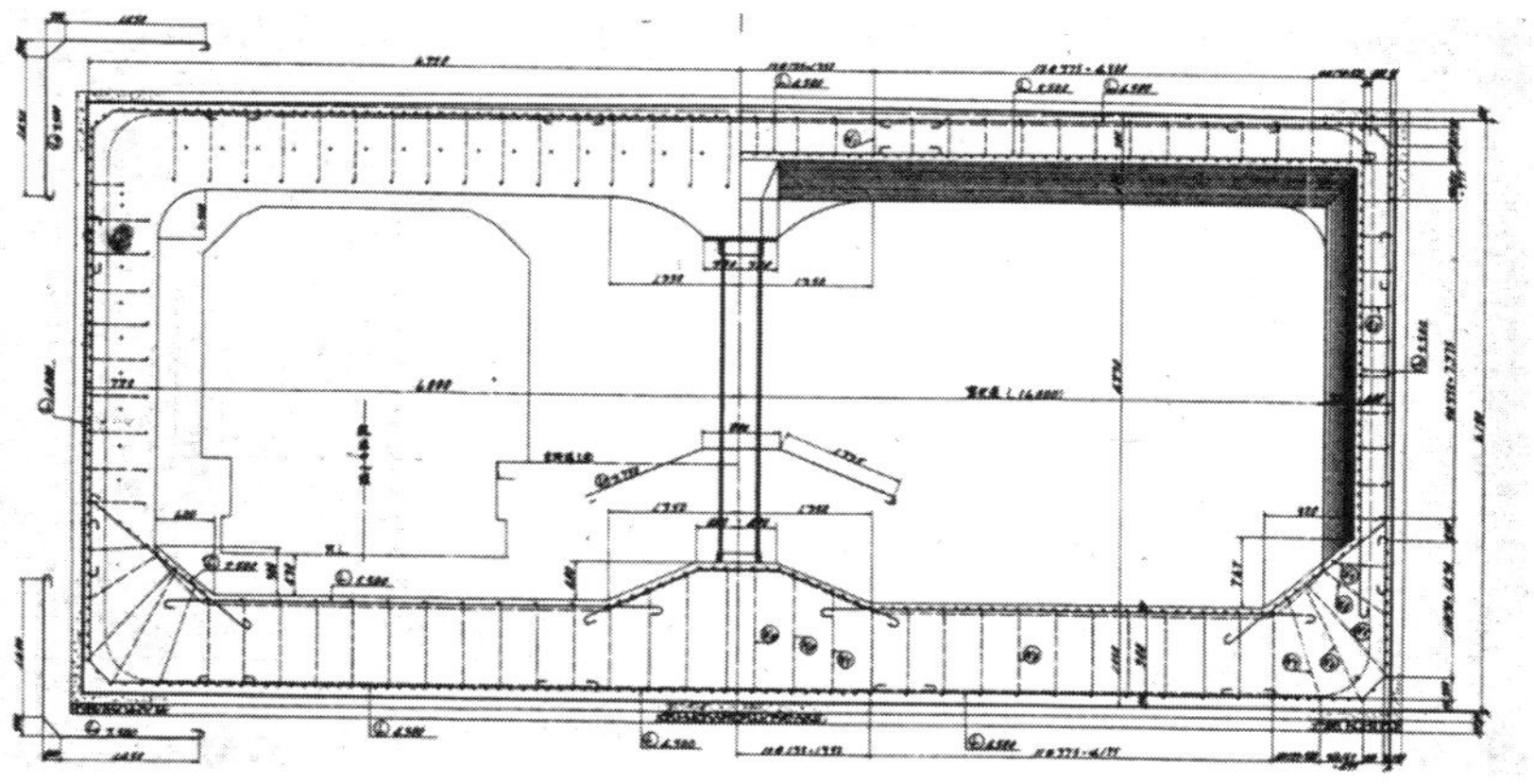

図23　鉄鋼框の断面図
（出典：前掲『東京地下鉄道史（坤）』、図60銀座停イ型鉄筋配置図）

ホーム新橋寄りの一番線側（渋谷方面）と二番線側（浅草方面）を比較したのが写真23である。一番線側は天井から側壁にかけてつながる鉄骨が見えるが、二番線側の壁面には鉄骨がなく、壁面に後付けされた鉄骨が天井の梁を支えている。

銀座線は現代のトンネルとは異なる鉄構框《てっこうかまち》と呼ばれる構造をしている。これは「日」の字を横に倒した形状に組んだ鉄構框を等間隔に並べ、その間を鉄筋でつなぎ、コンクリートを流し込む鉄骨鉄筋コンクリート造りの一種だ。

鉄鋼框は左右対称なので、本来であれば一番線側と二番線側は同じ構造をしているはずだが、形状が異なっている。爆発の衝撃で二番線側の線路上部の鉄構框が破壊されてしまったのだろう。戦争末期の資材不足によるものか、あるいは復旧を急いだためか、鉄構框を復元するのではなく、トンネル側壁に埋め込んだ鋼材と鉄骨によって梁を支える構造にしたようだ。

東京都心に残る貴重な戦争遺産を目に見えるように保存すべきという声もあったが、改装工事の完了に伴って被爆跡は化粧板の裏側に消えてしまった。次に私たちの前に姿を現すのは、数十年後、再び銀座駅が大規模な改装工事をおこなうときになるだろう。

4　東京大空襲

一九四五年（昭和二十年）、東京は三六年（昭和十一年）二月以来の大雪に見舞われた。四五年二月二十二日の積雪三十八センチはいまも観測史上二位の記録を保持している。その残雪が溶けきらないまま迎えた二十五日も朝から雪模様だった。

アメリカ軍がミーティングハウス一号作戦と呼称したこの日の空襲は、当初、軍事施設を目標にした作戦だったが、悪天候の影響で目標が市街地に変更された。それまでで最多の二百二十九機のB29を集中投入し、日中の高高度から大量の焼夷弾を投下したのである。

ミーティングハウス一号作戦は、アメリカ陸軍第二十一爆撃軍司令官カーチス・ルメイによる、焼夷弾を主体とする最初の大規模空襲だった。一号作戦の成功は、より大規模な火災発生を狙ったミーティングハウス二号作戦、すなわち三月十日の東京大空襲へとつながっていく。

二月二十五日は日曜日だった。七時三十五分に警戒警報が発令され、敵空母機動部隊が接近中という情報が入ったが、十時四十三分に解除された。これより十日前の二月十五日、空母十六隻・戦艦八隻を伴ったアメリカ海軍第五十八任務部隊から発進した空母艦載機による初の本土空襲がおこなわれている。

午後に入り、天候は吹雪になっていた。B29爆撃機の大編隊が本土に接近中という一報が入り、十四時十五分に再度、空襲警報が発令された。吹雪のなか、百五十二機のB29から広範囲に焼夷弾が投下され、神保町付近から岩本町、馬喰町方面まで、神田駅を中心に大火災が発生した。

神田に次いで被害が大きかったのは御徒町から上野の一帯だった。上野車坂町の交通営団本部ビル周辺には大小の旅館が密集していたが、南側に隣接する群玉舎という旅館や東側一帯の民家が燃え始めた。

二階南側の窓から群玉舎の火災が本部ビルに延焼すると、階段やエレベーターを通じて上層階に火災が拡大する危険があった。日曜日の営団本部に当直していた数人の職員たちは、応援に駆け付けた上野駅駅員と一緒に二階の西南の隅の部長室の仕切りを取り外し、机や椅子、書類棚を北側に移した。

そうこうしているうちに群玉舎の火は本部ビルの窓ガラスを破り火柱となって押し寄せてきたが、バケツリレーで部屋中に水をまいて延焼を防いだ。消防団が群玉舎を破壊消防し、同時に風向きも変わったため、ようやく火勢は衰えた。延焼を食い止めた職員たちは樽の水で乾杯し、万歳三唱した。翌日、総裁から消火作業にあたった全員に慰労金が出された。

しかし、この空襲は二週間後に訪れる破局の前触れにすぎなかった。

一九四五年（昭和二十年）三月十日未明、二百七十九機のB29爆撃機が高度二千メートルの低空飛行で東京上空に侵入し、攻撃を開始した。空襲警報が発令されたのは空襲が始まったあとの〇時十五分のことだった。

この日は夕方から寒冷前線が通過し、秒速十メートルから二十メートルの強い西風が吹いていた。B29は空襲による火災の煙で目標が覆い隠されないよう、東から西に向けて投弾していった。投下された爆弾は千六百六十五トン、そのすべてが焼夷弾である。

強風にあおられて随所で発生した火災は次々と燃え広がっていった。やがて火災は合流し、大規模な火災旋風が発生。本所区、深川区、城東区の全域を焼き尽くした。この空襲で東京都三十五区の三分の一以上にあたる約四十平方キロが焼失。百万人が家を失い、推定十万人以上が死亡した。

写真24　上野地下鉄ストアと群玉舎（1932年頃）（地下鉄博物館所蔵）

東京大空襲・戦災資料センターの集計によれば、第二次世界大戦中の空襲による日本人民間人死者数は約四十万人、うち原爆投下による広島県と長崎県の死者を除いた数字は約二十万人である。つまり通常攻撃による死者のおよそ半分が三月十日に亡くなったことになる。なぜこれほどまでに被害が拡大してしまったのか。『東京大空襲・戦災誌』（全五巻、『東京大空襲・戦災誌』編集委員会編、東京空襲を記録する会、一九七三―七四年）は、都民の虚をついた深夜、超低空からの圧倒的な焼夷弾攻撃、二十メートルから三十メートルにも

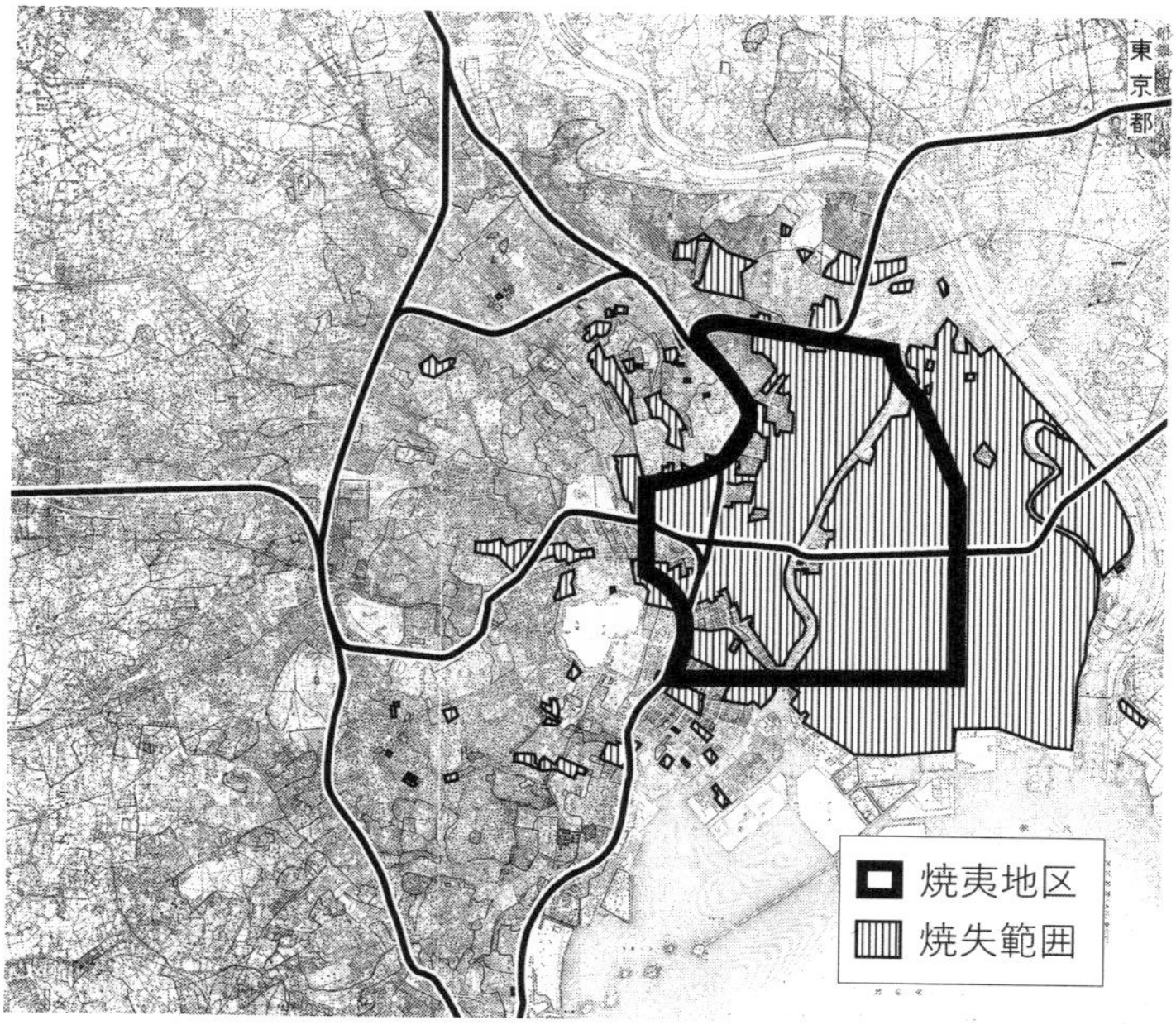

図24　東京大空襲の対象範囲。黒線で囲った部分がミーティングハウス
（出典：「全国主要都市戦災概況図」に加筆して筆者作成）

及ぶ折からの強風、下町特有の密集した町、水路に囲まれた逃げ場のない地形とともに、都民をがんじがらめにしていたおよそ非科学的な防空精神と防空体制、防空義務を要因として挙げている。

この空襲からアメリカ軍は、これまで高度九千メートル付近からおこなっていた爆撃を、一気に二千メートルまで下げる「新戦術」を導入していた。低高度で飛行することで、ジェット気流の影響を回避できるのに加え、航行・照準用レーダーの反射波が強くなって映像が鮮明になり、爆撃精度が向上するなどの利点があった。

そのぶん、日本の迎撃を受けるリスクは高まるが、これまでの空襲で日本の防空能力は脅威ではないと判断されていた。B29は一部の機銃を取り外し、弾薬も最低限に減らすことで、焼夷弾を通常より多く搭載して出撃している。

前述のとおり、この空襲は二月二十五日に続くミーティングハウス二号作戦と命名されている。「ミーティングハウス」とは、東京市街地のうちの最も人口が多い地域を対象に「焼夷地区」として定めた標的区画の暗号名で、作戦名の二号はこの区画に対する二回目の攻撃であることを示している。

「焼夷地区」には地下鉄の浅草—京橋間が含まれている。浅草は二月二十五日の空襲でも被害を受けていたが、三月十日の空襲で残る建物もすべてが焼き尽くされた。

旧東京地下鉄道は一九二九年（昭和四年）、最初の商業ビルとして現在の浅草駅一番出入り口の場所に浅草雷門ビルをオープンしている。東京地下鉄道は兼業に着手するにあたって、阪急電鉄に社員を派遣してノウハウを学んでいて、阪急に倣って食堂を直営経営した。尖塔が特徴的な地上四十メートルのビルは、関東大震災で崩落した地上五十二メートルの「浅草十二階」こと凌雲閣に代わる浅草のシンボルとして親しまれたという。

交通営団移管後も引き続き食堂を営業していたが、一九四三年（昭和十八年）に兼業部門を整理・縮小した際に営業を終了し、運転士と車掌の詰め所に転用された。その浅草雷門ビルに火の手が迫っていた。

この空襲による大火災は、浅草雷門の現在乗務区のあるビルディングをも猛火に包み、その火は隅田川を越えて向島に燃え広がった。その猛火にもかかわらず、当夜勤務に当たっていた乗務職員は爆弾の落下する最中、火熱のために割れた飛び散った窓硝子から襲いかかる火焔をビル内に入れぬよう、合宿所の畳をはがし、これを水に浸して窓をふさぎ、強風のため倒れかかるこれらの畳をおさえ、水をかけながら必死の防火に挺身し、職場の焼失を防いだのであった。

（帝都高速度交通営団営業部・運転部編『地下鉄運輸50年史』帝都高速度交通営団営業部・運転部、一九八一年、二九六ページ）

乗務員たちは猛火のなか、決死の覚悟で職場を焼失の危機から守り抜いた。当時の記録によると「浅草区、区内全家屋焼失」とされている。松屋デパートが入る東武浅草駅も建物こそ残ったが、建物内部に火が入り、全焼した。

近所の銭湯もみんな焼けてしまったので、乗務員たちは雷門ビルが食堂時代に厨房があった六階にドラム缶で五右衛門風呂を作り、焼け跡の土中に残った木材を掘り出して燃料にして、入浴していたという。

もう一つ、奇跡的に空襲の火災から逃れた場所がある。最大の車両拠点である上野車庫だ。二月二十五日に南から迫った火災は営団本部で、三月十日に東から迫った火災は清洲橋通りで食い止められ、車庫に被害はなかった。もし、営団本部ビル、上野車庫、浅草の運転区・車掌区のいずれかが焼失していたら、地下鉄の運営に大きな支障が生じ、戦後の交通営団の運命は変わっていたかもしれない。

ところで空襲の最中、地下鉄はどうしていたのだろうか。第5章でもふれたが、東京大空襲の三日後、三月十三日の深夜から十四日の未明にかけておこなわれた大阪大空襲では、大阪市営地下鉄の心斎橋駅や本町駅、大国町駅などに避難したという体験談や、梅田方面に避難列車が走ったという証言が残っている。一九九七年に大阪市交通局の労働組合が調査したが、地下鉄側からは証言が得られず、また当時の運行資料も残っていなかったため、真相は明らかにならなかった。

翻って東京ではどうだったのか。東京大空襲経験者の体験談は『東京大空襲・戦災誌』をはじめとして多く残されているが、筆者が知るかぎり地下鉄に避難したという証言は残っていない。一方、当時営団職員だった女性の「その晩も泊まり勤務で上野駅近くの合宿所にいた。空襲警報発令。高射砲がとどろいた。真上にB29。爆弾投下。約五百m離れた地下鉄入口へ走った。地下鉄が防空ごう代わりになって助かった」（「メトロTokyo50」「毎日新聞」一九七七年十二月二十三日付）という証言がある。

またある女性運転士は後年、東京大空襲の夜に浅草から渋谷まで避難民を乗せて走ったと語っているが、これを裏付けるほかの証言や記録は見つかっていない。当時の終電は二十二時三十分まで早まっていて空襲開始時刻には既に営業を終了していたこと、また前述のように一月二十七日の空襲被害の影響で三月九日まで浅草—三越前間で折り返し運転をしていたことから、大阪市営地下鉄のような避難列車の運行があったとは考えにくい。

5　山の手大空襲

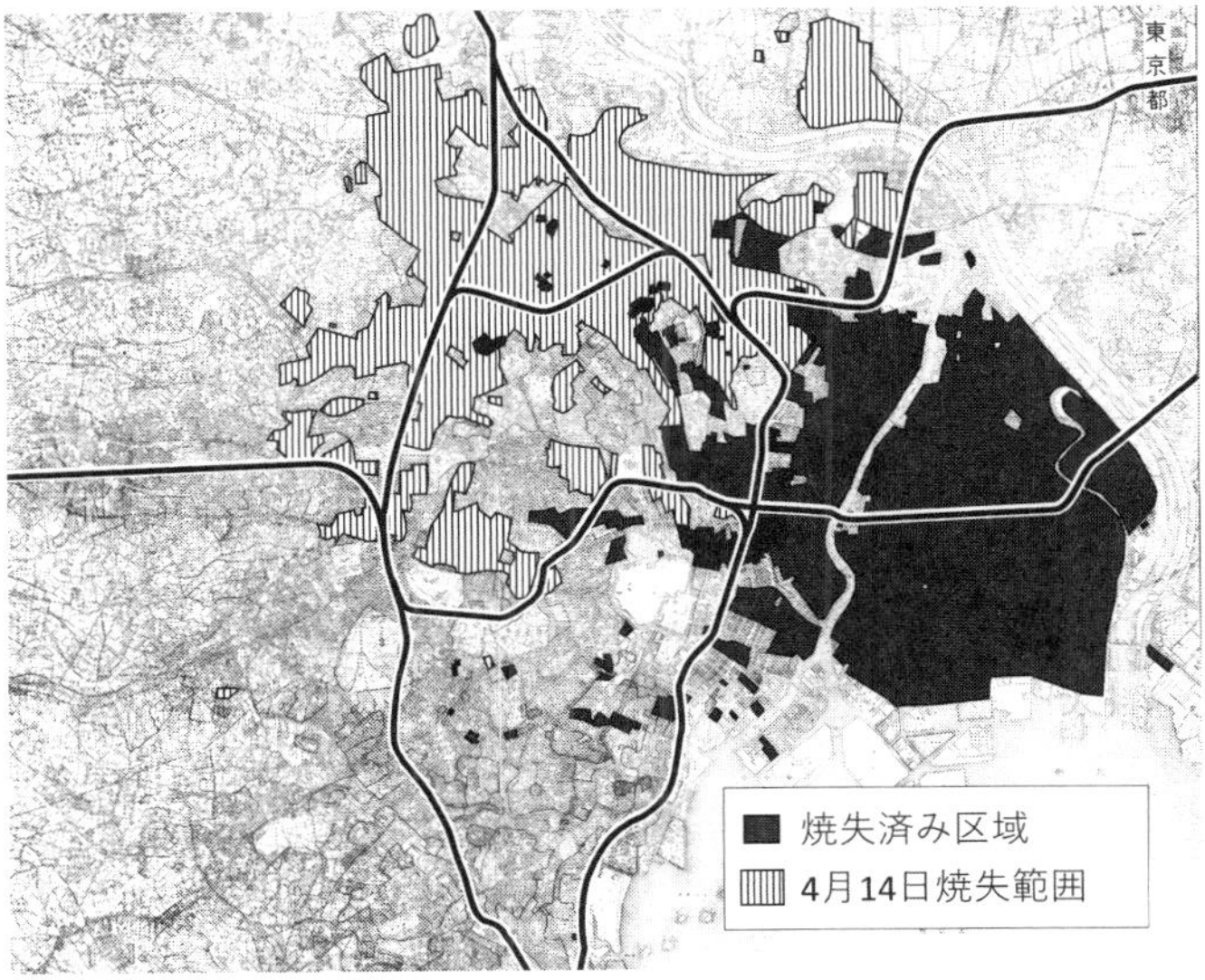

図25　4月13日から再開された大規模空襲の対象範囲
（出典：「全国主要都市戦災概況図」に加筆して筆者作成）

カーチス・ルメイが考案した夜間・低空・焼夷弾攻撃は想定以上の戦果を収めた。東京大空襲に続いて、三月十二日未明には名古屋、十四日未明には大阪、十七日未明には神戸、十九日未明には再び名古屋と立て続けに三百機近いＢ29を用いた空襲をおこなっている。一連の「焼夷弾電撃作戦」によって、マリアナ基地の焼夷弾は底を突き、しばらくの間、同様の作戦は中断されることになった。

東京に対する大規模空襲は四月十三日から再開された。十三日二十二時五十七分から十四日二時三十六分まで三時間半にわたり、東京大空襲を上回る三百二十七機のＢ29が東京北部を攻撃。豊島区、滝野川区、荒川区が甚大な被害を受けた。鉄道関係では、省線山手線の池袋電車区と電車多数、また池袋駅、大塚駅などの駅舎が焼失している。

次いで十五日には東京南部と川崎市の工業地帯を目標にした空襲がおこなわれた。蒲田区のほぼ全域と川崎市、横浜市の一部が被害を受け、省線京浜東北線の蒲田電車区では多数の電車を焼失した。このあとマリアナ基地のB29は、四月一日に上陸を開始した沖縄作戦の支援として、特攻機の出撃基地である九州や四国の飛行場を目標にした空襲に振り向けられることになり、市街地に対する大規模空襲は再び中断された。

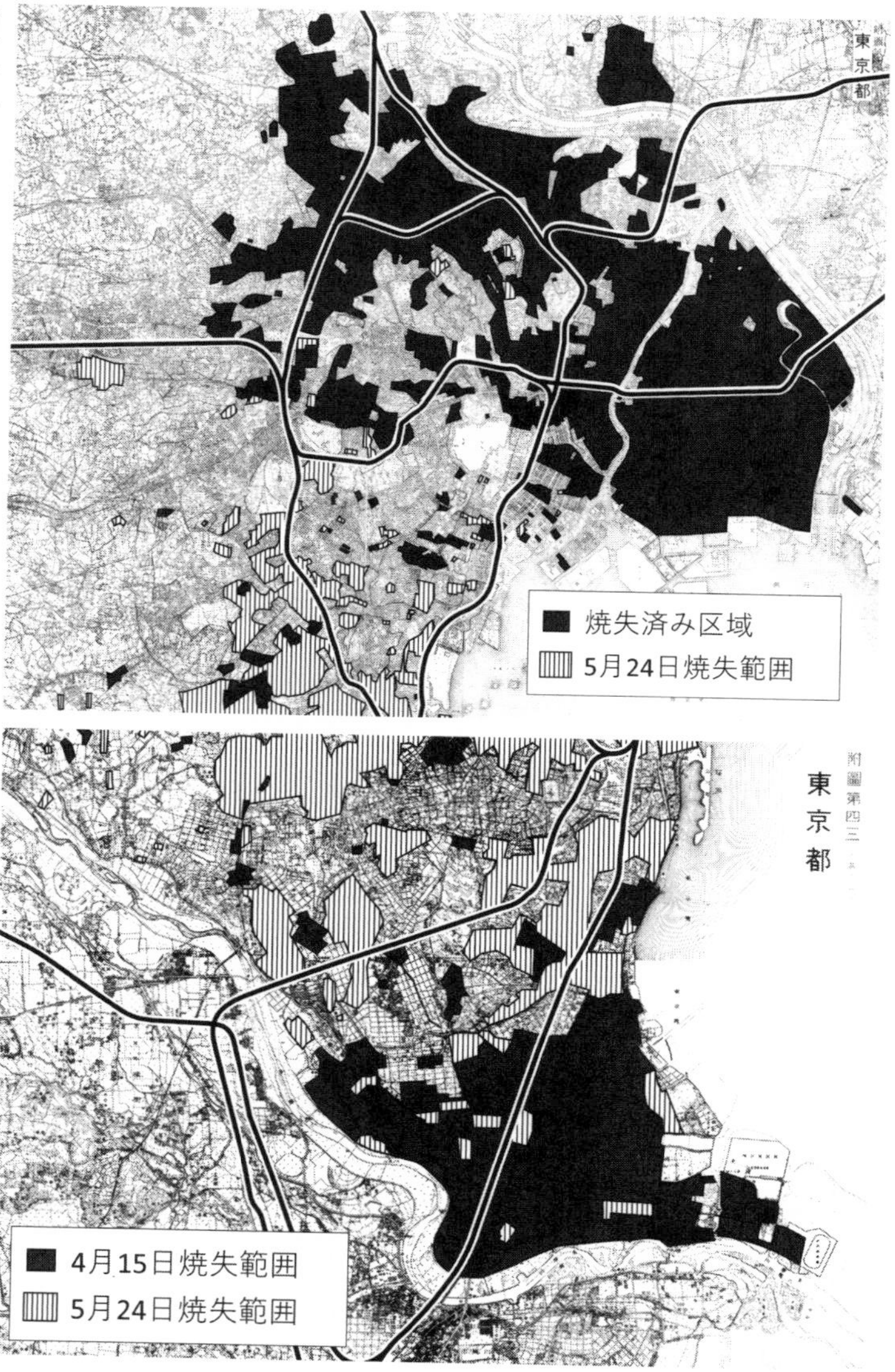

図26　5月24日の大規模空襲の対象範囲
（出典：「全国主要都市戦災概況図」に加筆して筆者作成）

B29の戦略爆撃は五月十一日から再開された。同日に神戸、十四日の白昼と十六日から十七日の夜間に名古屋を空襲し、続けて五月二十四日に東京への大規模空襲をおこなった。この作戦は東京の残存市街地に対して、できるかぎり間を置かずに最大規模の焼夷弾攻撃を連続しておこなうというもので、二十四日の空襲は大森区、荏原区、品川区とその周辺区域、つまり東京南部が標的となった。出撃した過去最多となる五百二十機のB29が一時三十九分から三時三十八分まで約二時間の間に合計三千六百四十五トンの焼夷弾を投下した。

そして翌二十五日、四百六十四機のB29によって東京を目標とする最後の大規模空襲でおこなわれた。この空襲は中野区、杉並区、淀橋区、渋谷区といった山の手地域に被害が大きかったことから「山の手大空襲」とも呼ばれるが、アメリカ軍の作戦任務報告書によれば目標地区は、これまでの空襲で焼け残っていた麴町区、京橋区、赤坂区、麻布区、芝区といった東京の中心部だった。この地域にはコンクリート造りやレンガ造りの耐火建造物が多いことから、これまでの空襲とは異なり貫通力が高い大型の焼夷弾が多く用いられた。そのため霞ケ関、丸ノ内など都心部でも大火災が発生し、有楽町の東京都庁舎や東京駅赤レンガ駅舎が全焼。三千人以上が死亡し、十六万戸以上が焼失した。

この日は二十二時二分に警戒警報が発令され、二十二時二十二分に空襲警報が発令された。二十二時三十八分に先導機が第一弾を投下すると、その三十分ほどあとから主力機の爆撃が始まった。

その頃、神宮前駅には浅草発渋谷行き列車が到着していた。三両編成の列車に乗務しているのは交通営団の女子車掌一期生十二人のうちの一人、上野百子だった。反対側の浅草行きホームには回送列車が停車していた。空襲警報の発令を受けて、渋谷車庫からトンネル内に避難しにきた車両だった。

渋谷行き列車の運転士は、神宮前駅のホーム上に掲げられた空襲警報発令を知らせる看板を確認して運転を見合わせた。坑口から先、渋谷駅の地上は火の海だという。運転士と車掌の上野は、回送車両の運転士とともに乗客の避難を試み、駅の階段を上ってみたものの、神宮前の地上も既に猛火に包まれていた。

渋谷駅からの鉄道電話は「乗客の扱いは、運転士とお前に任せる」と言って切れてしまった。上野は車掌歴一

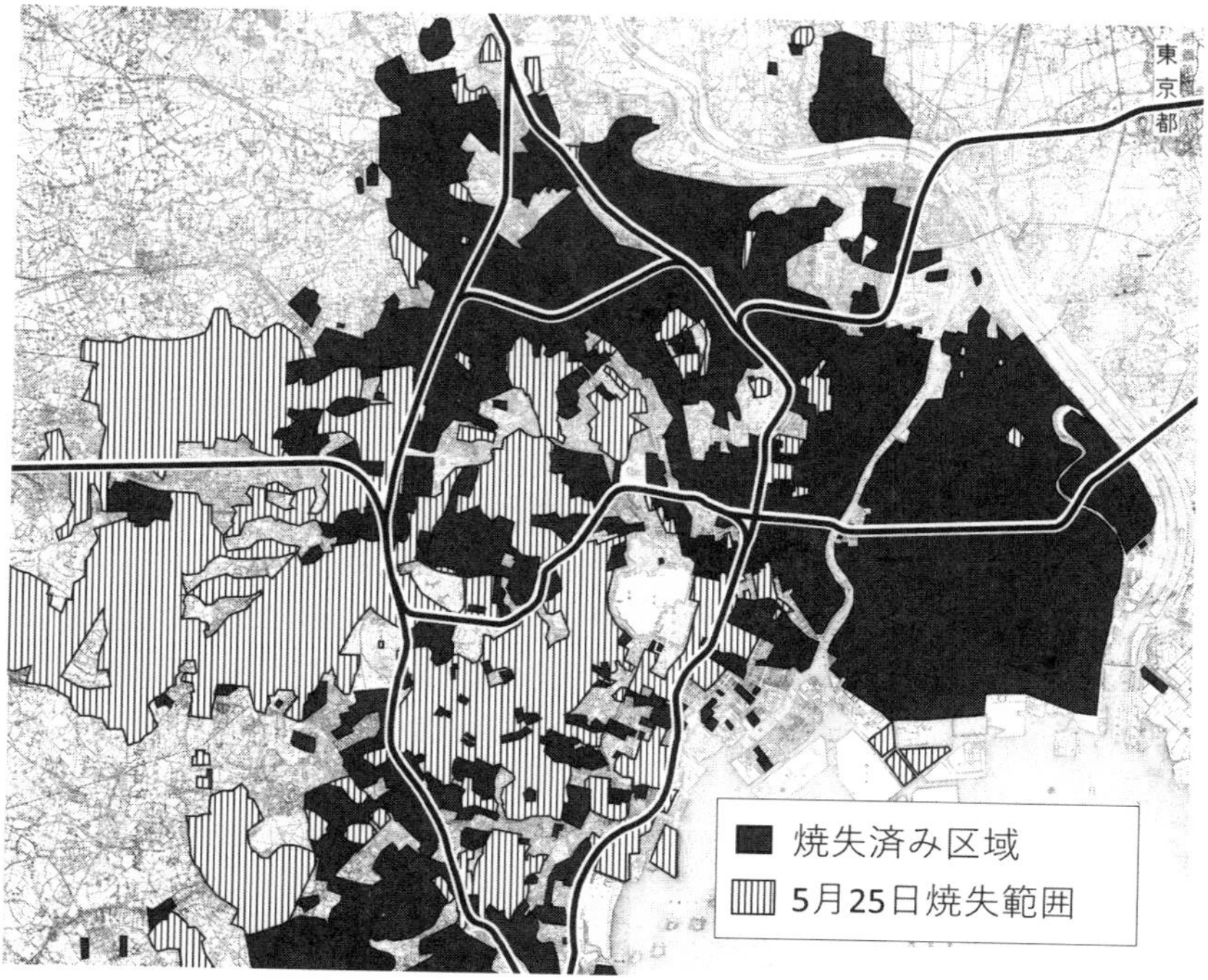

図27　5月24日の大規模空襲の対象範囲
（出典：「全国主要都市戦災概況図」に加筆して筆者作成）

年半の十九歳の少女だったが、乗客の命を預かる車掌という立場に変わりはなかった。上野は避難を決意し、乗客に呼びかけた。「私に続いてください」

カンテラを手に、トンネルの軌道内に降りた上野は、数十人の先頭に立って、渋谷駅手前の出口に向けて歩きだしたが、坑口や通気口から大量の煙が吹き込んできた。やむなく全員で線路の上に腹ばいになり、必死で煙を避けたが、枕木の上の油が次々に燃え始めた。たまりかねた上野は飛び出していって、燃え上がる火を靴で踏み付けた。トンネルの壁の隙間で体を冷やし、また火を消してと何度も繰り返した。

一部の乗客は新橋のほうへ行ってみるといって逆方向に歩きだしたが、青山一丁目や赤坂でも地上の火がひどく、結局行き着けずに戻ってきたようだった。そのときは知る由もなかったが、渋谷から新橋まで沿線の地上すべてが火の海になっていたのである。

こうしてトンネルで一夜を明かして、ようやく地上に避難することができたが、その間に悲劇が起きていた。乗客のなかでただ一人、若い母親の腕に抱かれていた赤ちゃんが、煙で窒息死してしまったのだ。うなだれる上野にその母親は、大事に持っていた一缶の水飴を差し出し、「この子の代わりにがんばってね」と逆に励ましてくれた。上野は戦後三十二年が経過した一九七七年（昭和五十二年）のインタビューで、この夜の出来事が「今も胸につかえている」と語っている。

山の手大空襲では渋谷駅や渋谷車庫も大きな被害を受けている。この頃、車両部品や保守資材の不足、保守要員の相次ぐ徴兵によって、モーターやブレーキの部品を外したまま動くことができない車両がかなりあった。こうした不動車両は赤坂見附の新宿線用ホームや新橋の副本線に留置されていたが、一部が渋谷の車庫に置かれていて、この空襲で五両が焼損した。

稼働車両は保有八十四両中二十四両まで減少し、同年六月一日から終日十分間隔による運転を余儀なくされる。あわせて同日から、空襲で駅周辺が焼け野原になって乗降客がほぼいなくなった末広町駅と田原町駅を通過扱いとして、駅の営業を休止した。

施設の被害も甚大だった。渋谷車庫高架下の乗務区と技術区、坑口の付近にあった旧東京高速鉄道運輸事務所を転用した合宿所や、渋谷車両基地から二百メートルほどの場所にあった職員寮も空襲で焼失してしまった。このため、しばらくの間は車庫や駅構内の留置車両を合宿所のかわりにして電車のシートの上で寝泊まりをしたという。

私立交通営団青年学校として使用していた元東京高速鉄道本社の木造二階の建物も焼けてしまった。かろうじて渋谷車庫の事務所だけが、近隣住民の応援によって延焼を免れることができた。当時渋谷駅や渋谷車庫では、空襲が激しくなると重要書類や重要備品をもって付近の井ノ頭線のトンネルに避難していたという。

この日の空襲で残る市街地を焼き尽くされた東京は、焼夷弾攻撃の目標リストから外されることになる。

終章　地下鉄の戦後復興――一九四五―四九年

1　戦後の交通営団

一九四五年（昭和二十年）八月十四日、日本政府は連合国に対してポツダム宣言の受諾を通告。国民は翌十五日の「玉音放送」によってその事実を知ることになった。二十三日には防空終止命令が発せられ、灯火管制と音響管制が解除されたため、街灯には明かりが戻り、正午のサイレンも復活した。空襲の恐怖におびえることはなくなったが、人々の戦いはまだ終わらなかった。生き延びるための戦いはむしろ過酷さを増すことになったのである。

東京はごく一部の地域を除き、いたるところが焼け野原になり、そのなかにバラックやトタン屋根の仮建築が点在する状況ばかりだった。一九四四年（昭和十九年）二月に六百五十五万人だった東京都区部の人口は、疎開や避難によって四五年（昭和二十年）六月時点で二百五十八万人まで減少していたが、疎開先からの帰京、動員や徴用の解除、兵隊の復員によって、人口は急速に回復を始めた。東京都は人口抑制策として再疎開の実施や転入禁止の方針を打ち出すが、それでも人々は続々と東京に戻ってきた。区部の人口は四六年（昭和二十一年）四月に三百四十四万人、四七年（昭和二十二年）十月に四百十八万人、四八年（昭和二十三年）八月には四百五十六万人にまで回復している。

敗戦後の最大の国内問題は食糧の不足だった。戦前の日本では、不足する米を朝鮮や台湾などの植民地、また東南アジアからの輸入でまかなっていた。ところが敗戦によってこれらの供給が断たれたのに加え、一九四五年（昭和二十年）は米が記録的な大凶作になった。平年であれば約八百五十万トンから九百万トンの収穫高が、わずか五百八十七万トンにすぎなかったのである。

配給される食糧は正規の配給量でも十分とはいえず、さらに遅配や欠配が相次ぎ、都市部では餓死者が発生する事態になっていた。人々は生きるために近郊農家から非正規ルートで米やイモなどを買い求めた。食糧事情がはなはだしく悪化した一九四五年（昭和二十年）十一月初めには、東京から近県への買い出し客は百万人に達したともいわれる。

都心を営業区域とする交通営団でも食糧事情は深刻だったようだが、ここでも活躍をみせたのが女子職員たちだった。戦時中に勤労動員で配属された女子職員は関東近県の出身者が多かったため、休暇で実家に戻るたびに闇米を持ってきたという。

この頃の食糧事情について、東京地下鉄道時代に入社して後年、交通営団で運転部次長を務めた吉村新吉は次のように振り返っている。

当時の食料事情だが、なにしろ食料配給も滞りがちの当時、すいとんが全盛で、塩湯にそれも醬油とは名ばかりの黒く色付けされた液体を入れて沸騰させ、小麦粉やらトウモロコシ粉、フスマ粉などをこね回して、たらりたらりと落とす。もちろん他に調味料とか野菜とかそんな結構なものは拝めない。休憩時間にフーッフーッとさまして食欲を満たす。

だんだん食料事情がよくなって労務加配米などが入るようになると、個人ごとに小さな金属の器に青豆や芋を加えてそれを研ぎ、蓋に時間を白墨で記入しておく。予備運転士がそれを誤りなく降車時刻に併せて炊いておく。二個の小さなヒーターで泊まり勤務者の十五、六個を時間通り炊き上げるのは大変な作業だが、中にはそれが好きで勤務を交代してまで担当する者もいたのは、あまり得意でない私には不思議だった。
（吉村新吉『もぐらの履歴書』文芸社、二〇〇五年、一五四―一五五ページ）

表4　終戦前後の1日あたりの輸送状況

年度	輸送人員（人）	客車走行キロ
1941	276,082	20,143
1942	270,499	20,047
1943	298,109	17,838
1944	250,563	13,752
1945	189,077	9,164
1946	329,354	12,315
1947	368,570	14,383

（出典：帝都高速度交通営団営業部・運転部編『地下鉄運輸50年史』〔帝都高速度交通営団営業部・運転部、1981年〕の資料編「地下鉄開業以来の運輸成績表」）

もう一つの問題は悪性のインフレだった。国内の産業施設が空襲で破壊され、残った施設も著しく荒廃していたため、生産力は極度に落ち込んだ。これに対し、戦費あるいは戦災復旧、終戦処理のために放出された日銀券は膨大なものであったため、ハイパーインフレが発生した。

生産指数は一九三五年（昭和十年）頃を一〇〇としたとき、終戦の四五年（昭和二十年）にはこれが六三に落ち込み、さらに翌四六年（昭和二十一年）には最低の三九になった。これに対し、日銀券発行高は三五年（昭和十年）に十七億円だったのが、四五年（昭和二十年）に五百五十四億円、四六年（昭和二十一年）に九百五十五億円と激増した。このため東京の小売物価は三五年（昭和十年）を基準として、四五年（昭和二十年）に三倍、四六年（昭和二十一年）に十九倍になり、四九年（昭和二十四年）には二百四十三倍にまで跳ね上がっている。

インフレに対応すべく、交通営団は終戦直後、頻繁に運賃改定をしている。地下鉄の運賃は一九四五年（昭和二十年）四月一日の運賃改定で二十銭均一とされていたが、四六年（昭和二十一年）二月に三十銭、六月に五十銭に値上げすると、四七年（昭和二十二年）には三月に六十銭、七月に一円五十銭、十二月に二円と一年に三度も運賃改定をしている。さらに四八年（昭和二十三年）五月に三円五十銭、七月に七円と大幅な値上げを実施し、運賃はわずか三年で三十五倍になった。

資材、人手、技術の何もかもが不足した状況が好転する兆しはなくとも、交通営団に立ち止まっている余裕はなかった。省線や都電、私鉄と比較して空襲被害が少なかった地下鉄には郊外から新橋・神田・上野の闇市に向かう利用者が押し寄せ、一九四六年（昭和二十一年）の輸送人員は戦時中のピークを上回る数字を記録した。しかし、輸送力はその当時と比べて七〇パーセント程度にすぎなかったために車内は激しく混雑した。

このような状況下で、車両部門の立ち上がりは早かった。一九四五年（昭和二十年）の「営団報上期」には「特に外部の協力を得て車両の修繕に努めたり。本年五月二十五日、渋谷車庫において戦災により焼損せる電車五両中二両は応急修理を済み使用中なり」と記されている。空襲で焼けた車両の一部は、わずか三カ月で営業復帰していたのである。

いよいよ部品がなくなると、軸受には木綿パットの代りに藁を使ったり集電靴の摩耗部分に「当て金」を取付けたり、MG・CPのブラシ類は主電動機の廃品を活用するなどの工夫もした。

また、アクスルのメタル焼けには、応急的に菜タネ油やゴマ油を使うことも考え出したが、一往復もすればまた油切れを起こし、キーキーと白煙を吐きながら入庫してくる始末であった。割れた窓ガラスにベニヤ板をはめ込んだり、座席シートを板張りに替えたり、稼働車を維持するための努力は大変なものであった。

（帝都高速度交通営団車両部編『車両部60年のあゆみ――営団地下鉄車両2000両突破記念』帝都高速度交通営団、一九八九年、一八五ページ）

終戦時の稼働車両は全八十四両中二十四両、十分間隔の運転だったが、車両の整備・復旧を進めて終戦一カ月後の九月十五日には稼働車両は三十三両に増加、運転間隔を八分に短縮。十月十三日から混雑対策として全列車を三両編成とし、運転間隔を六分とした。一九四六年（昭和二十一年）十月には運転間隔を五分まで改善している。

とはいえ、地下鉄は満身創痍だった。運転士の人材不足、経験不足に加え、車両や駅の設備は戦時中の酷使で疲弊していて、ＡＴＳは部品不足で満足に機能しなかった。そのため一九四六年（昭和二十一年）五月から十一月にかけてわずか半年の間に三件の列車追突事故が発生している。

2 営団廃止論

この頃、交通営団は二つの側面から存続の危機に瀕していた。一つは連合国軍総司令部（ＧＨＱ）による日本の民主化政策の一環としての営団解散の検討であり、もう一つは東京都による都営交通への一元化を目的とした営団廃止の要求である。

ＧＨＱは一九四六年（昭和二十一年）三月に閉鎖機関令を発令し、植民地経営に関わった南満洲鉄道や台湾拓殖などの国策会社や、朝鮮銀行、台湾銀行などの特殊銀行と、各産業の統制会社、統制団体など戦時経済政策を目的として設立された機関の閉鎖を指示した。戦時期に政府の補助もしくは代行機関として統制、配給、融資などの業務をおこなうために設立された営団についても、国策会社と同様に私的独占禁止の文脈から大部分が閉鎖機関に指定された。

前にも述べたとおり営団の名称を付けた組織は、帝都高速度交通営団のほかに住宅営団、食糧営団、交易営団、産業設備営団などが存在した。これらの営団のなかには、戦争遂行を目指した設立目的が明記してあったものがあり、それらは即時解散され、そのほかの営団も逐次、改組あるいは廃止された。

交通営団もその一つとして調査の対象になったが、戦争目的とは関係なく東京都区部と周辺の交通調整を目的として発足した法人であること、早急に輸送施設を復旧し、都内の交通機関として円滑に運営されていることなどを主張した結果、民間出資の排除など企業形態の改正を条件に存続が認められることになった。

実際には第5章で見たように、法案審議では「防空」という軍事的側面が強調された経緯もあったが、帝都高速度交通営団法にこうした条文を盛り込まなかったことで命拾いしたといえるだろう。

東京都による営団廃止の運動は、こうした動きに呼応しておこなわれたものだった。第4章で見たように、東京都は戦前の交通調整で、東京市による地上・地下の交通機関の一元的な所有と運営を主張したが受け入れられなかった経緯がある。そこで戦争が終わったのを機に、「非民主的」な営団による地下鉄経営を見直し、将来の東京都市交通の根幹をなす地下鉄を東京都に移管すべきだと主張したのである。この根拠として挙げたのは、陸上交通事業調整法制定時、衆議院委員会で付された「調整に当たりては公営の方針を貫き、地方自治体を経営の主体とすること」という希望条項だった。

東京都は一九四六年（昭和二十一年）九月の都議会で「地下鉄の都営実現に関する意見書」を決議し、関係大臣に提出するとともに、ＧＨＱの軍政部に対しても地下鉄買収に関する陳情をおこなった。また東京都交通局は同年十月、営団地下鉄の買収を前提に、四七年（昭和二十二年）から三カ年間で新宿─赤坂見附間と池袋─万世橋間の総延長十一・七キロを建設するという「都営高速度鉄道建設計画」をまとめている。

こうした東京都の動きに対して、交通営団側は「交通事業調整委員会において既に十分な議論が尽くされていること」「企業の自主性を蹂躙する反民主的行為であること」などの理由を掲げ、経営側と労働組合が一丸となって反対。運輸省も、「多くの戦災復旧事業を抱える東京都の地下鉄事業化は困難であること」「都が地下鉄建設の経験と技術を欠如していること」などを理由に交通営団の廃止と地下鉄の東京都への移管に反対した。

もう一つ興味深いのが、営団と運輸省の両方が強調した「東京市の免許権が長期にわたって放置され、その一部を東京高速鉄道に譲渡せざるを得なかった過去の事情があること」という理由である。東京都はかつて地下鉄免許を手にしながら一メートルたりとも開業させることができなかった。そこに目をつけた東京高速鉄道が免許の譲渡を迫り、ついにこれを認めざるをえなかった経緯はこれまでみてきたとおりだ。東京地下鉄道と東京高速鉄道の因縁は、戦後の交通営団と東京都との争いにも影響を及ぼしていたのである。

結局、ＧＨＱが交通営団の存続を認めたことで、東京都の地下鉄都営化の野望が果たされることはなかった。こうして交通営団は初の新線、丸ノ内線の建設に向けて動きだし、戦後の地下鉄の歴史が幕を開けるのであった。

参考文献一覧

帝都高速度交通営団編『営団地下鉄五十年史』帝都高速度交通営団、一九九一年
帝都高速度交通営団営業部・運転部編『地下鉄運輸50年史』帝都高速度交通営団営業部・運転部、一九八一年
帝都高速度交通営団編『東京地下鉄道丸ノ内線建設史』上・下、帝都高速度交通営団、一九六〇年
帝都高速度交通営団車両部編『車両部60年のあゆみ――営団地下鉄車両2000両突破記念』帝都高速度交通営団、一九八九年
帝都高速度交通営団編『東京地下鉄開通50年の記録』帝都高速度交通営団、一九七九年
帝都高速度交通営団編『昭和を走った地下鉄――東京地下鉄開通五〇周年記念』帝都高速度交通営団、一九七七年
東京地下鉄編『帝都高速度交通営団史』東京地下鉄、二〇〇四年
東京地下鉄道編『東京地下鉄道史（乾）』東京地下鉄道、一九三四年
東京地下鉄道編『東京地下鉄道史（坤）』東京地下鉄道、一九三四年
東京高速鉄道『東京高速鉄道建設工事概要』東京高速鉄道、一九三九年
東京高速鉄道『東京高速鉄道略史』東京高速鉄道、一九三九年
「東京地下鉄道営業報告書」
「東京高速鉄道営業報告書」
「京浜地下鉄道営業報告書」
「交通事業調整委員会議事録」
帝国鉄道協会『東京地方ノ高速度交通網ニ関スル調査書』帝国鉄道協会、一九四〇年
五島慶太『根津嘉一郎氏ニ懇談事項』東京高速鉄道、一九三九年
五島慶太『根津邸に於て翁に示したる文書』東京高速鉄道、一九三九年
鈴木清秀『交通調整の実際』交通経済社、一九五四年
平峯幸男『営団地下鉄のいしずえ』平峯幸男、一九九〇年
平峯幸男『地下鉄道事業の経営主体について』平峯幸男、一九九〇年
西川由造『地下鉄運輸50年史 総括編』帝都高速度交通営団営業部・運転部、一九八一年
新田潤『上野発浅草行――地下鉄を創ったある実業家の劇的な人生』壱番館、一九七九年
東京地下鉄争議55周年記念実行委員会編『もぐらのうた――1932年東京地下鉄争議記録集』学習の友社、一九八七年
山梨県「やまなし県政だより ふれあい」vol.40、山梨県、二〇一四年
佐藤一美『夢の地下鉄冒険列車――地下鉄の父・早川徳次と昭和をはしった地下鉄』（くもんのノンフィクション・愛のシリーズ）、くもん出版、

一九九〇年
吉村新吉『巷説東京地下鉄道史 もぐら見聞録』日本鉄道図書、一九八五年
吉村新吉『もぐらの履歴書』文芸社、二〇〇五年
種村直樹『地下鉄物語』日本交通公社出版事業局、一九七七年
朝日新聞東京本社社会部『地下鉄物語』朝日新聞社、一九八三年
毎日新聞社会部編『地下鉄――ただ今モグラ族1000万』コーキ出版、一九七八年
東京都交通局編『都営地下鉄建設史――1号線』東京都交通局都営地下鉄1号線建設史編纂委員会、一九七一年
東京市電気局編『市民の為の交通統制』東京市電気局、一九三九年
東京市電気局編『電気局三十年史』東京市電気局、一九四〇年
東京都交通局総務課調査係編『東京都交通局40年史』東京都交通局、一九五一年
東京都交通局編『東京都交通局50年史』東京都交通局、一九六一年
鉄道省東京鉄道局編『省線電車史綱要』東京鉄道局、一九二七年
東京急行電鉄編『東京横浜電鉄沿革史』東京急行電鉄、一九四三年
東京急行電鉄社史編纂事務局編『東京急行電鉄50年史』東京急行電鉄、一九七三年
今泉正浩監修『東急外史――顔に歴史あり』東急沿線新聞社、一九八二年
小田急電鉄編『小田急五十年史』小田急電鉄、一九八〇年
京浜急行電鉄株式会社社史編集班編『京浜急行八十年史』京浜急行電鉄、一九八〇年
東京都編『東京市史稿 市街篇 第七十五』東京都、一九八四年
三鬼陽之助『五島慶太伝』(「日本財界人物伝全集」第十五巻)、東洋書館、一九五四年
五島慶太『七十年の人生』要書房、一九五三年
五島慶太伝記並びに追想録編集委員会『五島慶太の追想』五島慶太伝記並びに追想録編集委員会、一九六〇年
羽間乙彦『五島慶太』(一業一人伝)、時事通信社、一九六二年
猪瀬直樹『土地の神話――東急王国の誕生』(小学館ライブラリー)、小学館、一九九二年
「鉄道人佐藤栄作」刊行会編『鉄道人 佐藤栄作』近代書房、一九七七年
青木槐三『嵐の中の鉄路』交通協力会、一九五五年
中川浩一『地下鉄の文化史』筑摩書房、一九八四年
中西健一『日本私有鉄道史研究――都市交通の発展とその構造 増補版』(ミネルヴァ・アーカイブズ)、ミネルヴァ書房、二〇〇九年
鈴木勇一郎『近代日本の大都市形成』(近代史研究叢書)、岩田書院、二〇〇四年

高嶋修一『都市鉄道の技術社会史』山川出版社、二〇一九年
老川慶喜編著『両大戦間期の都市交通と運輸』日本経済評論社、二〇一〇年
小池滋／和久田康雄編『都市交通の世界史――出現するメトロポリスとバス・鉄道網の拡大』悠書館、二〇一二年
越沢明『東京の都市計画』（岩波新書）、岩波書店、一九九一年
秋尾沙戸子『ワシントンハイツ――GHQが東京に刻んだ戦後』（新潮文庫）、新潮社、二〇一一年
魚住弘久『公企業の成立と展開――戦時期・戦後復興期の営団・公団・公社』岩波書店、二〇〇九年
魚住弘久「公企業と官僚制――戦時期・戦後復興期の営団・公団・公社」全十回、「北大法学論集」第五十三巻第一号―第五十八巻第二号、北海道大学大学院法学研究科、二〇〇二―〇七年
奥住喜重／早乙女勝元『新版 東京を爆撃せよ――米軍作戦任務報告書は語る』三省堂、二〇〇七年
荒井信一『空爆の歴史――終わらない大量虐殺』（岩波新書）、岩波書店、二〇〇八年
東京都編『東京都戦災誌』明元社、二〇〇五年
『東京大空襲・戦災誌』編集委員会編『東京大空襲・戦災誌』全五巻、東京空襲を記録する会、一九七三―七四年
防衛庁防衛研修所戦史室編『本土防空作戦』（戦史叢書）、朝雲新聞社、一九六八年
小山仁示訳『米軍資料 日本空襲の全容――マリアナ基地B29部隊 新装版』東方出版、二〇一八年
雄鶏社編集部編『東京大空襲秘録写真集』雄鶏社、一九五三年
石川光陽写真・文『グラフィック・レポート 痛恨の昭和』岩波書店、一九八八年
石川光陽写真・文、森田写真事務所編『グラフィック・レポート 東京大空襲の全記録』岩波書店、一九九二年
渡邉恵一「戦間期における五島慶太の鉄道事業構想」、鉄道史学会編「鉄道史学」第三十一号、鉄道史学会、二〇一三年
岡田清「戦前昭和期における東京の交通」「成城大学経済研究」第百二十七号、成城大学経済学会、一九九五年
松本和明「東京地下鉄道の経営と資金調達」、鉄道史学会編「鉄道史学」第十七号、鉄道史学会、一九九九年
松本和明「昭和10年代における東京地下鉄道・早川徳次と東京高速鉄道・五島慶太」、鉄道史学会編「鉄道史学」第二十七号、鉄道史学会、二〇一〇年
君島光夫「東京における都市高速鉄道網計画の変遷に関する史的考察」「日本土木史研究発表会論文集」第三号、土木学会、一九八三年
鹿島建設「第18回 二・二六事件と鹿島」「鹿島の軌跡――歴史の中から見えてくるものがある」二〇〇八年（https://www.kajima.co.jp/gallery/kiseki/kiseki18/index-j.html）

あとがき

本書は同人誌『虚実の境界壁――新橋駅幻のホーム誕生史』(Happiness Factory、二〇一八年)と『戦ふ交通営団――戦時下の地下鉄』(Happiness Factory、二〇一九年)をもとに、大幅に加筆し修正したものである。再構成にあたっては、「はじめに」で記したように東京の地下鉄史のミッシングリンクを埋め、早川徳次の立志伝を中心に語られてきた戦前の歴史と、建設技術者のドキュメンタリーを中心に描かれてきた戦後の歴史を接続しようという試みを、より色濃くしたものになった。

戦前の地下鉄史が早川と東京地下鉄道を中心に語られてきたのは、東京地下鉄道の社史『東京地下鉄道史』(東京地下鉄道編、東京地下鉄道、一九三四年)が東京高速鉄道との紛争が本格化する以前に発行されていることと、東京高速鉄道が社史を刊行しないまま消滅したことで、まとまった記録がほとんど残っていないためだろう。

また、戦後の歴史は営団が刊行した各路線の建設史を中心に語られるが、営団にとって最初の新線となった丸ノ内線の建設史は池袋―神田間建設計画を決定した一九四九年(昭和二十四年)を出発点としているため、結果的に三四年(昭和九年)から四九年(昭和二十四年)までの十五年にわたって地下鉄の歴史には空白が生じている。

こうした欠落を埋めるため、地下鉄博物館や国立公文書館に保存されている史料をもとに、第1部は早川徳次と五島慶太がなぜ対立し、何を争点として、どのように決着したのか、そして早川と五島の抗争が引き金になって帝都高速度交通営団が設立されるまでの経緯を描いた。第2部では戦時体制下の営団の活動をひもときながら、戦後の地下鉄建設時代との連続性や断絶を描いた。

筆者の試みが成功したかどうかは読者の判断をまつほかないが、とりあえず、これまで誰も手をつけていなかった領域に一石を投じることはできたのではないかと考えている。本書への批判や指摘を出発点として、戦時期の地下鉄史の研究や理解が進むことを期待したい。

最後に、本書を執筆する機会をくださった青弓社の矢野未知生さん。東京地下鉄在籍中に歴史の手ほどきをしてくださった元メトロ文化財団の土屋利嗣さん、故・小池房雄さん。構想段階からのよき相談相手だった親友のキタトシオ。一人でもいなければ本書が世に出ることはなかったであろう方々に感謝を申し上げる。

そして、いつも執筆活動を支えてくれている、銀座線と同い年の祖母に感謝を捧げて本書の締めくくりとしたい。